セクシュアル・マイノリティへの心理的支援

同性愛、性同一性障害を理解する

針間克己・平田俊明 編著

岩崎学術出版社

まえがき

　本書は,「セクシュアル・マイノリティ」と呼ばれる人たちへの心理的支援・心理療法について書かれた本である。

　執筆者たちは皆，実際にセクシュアル・マイノリティへの心理的支援に携わっている臨床家である。各々の執筆者が，自らの臨床経験に基づいて書ける事柄を，あるいは自らが関心をもって取り組んでいる研究に基づいて書ける事柄を書いている。そのため本書は,「セクシュアル・マイノリティへの心理的支援」に関するトピックを網羅的にすべてカバーすることを意図しておらず，内容的に偏りがあることをあらかじめおことわりしておきたい。

　「セクシュアル・マイノリティ」の中でも，同性愛と性同一性障害についての記述が多くなっている。「トランスジェンダー」という観点で書かれている内容よりも,「性同一性障害」という観点で書かれている内容が多い。レズビアンよりもゲイについての記述が多く，バイセクシュアルについての記述が少なく，アセクシュアルについての記述はさらに少ない。クエスチョニングやMTX, FTX[注]についての記述も少なく，性分化疾患あるいはインターセックスについての臨床的な記述も少ない。

　第12章では,「成人期から老年期のレズビアン，ゲイ，バイセクシュアルの課題」という広範な内容を，たった一章の中にまとめるという乱暴な試みをしている。これは，中年期や老年期のレズビアン，ゲイ，バイセクシュアルの人たちとの臨床経験を充分にもち，得られた知見をこまやかにまとめられる執筆者が見つからなかったためである。「産業領域におけるセクシュアル・マイノリティへの心理的支援」というテーマの章も設けたかったが，これも執筆者が見つからず断念している。

　本書の出版をきっかけとして，今回本書で触れられなかったさまざまなトピックが，別の場で取り上げられる気運の生まれることを期待したいと思う。

　本書の中で,「セクシュアル・マイノリティ」とほぼ同義の表現として,"LGBT"という言葉が頻回に使われている。"LGBT"とは,「レズビアン」「ゲイ」「バイセクシュアル」「トランスジェンダー」各々の頭文字をとってつくられた頭字語であり，セクシュアル・マイノリティの当事者が自分たちを呼び表す言葉としてつくったものである。"T"を除いた,"LGB"という表記もしばしば使われる。

第5章で針間が詳述しているが,「性同一性障害」という呼称は, DSM-5で「性別違和」という呼称に変わった。セクシュアリティに関する用語は, 確定し難く, 常に更新され続けるものと思っておいたほうがよい。おそらく, 今回本書で使用しているセクシュアリティ関連の用語のいくつかも, 今後数十年のうちに, 変わっていることだろう。

　今回, セクシュアリティに関連する用語を執筆者間で相違が生じないように統一する作業は, 最小限にとどめた。最初に統一する試みをやろうとしたが, それが無理な試みであることはすぐにわかった。使われる文脈や使う意図が異なると表記の仕方も違ってくるのは当然であり, 無理に用語を統一してしまうと, 執筆者の伝えようとしていた論点が若干変わってしまい, 充分に伝わらなくなると感じられた。第3章で平田が述べるように, 多彩な表現をとること自体が, セクシュアリティ本来の性質であるようにも思える。

　本書を一読すると, セクシュアリティ関連の用語のみならず, 精神科医療や心理臨床に関する種々の用語も統一されていないことに気づかれるだろう。タイトルで使用した「心理的支援」という言葉を, 本文中で一貫して使っている執筆者はかえって少なく, 執筆者のオリエンテーションや使われる文脈によって,「心理療法」「心理臨床」「カウンセリング」「精神療法」「セラピー」など, ばらばらである。心理的支援を行う専門家についても,「臨床家」「心理臨床家」「カウンセラー」「心理職」「援助職」「治療者」など, 呼称が見事に統一されていない。第3章の平田のようにユング心理学的なアプローチで一章をまとめる執筆者もいれば, 針間のように, 精神科医として医学的な観点からきっちりと内容をまとめる執筆者もいる。これらについても, 各執筆者のこだわりと持ち味を尊重し, 執筆者間の記述の相違を統一する作業は最小限にとどめている。

　先に述べた, セクシュアリティ関連の用語を統一するのが困難であることの, また別の理由として——これは筆者(平田)の個人的見解ということになるかもしれないが——現代の日本で使われているセクシュアリティ関連の言葉の多くが, 欧米から導入された「輸入語」であるから, ということもあるように思われる。「セクシュアリティ」「ゲイ」「ジェンダー・アイデンティティ」などカタカナ言葉が多い。カタカナではなくても, 日本が近代化されるに伴って欧米から入ってきた外国語の「翻訳語」であることが多い。例えば第6章で述べるように,「同性愛」という言葉は大正時代につくられた翻訳語であり, もともと日本人は, 男性同士の性愛も伴う親密な関係性を,「男色」や「衆道」という言葉で語っていた。「愛」という言葉自体も"love"の

翻訳語であり，近代化以前の日本には「色」という（ある意味，「愛」よりも包括的な）概念が存在していた。近代化とともに，「性愛」を語るのにもともと使われていた日本語は片隅へ押しやられ，西洋的な概念に取って代わられていったのである。

しかし，使う言葉が西洋的な概念に取って代わられたからといって，日本人の精神性までもがすっかり西洋化されてしまうかというと，そうではないと思われる。例えば，現代の日本で，同性との（性愛を含む）親密な絆を結びたいと願う男性にとって，西洋的な「ゲイ・プライド」を確立することは必ずしも必要ではないかもしれない。近世以前の日本で「義兄弟の契り」と呼ばれていたような強いコミットメントを，相手と結ぶことのほうが，もしかしたら本人の幸せ感につながるかもしれない。筆者（平田）の個人的な見解であるが，近代化以降，欧米から輸入されている西洋的なセクシュアリティ概念を取り入れるとともに，何百年も前の昔から日本に存在していたはずの（しかし，近代化以降，抑圧されてしまった）日本人独自の性愛の捉え方（性愛の享受の仕方）を再発掘し，そして，その両者を統合することが，今後の日本人の性愛観（セクシュアリティ観）を地に足の着いたものにするのではないかと思う。そういう思いがあり，第6章では，日本人の性（セクシュアリティ）の捉え方が，近代化とともにいかに変わっていったかという歴史的な流れを，「同性愛」を例にあげつつ，素描してみている。

話が若干それたが，LGBを含むセクシュアル・マイノリティの心理的支援・心理療法というテーマで，精神科医および心理臨床家が一冊の本を上梓するのは，筆者の知る限り本邦初のことである。なかなか顕在化しにくいが，セクシュアル・マイノリティの人たちの，心理的支援へのニーズは，実際には多大にある。本書が，精神科医療および心理臨床の専門家の，セクシュアル・マイノリティの人たちとの関わりに役立ち，さらなる関わりを促すことになれば，望外の喜びである。

2014年7月

平田俊明

注）自らのジェンダー・アイデンティティを男性でも女性でもないと認識している場合があり，その場合，そのようなジェンダー・アイデンティティのあり方を"X"と呼ぶことがある。生まれたときに割り当てられた性別が男性でありジェンダー・アイデンティティが"X"である場合を"MTX"と呼び，生まれたときに割り当てられた性別が女性でありジェンダー・アイデンティティが"X"である場合を"FTX"と呼ぶことがある。MTF, FTMの説明も参照 (p.93)。

セクシュアル・マイノリティへの心理的支援　目次

まえがき　3

第I部　セクシュアル・マイノリティの基本概念と歴史

第1章　セクシュアリティの概念　……………………………………15

Ⅰ　セクシュアリティとは何か　15
Ⅱ　セクシュアリティの構成要素　16

1．身体的性別／セックス　16／2．心理的性別／性同一性　16／3．社会的性役割　17／4．性指向　17／5．性嗜好　18／6．性的反応　18／7．生殖　18

Ⅲ　諸問題への基本原則　18

1．個々のセクシュアリティを尊重する　19／2．自己決定に対し情報を与える　20／3．二次的精神症状やその他の医学的問題に対応する　20

Ⅳ　専門家の役割　21

1．自己のセクシュアリティを知る　21／2．情報を知る　22／3．多様性を受け入れる　22／4．社会へ啓発教育する　22

Ⅴ　おわりに　23

性の権利宣言　23

第2章　レズビアン，ゲイ，バイセクシュアル支援のための基本知識　……………………………………26

Ⅰ　LGBへの心理的支援・心理療法を行う上での前提　26
Ⅱ　性指向　27
Ⅲ　同性愛の性指向を異性愛へと変える「治療」について　28
Ⅳ　「性指向アイデンティティ」　29
Ⅴ　人口に占めるLGBの割合　30
Ⅵ　ゲイ，レズビアンのアイデンティティ形成のモデル　32
Ⅶ　臨床への提言　34

1．アイデンティティの混乱から比較検討の時期　34／2．アイデンティティの許容の時期　35／3．アイデンティティの受容から自信（思い入れ）の時期　36／4．アイデンティティの統合の時期　37

第3章　性(セクシュアリティ)のイメージ——結合と分離 …… 39

- Ⅰ 「エロスの起源」としての分離　39
- Ⅱ 「結合と分離」による再生　41
- Ⅲ 性(セクシュアリティ)の多義性・両義性　42
- Ⅳ 「性」と「聖」の分裂　43
- Ⅴ 日本書記にみられる「結合と分離」のテーマ　46

第4章　セクシュアル・マイノリティの自尊感情とメンタルヘルス　50

- Ⅰ はじめに　50
- Ⅱ LGB の自尊感情と他者からの拒絶・受容　50
  - 1. 自尊感情・受容感の測定と記述　51／2. 方略・受容感・自尊感情に関する因果モデルの推定　52／3. セクシュアル・マイノリティにとって受容感がもつ重要性の検討　52／4. ダイアリー法による日常的な自尊感情変化の検討　53／5. 質問紙実験によるセクシュアリティ受容の効果の検討　54／6. 総合的考察　54
- Ⅲ LGBT における被害体験とメンタルヘルス　55
  - 1. LGB とトラウマ　55／2. トランスジェンダー・性同一性障害とトラウマ　57
- Ⅳ まとめ　58

第5章　精神医学と同性愛 …… 60

- Ⅰ 近代西洋における同性愛の扱いの変遷　60
- Ⅱ 米国の精神医学における同性愛をめぐっての混乱　65
- Ⅲ LGB のメンタルヘルスの状況　67
- Ⅳ 「マイノリティ・ストレス」　69

第6章　日本における「同性愛」の歴史 …… 73

- Ⅰ 「変態」という言葉の変質　73
- Ⅱ 「色」から「愛」へのシフト　75
- Ⅲ 男色，衆道　76
- Ⅳ 「罪」の輸入　79

第7章　性同一性障害，トランスジェンダー，性別違和 …… 83

- Ⅰ セックス，ジェンダー　83

Ⅱ　性同一性障害，その医療化の始まり　84
　Ⅲ　体の性別と心の性別を一致させる治療　84
　Ⅳ　門番としての精神科医　85
　Ⅴ　トランスジェンダー概念の誕生　86
　Ⅵ　ジェンダーとしてのセックス　87
　Ⅶ　同性愛をモデルとしての脱医療化の動き　88
　Ⅷ　DSM-5 における「性別違和」　88
　Ⅸ　当事者間のさまざまな考え　89
　Ⅹ　変化する精神科医の関与方針　90
　Ⅺ　日本における現状　90
　Ⅻ　まとめ　91

第8章　性同一性障害の概念と臨床的現状　93

　Ⅰ　概念と用語　93
　　　1．MTF，FTM　93／2．性別適合手術　93
　Ⅱ　診断基準　94
　Ⅲ　鑑別診断に関連する疾患や概念　95
　　　1．異性装障害 transvestic disorder　95／2．両性役割服装転換症 dual-role transvestism　95／3．自己女性化性愛 autogynephilia　96／4．同性愛　96／5．統合失調症　96／6．職業　96／7．社会的理由による性役割の忌避　97
　Ⅳ　臨床的特徴　97
　　　1．有病率　97／2．経過　97／3．性指向　98／4．RLE（実生活経験）　98／5．自殺関連事象　99

第9章　DSM-5 の Gender Dysphoria：性別違和　100

　Ⅰ　DSM-5 における「性別違和」の診断基準　100
　Ⅱ　主な変更点　102
　　　1．疾患名の変更　102／2．「sex（性）」という言葉が「assigned gender（指定されたジェンダー）」に置き換えられた　103／3．性分化疾患が除外疾患ではなくなった　104／4．男性か女性かという二分法ではない　104／5．「D．その障害は，臨床的に著しい苦痛または，社会的，職業的または他の重要な領域における機能の障害を引き起こしている」が変更されている　104／6．性指向に関する下位分類が削除されている　105
　Ⅲ　おわりに　105

| **第Ⅱ部　セクシュアル・マイノリティへの心理的支援の実際** |

第10章　児童期・思春期のセクシュアル・マイノリティを支える スクールカウンセリング ………………………………………… 109

Ⅰ　児童期・思春期における LGB　109
Ⅱ　学校現場での LGB　111
Ⅲ　スクールカウンセラーとしてできること　112
　　1．スクールカウンセラーとしての直接的関わり　115／2．スクールカウンセラーとしての間接的関わり　120
Ⅳ　児童期・思春期に肯定的な LGB としてのアイデンティティをもてるかどうか　121

第11章　セクシュアル・マイノリティ大学生を支える学生相談　123

Ⅰ　はじめに　123
Ⅱ　LGBT 学生をめぐる状況　123
　　1．LGBT 学生とメンタルヘルス　123／2．大学キャンパスの LGBT に対する受容度　124／3．LGBT 学生に対する心理支援理解と実践　125
Ⅲ　アイデンティティ形成　127
Ⅳ　カミングアウト　128
Ⅴ　学生相談と LGBT 学生　129
　　1．学生相談室を利用する LGBT 学生　129／2．異性愛者的役割葛藤と性的活動　131
Ⅵ　仮想事例　132
　　1．事例　132／2．クライエント理解とカウンセラー介入可能性　133
Ⅶ　学生相談室とカウンセラーの役割　135
Ⅷ　おわりに：学生相談室の課題　136

第12章　成人期から老年期のレズビアン，ゲイ，バイセクシュアルの課題 ………………………………………………………… 140

Ⅰ　発達課題を達成することの困難さ　140
　　事例1　Aさん　140
Ⅱ　ソーシャル・サポートを得ることの困難さ　143
　　事例2　Bさん　143

Ⅲ　同性パートナーとの死別の問題　*147*
　　　　事例3　Cさん　*147*
　　Ⅳ　LGBにとっての世代継承性（ジェネラティヴィティ）　*150*

第13章　ゲイ／レズビアンのライフサイクルと家族への援助　*153*

　　Ⅰ　はじめに　*153*
　　Ⅱ　家族のライフサイクルとゲイ／レズビアン　*154*
　　　　1．幼小児期〜学童期　*155* ／ 2．思春期〜青年期前期　*156* ／ 3．青年期後期　*157* ／ 4．中年期　*161* ／ 5．老年期　*162*
　　Ⅲ　家族への援助の実際　*163*
　　　　1．カミングアウト　*163* ／ 2．事例1：母親への援助　*163* ／ 3．事例2：当事者と家族への援助　*166*
　　Ⅳ　おわりに　*168*

第14章　HIV感染症とゲイ・バイセクシュアル男性への心理臨床　*170*

　　Ⅰ　はじめに　*170*
　　Ⅱ　HIV感染症におけるゲイ・バイセクシュアル男性への心理臨床　*172*
　　　　1．対象の多様性　*172* ／ 2．心理臨床の実際　*173* ／ 3．事例を通して考えられる心理臨床のポイント　*176*
　　Ⅲ　心理臨床家に望むこと　*181*

第15章　性同一性障害の精神療法　*183*

　　Ⅰ　治療者の基本的態度　*183*
　　Ⅱ　治療目標　*184*
　　Ⅲ　診断と評価　*185*
　　Ⅳ　ジェンダー・アイデンティティおよびアイデンティティの確立　*186*
　　Ⅴ　自尊感情の向上　*188*
　　Ⅵ　カミングアウトの援助　*188*
　　Ⅶ　随伴する精神症状への治療　*189*
　　Ⅷ　家族面接　*190*
　　Ⅸ　パートナー面接　*190*
　　Ⅹ　社会，法的諸問題への対応　*191*
　　Ⅺ　自助グループ等の情報提供　*191*

第16章　思春期の性同一性障害の学校現場における対応……… *192*

- Ⅰ　はじめに　*192*
- Ⅱ　思春期における性別違和　*192*
  - 1．思春期は体が変化する時期である　*192*／2．思春期は学校でも男女の違いがはっきりする　*193*／3．思春期は恋愛感情が強くなる　*193*／4．思春期はアイデンティティがまだ不確実である　*194*
- Ⅲ　どのようなときに医療機関を受診させるべきか　*195*
  - 1．本人が希望する　*195*／2．自傷行為などの他の症状が出現している　*195*／3．不登校や学校での不適応がみられる　*196*
- Ⅳ　親・教師に望むこと　*197*
  - 1．セクシュアル・マイノリティの存在を意識する　*197*／2．悩みを打ち明けられたら，まっすぐに受け止める　*197*／3．学校生活での具体的対応　*198*
- Ⅴ　おわりに　*198*

第17章　性同一性障害者の家族への対応 ………………………… *199*

- Ⅰ　はじめに　*199*
- Ⅱ　配偶者への面接　*199*
- Ⅲ　子どもへの面接　*200*
- Ⅳ　兄弟姉妹への面接　*200*
- Ⅴ　両親への面接　*200*
  - 1．幼少の性同一性障害類似行動への過剰な反応　*200*／2．性別移行や治療を両親が先回りしてお膳立てしようとする　*201*／3．自分のせいで子どもが性同一性障害になったと自分を責める　*201*／4．子どもは性同一性障害ではないと否定する　*202*／5．自分の子どもを失うような喪失感をもつ　*203*／6．身体治療や性別移行に対して強い不安をもつ　*203*／7．精神科医に対して怒りをぶつける　*204*
- Ⅵ　おわりに　*204*

| 第Ⅲ部　心理職の訓練と果たすべき役割 |

第18章　心理職へのセクシュアル・マイノリティに関する教育・訓練……………………………………………………… *207*

- Ⅰ　心理職への教育・訓練の必要性　*207*
- Ⅱ　LGBTへのカウンセリングに必要な能力　*208*

Ⅲ　実践プログラムの紹介　211
　　　　　1．米国のプログラム　211／2．日本のプログラム　216
　　Ⅳ　今後の方向性　218

第19章　性同一性障害：心理職の果たす役割 …………………… 221
　　Ⅰ　診断と治療のガイドラインにおける心理職　221
　　　　　1．医療チームにおける心理職　221／2．診断における心理職の役割　222／3．治療における心理職の役割　223
　　Ⅱ　心理職の専門性を活かすために　227

第20章　心理職のセクシュアリティについての価値観が　　　　　セラピーに及ぼす影響 ……………………………………… 229
　　Ⅰ　はじめに　229
　　Ⅱ　クライエントのニーズと相談への不安　229
　　Ⅲ　セラピー場面で起こりうる具体的問題　230
　　　　　1．クライエントが性指向のことを表明していない場合　230／2．クライエントが性指向のことを話した後の段階　231
　　Ⅳ　実証的研究から考えられること——クリニカル・バイアス　234
　　Ⅴ　心理職の価値観の問題にどう取り組むか　235
　　Ⅵ　おわりに　236

あとがき　239
索　　引　242

第Ⅰ部

**セクシュアル・マイノリティの
基本概念と歴史**

第1章

セクシュアリティの概念

針間克己

Ⅰ セクシュアリティとは何か

　セクシュアリティとは英語の sexuality をカタカナ表記したものである。sexuality は，直訳すれば「性的なこと」であり，幅広く，あいまいな概念ではある。しかし，英語の sexuality および，日本語のセクシュアリティは，主として個人の人間の中核的特質のひとつを指すものとして用いられる。世界保健機構が 2002 年に web 上に掲載した sexuality の定義は，次のようなものである（現在は web 上には掲載されていないようだ）。

　「セクシュアリティとは，人間であることの中核的な特質のひとつで，セックス，ジェンダー，セクシュアル・アイデンティティならびにジェンダー・アイデンティティ，性指向，エロティシズム，情緒的愛着／愛情，およびリプロダクションを含む。」

　また，個人の性は，個人に属するものであり，社会や制度，医療や家族などから，強要されたり，押しつけられたりするものではないという認識が世界的に高まっている。このような文脈における性を示す英語圏の用語として通常 sexuality が用いられることが多い。例えば，1999 年の香港における世界性科学会議で採択された，性の権利宣言[3] は次のような文章で始まる。"Sexuality is an integral part of the personality of every human being."（セクシュアリティとは，人間一人ひとりの人格に組み込まれた要素のひとつである）。日本においても諸外国と同様に性に対する個人の権利意識は高まりつつあり，そのような中，sexuality という用語は，その権利の概念とともに輸入されカタカナの

セクシュアリティとして広く用いられるようになったと思われる。すなわち，セクシュアリティとは，単に性的なことを包括的に示す意味だけでなく，「個人の人格の一部であり，他者から強制されたり奪われたりするものではない」という権利意識も同時に含有しつつ用いられているのである。

Ⅱ　セクシュアリティの構成要素

　セクシュアリティを構成するものにはどのようなものがあるか。その主要なものを示すことにする。これらの構成要素は互いに関係し影響を与え合っているが，それぞれ別個のものとして理解されている。個人のセクシュアリティを考えるときは，これら個々の構成要素をそれぞれに考えていく必要がある。

1．身体的性別／セックス

　英語では sex であり，性染色体，性腺，性ホルモン，内性器，外性器などの，身体的な男女の性別を指す。身体的な性別を示す sex の語源をたどっていけば，切る，分けるという意味のラテン語 secare（section 切断，segment 切片などもこの語より派生）に由来する。

　この sex は身体的性別と性交という2つの意味を有するが，これは哲学者プラトンの考えを紹介すれば，その意味を理解しやすい。プラトンは，もともと人間は，男性と女性，男性と男性，女性と女性，いずれかが結合した完全な存在であったのに，それが2つに分断したことで，現在の人間ができたと考えた。よって"sex"には，分かれたもの，すなわち性別という意味と，その分かれた2つが結合すること，すなわち性交という意味があるのである。

　いずれにせよ，身体的性別の意味の sex は，語源が示す通り，従来は男性の身体，女性の身体へと明確に二分される，ないしはすべきものとして考えられてきた。しかし，従来タブー視されたり，男女どちらかの典型的な身体へと医学的に治療されてきた性分化疾患を有する者の存在が意識され，その医学的関与方法が再検討される現在，身体的性別が明確に二分されることへの疑問も生じ始めている。

2．心理的性別／性同一性

ジェンダー・アイデンティティ gender identity とも言われ，心理的な自己の性別認知である。「自分は男である」「自分は女性である」「自分は男性でも女性でもない」などの性別認知がある。多くの場合，心理的性別は，身体的性別と一致しているが，トランスジェンダーや性同一性障害の場合は一致せず「自分の体は男だが心は女だ」などのように認知している。彼らがそのように認知しているのは，好きこのんでそう思っていたり，性的快楽を得たいからであったり，何らかの経済的利得が目的であったり，妄想などの精神病症状によるわけではない。

3．社会的性役割

ジェンダー・ロール gender role や social sex role と言われ，社会生活を送る上での性役割を示す。例えば女性であれば，典型的には，スカートをはき，化粧をし，「女らしい」言葉遣いや態度をし，行動することが性役割と見なされる。この社会的性役割は通常は身体的性別，心理的性別と一致する。性同一性障害の場合，心理的性別と一致した性役割を果たすこともあるが，経済上の理由（身体的には男性の性同一性障害者が女性の格好で職場に行くと解雇のおそれがある），家庭環境（離婚のおそれ）等で，心理的性別とは反対の性役割で過ごすこともある。性同一性障害以外でも職業上の理由（芸能，接客業）などで，自己の性別とは一致しない性役割で過ごす者もいる。またそのような特別な例でなくても，近年男女の社会的性役割の境界が緩やかになったとはいえ，典型的な社会的性役割から外れた行動をとると，「女のくせに」「男なら男らしく」などのように社会的な非難，圧力がかかることがある。

4．性指向

sexual orientation と言い，性的魅力を感じる対象の性別が何かである。同音の性嗜好や性志向と誤って表記されることがあるが，「性指向」という漢字表記が正確である。異性愛，同性愛，両性愛，無性愛（男女いずれにも魅力を感じない）がある。現在の精神医学では異性愛以外も異常と見なされない。当事者を中心にして，男性同性愛者はゲイと，女性同性愛者はレズビアンと呼ばれることも多い。同性愛と性同一性障害は混同されることがあるが別個の概念である。例えば，男性に性的魅力を感じるからといって，心理的性別が女性と

は限らないし，心理的性別が女性だからといって男性に性的魅力を感じるとも限らない。

5．性嗜好

sexual preference と言い性的興奮を得るために，どのような刺激や空想を欲するかということである。通常は同意を得た年齢相応のパートナーとの抱擁や性交によって，興奮することが多いが，その他のもので興奮する者もいる。下着等の物品，SM やのぞき，あるいは同意のない痴漢や，幼児が対象の者もいる。他者に迷惑のない性嗜好は，セクシュアリティのひとつの形として尊重されるべきだが，他者に迷惑や危害を加えたり，他者の同意を得てない性嗜好行動は制限されるべきであろう。

6．性的反応

性交等の性的状態時における身体および心理的反応である。性的反応は，欲求相，興奮相，絶頂相，解消相の4段階に分かれる。性的反応が障害されると勃起障害，オルガズム障害などの性機能不全をきたす。性的反応も個人差の大きいものであり，それぞれの反応がその個人のセクシュアリティのあり方として尊重されるべきであろう。

7．生殖

生殖に関してはさらに生殖能力（産める，産めない）の問題，生殖意志決定（産む，産まない）の問題それぞれに分けて考えていくことができよう。女性に関しては特に，1994 年のカイロ会議（国際人口開発会議）以来，リプロダクティブ・ヘルス／ライツの観点でセクシュアリティのひとつとしての生殖への注目が高まっている。

Ⅲ　諸問題への基本原則

セクシュアリティに関する諸問題に対しての現在の医学的対応の基本原則のいくつかを述べたい。

1. 個々のセクシュアリティを尊重する

　従来の性的問題に対する医学的処置は「少数者は異常だから正常である多数者と同じに」，が基本原則だったと思われる。しかし，近年セクシュアリティの概念が広まるにつれ，その基本原則は変化し，さまざまなセクシュアリティのあり方を認める方向に移りつつある。このことを性分化疾患，同性愛，性同一性障害の例を挙げて具体的に示していく。

　性分化疾患への対応は従来，できるだけ早期に，男女どちらかの身体的性別へと可能な限り近付けるべきだとされてきた。そのために例えば，肥大化した陰核が切除されたり，あるいは極小のペニスを有する者は，女性性器へと作り変えたりされてきた。

　しかし，これらの処置を幼年期に受けた者が，思春期を迎え，さらに成人するにつれ，彼らの間からその医療行為への批判が起きた。「自分の体に断りもなく，なぜ手術をした」「大きくても陰核を残して欲しかった」「小さくてもペニスを残して男性として育てて欲しかった」などと。これらの当事者たちの意見に対して，Diamondは身体的な性別の多様性を尊重し，曖昧な性器をそのままにする保存的な処置方法を提唱し，新たな治療指針として注目されている[3]。

　同性愛に対しては「異性愛でないのは異常だ」との考えから，かつては精神疾患と見なされ，その性指向を異性愛に無理に変更させようとする精神医学的治療の試みがなされた。しかし，それらの治療は失敗に終わり，長期的に見た場合，性指向を変更させるのは困難であった（第2章-Ⅲ参照）。さらに当事者を中心に，そもそも同性愛を異常と見なすことへの疑問が高まり，1973年，米国精神医学会の理事会はDSM-Ⅱ（精神障害のための診断と統計の手引き第2版）から同性愛を削除することを承認した。WHO（世界保健機構）も，1994年ICD-10（国際疾病分類第10版）において「同性愛はいかなる意味でも治療の対象とはならない」という宣言を行った（第5章-Ⅱ参照）。これらの経過を経て，同性愛は現在はひとつの性指向のあり方として認められ，医学的治療対象とはされていない。

　性同一性障害に対しても，同性愛に対してと同様に，かつてその心理的性別を無理に変更しようとの治療が試みられたことがあった。しかし，ここでも同様にその変更は困難であり，その逆に「身体的性別を心理的性別に合わせる」

という指針に基づいた治療が行われるようになり、諸外国で広く行われることとなった。日本では、1969年性転換手術を行った医師に対して有罪判決が下されて以来、その治療はタブー視されてきた。しかし、1998年、埼玉医科大学で、身体的性別を心理的性別へと近づける手術療法が行われるようになり、その後は多くの当事者に身体治療が行われるようになった。しかしこれらの外科的療法実施には、当事者自身の強い要望があると同時に、「体と心が一致することで正常になる」という医学的思想もその背景にはあったことは否定できない。こういった思想に対して、「体と心の性別が一致しなくていいではないか。人の心理的性別や身体的性別はさまざまであっていいではないか」という新たな考えが当事者たちを中心に起こってきた。この考えを受け、現在の治療指針では、当事者の意向を尊重し、ホルモン療法や手術療法の中で、本人の望む治療を適宜選択するように変わってきている。

　以上の例に述べたように、最近の医学的治療指針の流れは、「少数者を多数者にする」のではなく、当事者たちのさまざまなセクシュアリティのありようを尊重し、支持する方向へと移ってきているのである。

　なおここに挙げた、性分化疾患を有する者、同性愛（および両性愛）、性同一性障害を有する者などをあわせて「セクシュアル・マイノリティ」と呼ぶことが多い。

2．自己決定に対し情報を与える

　1．で述べたように当事者たちのセクシュアリティを尊重しても、当事者自らが「多数者に近づく」治療を望むことがある。例えば、性分化疾患を有する者が、男女どちらかの典型的な体を望む場合や、性同一性障害を有する者が心理的性別に合致した身体的性別を求める場合などである。これらの場合、どのような医療を選択するか当事者たちが自己決定するにせよ、その決定は、十分な医学的情報を与えられた中でなされるべきである。いくつか選択可能な医療手段が呈示され、それぞれが、どのような影響、副作用、後遺症、あるいは逆に、利点があるのかを、十分に説明する必要がある。

3．二次的精神症状やその他の医学的問題に対応する

　セクシュアリティが少数派の者は、多くの場合、社会や学校、家庭などにお

いて，差別されたり，孤独を感じたりしている。そのような中，二次的に抑うつ不安状態を呈したり，対人関係上の問題などを抱える者も少なくない。それらの者に対しては，カウンセリング等の心理的援助が必要であろう。また，セクシュアリティの問題を訴える者の中には，別の医学的問題も同時に抱えている者もいる。セクシュアリティの問題にばかりに目を奪われると，その他の問題を見落としてしまいかねない。セクシュアリティの問題だけでなく，同時に，他の問題もないか客観的に評価することも必要である。

Ⅳ 専門家の役割

最後にセクシュアル・マイノリティに携わる，医療，福祉関係者が，果たす役割とは何であろうか。筆者の考える果たす役割および，そのために必要なことを以下記したい。

1．自己のセクシュアリティを知る

他者のセクシュアリティを十分に理解するのは難しい。それが，少数者のものであればなおさらである。どうして同性を好きになるのだろう，どうして体の性別とは反対に自分の性別を認識するのだろう，どうしてそんなことで性的に興奮するのだろう，このように他者のセクシュアリティに関してはさまざまな疑問がわき起こり，その疑問は簡単には解けないであろう。このような場合には，孫子の兵法の「敵を知り己を知れば」ではないが，まず自分のセクシュアリティを十分に知ることに目を向けることが有用であろう。自分の身体的性別は？　心理的性別は？　なぜそう思う？　これまで同性に魅力を感じたことは？　「普通の」性交以外で興奮することは？　性交中はどんな反応を？　子どもを産む能力は？　このように自分自身に問いかけることで，自己のセクシュアリティの中に，少数者のセクシュアリティと共通のものを見出すかもしれない。あるいは，「同性に魅力を感じる」理由が理解できないのと同様に，自分が「異性に魅力を感じる」理由も理解できない，といったように，必ずしもセクシュアリティのすべてが論理の上で説明がつかないことを見出すかもしれない。また，他者のセクシュアリティに対する自分の反応は，その人自身のセクシュアリティの問題に由来することに気づくかもしれない。このように自

己のセクシュアリティへの認識の深めておくことは，他者のセクシュアリティを理解していく上で有益な準備となるであろう。

2．情報を知る

　セクシュアリティに関する情報を知ることは2つの側面から有用である。第一にはセクシュアリティへの理解を高める。知らないものに対しては，恐怖を感じたり，関心をもてなかったりするが，正確な情報の蓄積は，他者のセクシュアリティへの受容性および共感性を高めるであろう。第二に相談する当事者に有益な情報を与えられる。当事者自身が必ずしも自己のセクシュアリティを正確に把握しているとは限らない。そこで，正確な情報を与えることができれば，当事者自身の自己理解の助けとなるであろう。また直接的情報でなくても，どこに行けば治療が受けられるか，どうすればより詳しい情報が得られるか，どんな自助グループがあるかなどの情報も，当事者への有用な援助となる。

3．多様性を受け入れる

　セクシュアリティが少数派である当事者たちが最も望み，最も必要としていることは多くの場合，他者から受け入れられることである。彼らと対峙した場合に，第一に必要なことは，そのままの形の彼らを受け入れることである。しかし，逆に彼らを受け入れることは，困難な場合もある。自分とセクシュアリティが違うという理由だけで，我々の心には嫌悪，不快，恐怖などのさまざまな感情がわき起こり，自己のセクシュアリティが揺さぶられ，その結果として拒絶したり，差別しようという気持ちになりやすい。セクシュアリティの多様性を受け入れるというのは，言葉で言うほど容易なことではないのである。しかし，上述した1．自己のセクシュアリティを知り，2．情報を知ることは，多様性を受け入れる手助けとなるであろう。自己のセクシュアリティをしっかりと把握すればその動揺も減り，正確な医学的理解は，否定的感情の抑制に効果があるだろう。その上で，当事者の人格全体と対峙すれば，そのセクシュアリティも受容しやすくなると思われる。

4．社会へ啓発教育する

　個人的にセクシュアリティの知識を深め，その多様性を許容できるようにな

れば，それを社会へと広げていくことも職務のひとつであろう。少数派のセクシュアリティを有する者の困難，悩みの多くは，社会の無理解，拒絶に由来する。今後，社会への啓発教育が進み，社会全体がセクシュアリティの多様性を理解し，許容するようになれば，少数派のセクシュアリティを有する者の多くが医学的介入なしに，心理的，身体的，社会的な健康を改善し，増進するであろう。

V おわりに

先に紹介した性の権利宣言の全文を紹介することで終わりの言葉にかえることとする。

性の権利宣言

セクシュアリティは，人間ひとりひとりの人格に組み込まれた要素の一つである。セクシュアリティが十分に発達するためには，触れ合うことの欲求，親密さ，情緒表現，快感，やさしさ，愛など，人間にとって基本的なニーズが満たされる必要がある。

セクシュアリティとは，個人とさまざまな社会的構造の相互作用を通して築かれる。セクシュアリティの完全なる発達は，個人の，対人関係の，そして社会生活上のウェル・ビーイング well being に必要不可欠なものである。

セクシュアル・ライツとは，あらゆる人間が有する，生まれながらの自由，尊厳，平等に基づく普遍的人権である。健康が基本的人権であるゆえ，セクシュアル・ヘルスも基本的人権である。人間と社会の健康なセクシュアリティの発達を保証するために，あらゆる手段を講じて，すべての社会が以下のセクシュアル・ライツを認識し，推進し，尊重し，擁護しなければならない。セクシュアル・ヘルスは，これらセクシュアル・ライツが認知され，尊重され，実践される環境が生み出すものである。

1）性的自由への権利

性の自由は，個人に性的な潜在能力のすべてを表現できる可能性をもたらす。しかしながら，人生のどんなときどんな状況における，いかなる形の性的強要，性的搾取，性的虐待をも排除する。

2）性的自律，性的統合性，性的身体の安全への権利

この権利は，自分自身の個人的並びに社会的倫理の道筋のなかで，自分の性生活に関し自己決定する能力をもたらす。また，いかなる種類の肉体的苦痛，障害，暴力などなしに，自分自身の身体を制御し楽しむことも含まれる。

3）性的プライバシーへの権利

この権利は，他者のセクシュアル・ライツを侵害しない限りにおいて，親密さに関する個々人の意志決定や行動を保証するものである。

4）性の平等への権利

この権利は，セックス，ジェンダー，セクシュアル・オリエンテーション，年齢，人種，社会的階層，宗教，身体的および情緒的障害にかかわりなく，いかなる差別からも解放されることに関するものである。

5）性の快感への権利

自体愛を含め，性の快感とは，身体的，心理的，知的，精神的なウェルビーイングの源泉である。

6）情緒的性表現への権利

性的表現は，エロティックな快感や性的行為以上のものである。個々人は，コミュニケーション，身体接触，情緒的表現および愛情を通じて，自己のセクシュアリティを表現する権利を有する。

7）自由な性的関係への権利

これは，結婚するかしないか，離婚するか，あるいは他の形での責任ある性的な関係を結ぶか，という可能性を意味している。

8）生殖に関する自由で責任ある選択への権利

子どもをもつかもたないか，子どもを何人，どれくらいの間隔で産むのかについて決定する権利，受胎調節の方法を十分に利用できる権利のことである。

9）科学的研究に基づく性の情報への権利

この権利は，性の情報が，何ものにも妨げられることなく，しかも科学的倫理的な過程を経て作りだされ，あらゆる社会的レベルにおいて適切な方法で流布されなければならないことを意味する。

10）包括的セクシュアリティ教育への権利

これは，生まれたときからライフサイクルを通じた一生の過程であり，各段階であらゆる社会的組織を巻きこんだ教育でなければならない。

11）セクシュアル・ヘルス・ケアへの権利

あらゆる性に関する留意点，問題，異常の予防と治療に対して，セクシュアル・ヘルス・ケアが利用できなければならない。

セクシュアル・ライツとは，基本的かつ普遍的人権である。

スペイン（バレンシア）における第 13 回世界性科学学会の宣言。中国（香港）における第 14 回世界性科学学会における WAS 総会において改訂・採択（1999 年 8 月 26 日）。

参考文献

1）Diamond, M. & Karen, A.（1980）Sexual Decisions. Little Brown and Company.（田草川まゆみ訳（1984）人間の性とは何か．小学館）
2）Diamond, M. & Sigmundson, H.K.（1997）Management of intersexuality: Guidelines for dealing with persons with ambiguous genitalia. Archives of Pediatrics and Adolescent Medicine, 151, 1046-1050.（針間克己訳（2000）インターセックスの子どものマネジメントガイドライン．助産婦雑誌，54(2), 35-41.）
3）東　優子（1999）第 14 回世界性科学会会議報告―性の権利（セクシュアル・ライツ）宣言の採択．現代性教育研究月報，17(10), 1-6.
4）松本清一，宮原忍監修（2003）セクシュアル・ヘルスの推進　行動のための提言．日本性教育教会．

第2章

レズビアン，ゲイ，バイセクシュアル支援のための基本知識

平田俊明

I　LGBへの心理的支援・心理療法を行う上での前提

　米国心理学会は，レズビアン，ゲイ，バイセクシュアル（LGB）への心理的支援・心理療法を行う際にふまえておくべき前提として，以下の4つの点を挙げている[15]。

①同性に性的に惹かれること，同性間の性行動，同性に性指向が向くことそれ自体は，人間の正常かつ肯定的なセクシュアリティの表現形態である。換言すれば，それらは精神障害や発達上の障害を示すものではない。

②同性に性的に惹かれることや同性間の性行動は，異性愛指向や異性愛アイデンティティをもつ人々にも起こり得る。

③LGBの人々は充実した人生を送ることができ，安定した強い絆で結ばれた人間関係や家族を築くことができる。LGBの人々が築く人間関係や家族は，その本質において，異性愛の人々が築く人間関係や家族と何ら変わらない。

④同性への性指向が家族の機能不全やトラウマによって生じるとする理論を支持する実証的研究や査読付論文は存在しない。

　これらの諸点は，日本でLGBへの心理的支援・心理療法を行う者たちも，ふまえておく必要のある前提である。

　これまで，心理臨床や精神科医療の分野において，同性愛に関する言説は錯綜した様相を呈してきた。近代以降，心理臨床や精神科医療に携わる者たちも，LGBに対するスティグマ化を行い，結果的にLGBのメンタルヘルスを損

ねてきたという側面がある（第5章ならびに第6章を参照）。現代に至っても，心理臨床や精神科医療に携わる者たちはLGBに対する偏見から完全に自由になっていないことが指摘されている（第20章参照）。LGBへの心理的支援・心理療法を行う上で，上記の4つの諸点をふまえることが必須である。

Ⅱ　性指向

　LGBへの心理的支援・心理療法を行う際に，有用となる諸概念の整理をしておきたい。
　まず，「性指向」について。
　第1章で述べたように，どのような性別の相手に恋愛感情や性的欲求を抱くかという方向性のことを「性指向」という。
　性指向がもっぱら同性に向く場合を同性愛（ホモセクシュアル，ゲイ，レズビアン）といい，異性に向く場合を異性愛（ヘテロセクシュアル）といい，両性に向く場合を両性愛（バイセクシュアル）という。性指向がどの性別にも向かない場合を，無性愛（アセクシュアル）という。
　バイセクシュアルの場合，両性に対してほぼ同等に惹かれる場合もあれば，一方の性別よりも他方の性別に対してより強く惹かれる場合もある[6]。
　性指向の向く相手がトランスジェンダー（第7章参照）である場合を考慮すると，相手の性別が実際にどういう状態であるかということよりも，本人が相手の性別をどう認知しているかということのほうが，性指向の向く方向性を決める際に重要な要因として働くと思われる。
　上に「恋愛感情や性的欲求が抱く方向性」と大ざっぱな表現を用いたが，性指向には，少なくとも3つの側面がある[10]。
　①「性的に惹かれる」「性的欲求を抱く」という側面
　②「性行為を行う」という側面
　③「アイデンティティをもつ」という側面
　の3つである。
　これら3つの側面が，ひとりの個人において，すべて同等に発現しないケースもあることを，臨床家は認識しておく必要がある。
　例えば，内在化されたホモフォビア[注]が強いために，「ゲイ」「レズビアン」「バ

イセクシュアル」というアイデンティティをもつことなく，同性との性行為を続けている人々がいる。すなわち，「LGB としてのポジティブなアイデンティティを形成する」ことが（少なくとも当初は）心理的支援・心理療法の目的にはならない人々もいる。

　また，近世以前の日本に目を向けるならば，男性同士で性愛関係をもっていた者たちが，現代人が「同性愛者」というアイデンティティをもつのと同じ感覚で，「男色者」「衆道者」（第 6 章 - Ⅲ参照）というような「アイデンティティ」をもっていたとは考えにくい。他者との性愛関係のもち方が，個人の「アイデンティティ」を決定づけるという現象は，日本では近代以降になってはじめてみられるようになった現象である。性指向という用語は，もともと，近代以降に西洋において作られ日本に持ち込まれた輸入語だという事実を思い返すことも，時に応じて，臨床家にとって必要とされる。

Ⅲ　同性愛の性指向を異性愛へと変える「治療」について

　1950 年代から 1970 年代にかけての米国では，精神分析や，学習理論に基づく行動療法が，同性愛者を異性愛者へと変えるための「治療」として行われていた[10]。行動療法では，同性の裸の写真をクライエントに見せ，その後に電気ショックや嘔気をもよおす薬物を与える嫌悪療法が用いられていた。

　同じ米国で，1990 年代後半になってからは米国心理学会や米国精神医学会などの専門家団体が相次いで，同性愛を異性愛へ変えようとする治療（reparative therapy や conversion therapy と呼ばれる治療）に関して，その効果に対する疑問を呈したり，その有害性を指摘する内容の公式声明を発表するようになった。「心理療法によって，同性愛の性指向を異性愛の性指向へと変えることが可能であることを示す十分な実証的なデータはない」という見方が，現代の米国のメンタルヘルス専門職の中で主流となっている見解である。

　2009 年の米国心理学会の大会で，「性指向に対する適切な心理療法的対応 Appropriate Therapeutic Responses to Sexual Orientation」という 100 ページにわたる報告書が刊行された[15]。1960 年から 2007 年までに発表された学術論

文の系統的レビューをもとにLGBへの対応方針を詳述した報告書である。報告書では,「初期の研究において,嫌悪療法には非常に限定された利益しかなく,逆に害になる可能性のあることが示された。これらの害の報告は深刻であった。嫌悪療法における脱落率は極めて高かった」という指摘がなされている。

Ⅳ 「性指向アイデンティティ」

上記の米国心理学会の報告書の中で,「性指向」と区別すべき概念として,「性指向アイデンティティ」という概念が提唱されたことが注目に値する。「心理療法によって,性指向アイデンティティを変えることはできるが,性指向を変えることはできない」という趣旨が述べられている。

「性指向アイデンティティ」とは,当事者が自らの性指向をどのように受け止め,どのように内在化するかということである。男性と女性のどちらと実際に性行為を行うか(男性と女性の両方と性行為を行うか)とか,LGBコミュニティあるいは異性愛コミュニティのどちらに所属感を抱くかとか,自分のセクシュアリティのあり方をどのような名前で呼ぶかとか,どのようなライフスタイルを選択するか,などは(「性指向」の表れではなく)「性指向アイデンティティ」の表れである,とされている。

ちなみに,この報告書での「性指向」の定義は以下のようになっている。より生物学的側面が強調され,社会心理学的側面が含まれない定義になっている。

「性指向」とは,相手の性別や性的特徴に基づいて,個人が他者に対して抱く性的かつ情緒的な興奮・欲求のパターン(恋愛感情をも伴うもの)である。性指向は,生理的欲動や生物学的システムと密接に関連し,それらは意識的な選択を超え,「恋に落ちる」と表現されるような深い情動的体験や愛着を伴うものである。

本報告書の定義に沿うならば,先に述べた性指向の3つの側面のうち,1つめの「性的に惹かれる」「性的欲求を抱く」という側面のみが「性指向」に相当する。2つめの「性行為」と3つめの「アイデンティティ」は「性指向アイデンティティ」に含まれることになる。

「性指向アイデンティティ」を「性指向」と区別して捉える観点は,臨床的に有用であると思われる。今後,日本においても「性指向アイデンティティ」

という概念が活用されるようになるとよいだろう。

V　人口に占めるLGBの割合

次に，人口に占めるLGBの割合について述べる。

性指向という属性は目に見えるものではなく，かつ他者に明かすことがためらわれる属性であるため，LGBの割合を調べる疫学的調査の実施には種々の困難が伴う。ある人がLGBであるかどうかを決める指標として，「性的欲求」「性行動」「アイデンティティ」のどれを使うかによって，数値が変わってくるという難しさもある。欧米では複数の研究が積み重ねられてきているが，本節では，米国での代表的な調査結果をいくつか紹介する。

1992年にシカゴ大学のNational Opinion Research Center（NORC）の研究者たちによってNational Health and Social Life Survey（NHSLS）という調査が行われた。3,500人弱の米国成人を対象にした調査である。自分自身を同性愛あるいはバイセクシュアルだとみなしている割合は，男性では2.8％，女性では1.4％という結果であった[13]。

2002年に米国疾病管理予防センターによって，National Survey of Family Growth（NSFG）という調査が，18歳から44歳を対象者として行われた。自分自身を同性愛だとみなしている割合は，男性では2.3％，女性では1.3％，自分自身をバイセクシュアルだとみなしている割会は，男性では1.8％，女性では2.8％という結果であった[10]。この調査では，選択肢として「異性愛」「同性愛」「バイセクシュアル」のほかに「その他」も設けられており，「その他」を選んだ者の割合は，男性では3.9％，女性では3.8％であった。

2008年にNORCによって行われたGeneral Social Survey（GSS）という調査では，自分のことをゲイだと考えている男性の割合は2.2％，バイセクシュアルだと考えている男性の割合は0.7％，自分のことをレズビアンだと考えている女性の割合は2.7％，バイセクシュアルだと考えている女性の割合は1.9％であった[5]。

2009年に行われたNational Survey of Sexual Health and Behaviorという調査では，自分のことをゲイ，レズビアンあるいはバイセクシュアルだとみなしている者の割合は，男性では6.8％，女性では4.5％という結果であった[7]。

米国では，性指向に関して本人の「アイデンティティ」をもとにした疫学的調査が複数存在しているわけだが，日本では（少なくとも文献として挙げられるものでは）存在しない。日本のLGBの割合に関連する調査として，文献として挙げられるものは，筆者の知る限りで4件ある。いずれも「性行動」や「性的欲求」について尋ねた調査である。

塩野らは，日本の成人男性におけるMSM (men who have sex with men)（第14章 - Ⅰ参照）人口の割合を明らかにする目的で，2009年に調査を行った[16]。20歳以上60歳未満の男性を対象にし，1,659件の回答数を得た。性交渉の相手が同性のみ，または同性と異性の両方と回答した割合は2.0％であった。

藤澤らは1994年に日本の5つの都市の13歳から24歳の男女1万人を無作為抽出し，郵送自記式の調査を行った[4]。有効回答数は1,968件であった。「同性に性的にひかれたことがある」と回答した割合は20.2％，「同性に対し性的な興奮を感じて身体を触れ合ったりしたことがある」と回答した割合は10.1％だった。

木原らは，18歳から59歳の日本人5,000人を対象にして，性行動等に関する全国調査を実施した[12]。「同性に性行為や性的興奮を有する割合」は，男性では1.2％，女性では2.0％であった。ただしこの調査は面前自記式調査であったため，回答者が事実を述べなかった可能性もあり，実際の数値はこれよりも高い可能性がある。

日本性教育協会が1981年に行った調査では，同性愛に関する質問が含まれていた。7都市の大学，高校から75校を選んで，集団記入方式で調査を行い，回収した2万枚以上の調査票の中から，男女，校種のバランスを考慮して無作為に抽出した4,990名で分析を行った。「あなたは同性の人と性的な身体接触をしたことがありますか」との問いに「ある」と答えたのは高校生男子5.5％，高校生女子5.7％，大学生男子6.3％，大学生女子3.9％だった[14]。

もとの文献を挙げることができないが，電通総研が2012年に行った調査で，成人男女約7万人中，5.2％がLGBTであるという情報が，インターネットのサイトに複数掲載され，新聞記事[1]にもなっている。

性指向やジェンダー・アイデンティティに関する項目を入れた疫学的研究を，日本においても，国の機関なり疫学研究者なりがもっと行う必要があるだろう。

VI ゲイ，レズビアンのアイデンティティ形成のモデル

　続いて，欧米において，LGBへの心理的支援・心理療法を行う者たちがしばしば援用する「ゲイ，レズビアンのアイデンティティ形成のモデル」を紹介する。

　欧米では，LGBの人々のアイデンティティがどのように形成されていくのかを示す，「アイデンティティ形成のモデル」と呼ばれるものがいくつか提唱されている。これらのモデルを実際にどのように活かし得るのかという臨床への応用についての詳細は第10章と11章で述べるので，本章ではモデルの大枠を提示し，モデルに沿っていくつかの臨床的な観点を簡単に述べる。

　LGBのアイデンティティ形成モデルとして，よく知られているものとしては，Cass[2,3]によるものやTroidenによるモデルがある。Cassのモデルを表1に示す（Troidenのモデルについては第10章参照）。

　日本では，石丸が民族的マイノリティのアイデンティティ研究とLGBのアイデンティティ研究とを比較し，「マイノリティ・グループ・アインデンティティ」としてまとめ，「マイノリティ・グループ・アイデンティティ」の共通要素として4つの段階を抽出し，以下のようなモデルを提示している[11]。

①未探索・マジョリティ的態度：自分のもつ差異や特異性を本格的には自覚していない，あるいは向き合っていない状態。マジョリティの価値観を受け容れている。自らが本来属しているグループに対してネガティブな見方をもっており，マジョリティとして生まれたかったという考えをもっている。

②差異への気づき・差異の出現：差異や特異性を自覚し向き合う時期。強烈なきっかけによって向き合うことになる場合もあれば，徐々に蓄積されてきた違和感によって自覚する場合もある。

③同一化の開始・逡巡：徐々にマイノリティ・グループへと同一化し始める時期。同じマイノリティ・グループのメンバーとの交流が活発になり，そのグループの価値観や文化を取り入れる。属するグループに対してポジティブなイメージをもっている場合は，同一化がスムーズに進むが，グループに対してネガティブなイメージをもっていた場合には，同一化のプロセスは困難になる。同一化が進む中で，マジョリティ・グループを価値下げし，マイノリティ・グループを理想化するという両極化が生じる場合がある。

第2章 レズビアン,ゲイ,バイセクシュアル支援のための基本知識 **33**

表1 ゲイ,レズビアンのアイデンティティ形成のモデル[2,3]

Stage 1 アイデンティティの混乱 identity confusion：自分の行動・感情・考えが同性愛と呼ばれるものかもしれないと認識し始め,それまでの自己概念が壊れ,混乱する。

Stage 2 アイデンティティの比較検討 identity comparison：同性愛者かもしれないという可能性を受け入れ始める。周囲との違いが明白になり,疎外感に苛まれる。どこにも所属していない感じ。孤立。

Stage 3 アイデンティティの許容 identity tolerance：同性愛者としての自己像を許容し始める(が,受容するわけではない)。ほかの同性愛者との接触を試みる。公には異性愛者としての生活を続け,自己像が2つに分断されているように感じる。

Stage 4 アイデンティティの受容 identity acceptance：同性愛者との交流が増え,交友関係の輪も広がり,同性愛を肯定的に捉え始める。限られた身近な異性愛者にはカミングアウトし始めるが,それ以外の大半の時間を異性愛者として過ごす。それで問題なく過ごせれば,アイデンティティ形成のプロセスはここで終了する。

Stage 5 アイデンティティへの自信(思い入れ) identity pride：同性愛者としてのアイデンティティに自信(思い入れ)を抱くようになる。社会が同性愛者を抑圧していると憤慨し,異性愛者の,同性愛者に対する無理解や偏見に怒りを感じ,異性愛者を敵対者のように捉える。

Stage 6 アイデンティティの統合 identity synthesis：異性愛者との肯定的な接触が増えるにつれ,世の中を「良い同性愛者」と「悪い異性愛者」との2つに分けて考える二分法的思考は正しくないと気づく。同性愛者であるという要素は,人間の全体をかたちづくる多数の構成要素のひとつにしか過ぎないことに気づく。生活の中で,同性愛者であることを(ことさらに宣言する必要もなく)隠す必要もないと感じる。

④自己受容・安定したグループ観：マイノリティ・グループのメンバーとしての自分をポジティブに受け入れ,誇りをもっている状態。マイノリティ・グループに属することが,その人のアイデンティティの中で,過大でもなく過小でもなく,適切に統合されている。マイノリティの文化とマジョリティの文化とのどちらかに肩入れすることなく,バランスのとれた見方ができる。社会的な適応状態も安定している。

石丸はさらに,民族的マイノリティと比べたときのLGBに特徴的な点として,「マイノリティ属性がプライベートな事柄であり語りにくいこと」,「家族の理解を得にくいこと」,「外見からはマイノリティであることがわからず,パッシングが可能であること」の3つを挙げている。これらの特徴はいずれも,LGB当事者にとって,ソーシャル・サポートを得にくくする要因である。LGBの支援に関わる臨床家が認識しておく必要のある諸特徴である。

社会疫学を専門とする日高は,数千人のゲイ・バイセクシュアル男性を対象にインターネットを使った調査を行い,当事者が,性指向に関連する主要なラ

表2 ゲイ・バイセクシュアル男性の種々のライフイベントが起こる平均年齢[8]

13.1歳	ゲイであることをなんとなく自覚した
13.8歳	「同性愛」「ホモセクシュアル」という言葉を知った
15.4歳	異性愛者ではないかもと考えた
17.0歳	ゲイであることをはっきりと自覚した
20.0歳	ゲイ男性に初めて出会った
20.0歳	男性と初めてセックスした
21.6歳	ゲイの友達が初めてできた
22.0歳	ゲイの恋人が初めてできた

イフイベントをそれぞれ何歳頃に体験するのかという平均年齢について調査し発表している（表2）[8]。LGBへの心理的支援・心理療法を行う者にとって有用な情報である。

Ⅶ 臨床への提言

以下，Cassのモデルをもとに，日高の発表した「ライフイベントの平均年齢」を参考にしながら，アイデンティティ形成の各段階において，臨床家がどのような事柄に留意したらよいのかを述べていく。

　ゲイやレズビアンの皆が皆，Cassのモデルにあるように，stage 1からひとつずつ段階を経て直線的にアイデンティティを形成していくわけではない，とCass自身が強調して述べている。筆者もまったくその通りであると思うが——自らの思考法が「直線的」にならないように臨床家は常々留意する必要があると思っているが——一見してわかりやすいモデルなので，Cassのモデルを参照枠として用いることにする。

1．アイデンティティの混乱から比較検討の時期

　日高によると,「自分の性指向をなんとなく自覚する」のが平均して13歳頃,「はっきりと自覚する」のが17歳頃である。「混乱の時期」から「比較検討の時期」は，大体，中学生から高校生の時期に相当する。

　LGB当事者が一般の相談機関に来室することになった場合，来室当初は，なかなか自分の性指向のことを主訴にできない，あるいは主訴にしない場合が多い。性指向を主訴にできない理由のひとつとしては，臨床家側にセクシュア

リティに関する偏見がないかどうか，理解があるかどうかわからないので，当事者側が言い出せない場合がある。臨床家側の留意点としては，来室したクライエントが異性愛者であるという前提に縛られないことが重要である。例えば，使う言葉づかいしても，例えば，見た目が女性であるクライエントに対して「彼氏はいるのですか」とたずねるのではなく，「付き合っている人はいるのですか」と，性別に関してニュートラルな表現を使うように心がけたほうがよい。

　来室当初に性指向のことが主訴として語られない別の理由として，当事者自身が自らの性指向を明確に意識化できていないので言葉にできない場合がある。中高生のクライエントが不登校や自傷行為などのいわゆる不適応の状態を呈している場合，その背景に，セクシュアリティの問題が関与している場合が少なからずある。セクシュアリティの問題があり不適応の状態を呈しているのだが，臨床家側がその可能性を十分に念頭に置いていないために，セクシュアリティの問題が見過ごされるケースがある。来室するクライエントには性指向の問題があるかもしれないという視点をもちつつ，さらに，性指向のことは言語化されにくいという認識を念頭に置きつつ，面接に臨むことが必要である。性的に発達し始める，思春期の年代のクライエントを相手にする臨床家は，特に心得ておくべき事柄である。

　LGB当事者との臨床に携わっていると，セクシュアリティに関する臨床家側の価値観を見つめ直したり意識化する必要性が生じる場合がある。例えば，「同性愛を治したい」という訴えるクライエントに相対する際に，「治したい」と訴える背景に，内在化されたホモフォビアの影響があり，話をするうちに，「本心から治すことを望んでいるわけではない」ことが明らかになる場合がある。そのような訴えをするクライエントに関わる際，臨床家の側が「同性愛より異性愛のほうが望ましい」という価値観をもっており，それをしっかりと意識化できてないと，「同性愛を治したい」という訴えに必要以上に乗ってしまう状況が起こり得る。臨床家は，性（セクシュアリティ）についての自らの価値観を省みる機会をもつことが必要である。

2．アイデンティティの許容の時期

　次の段階の「許容の時期」は，ほかの当事者との接触を試みる時期である。日高の調査によると20歳ぐらいの年齢に相当するが，その当事者を取り巻く

種々の条件によってこの年齢は前後しやすいと思われる。

　日高らは,「同性を好きだと感じた男子がまず試みるのは,インターネットで『ゲイ』『同性愛』といったセクシュアリティに関連するキーワードで検索してみること」だと述べ,性指向を自覚し始めたLGB当事者が,出会いのツールとしてインターネットを使用する状況について注意を促している。中高生の当事者がインターネットを使ってほかの当事者との出会いを求めたとしても,同年代の仲間を見つけることは難しい。年上の男性と知り合った中学生のゲイ男子が,援助交際をしたり性感染症に罹患した事例も報告されている[9]。「過去6カ月の間にお金をもらってセックスをした経験がある」と答えた10代のゲイ・バイセクシュアル男性が,5人に1人であったという調査結果も出ている[8]。この時期の当事者に関わる臨床家は,ほかの当事者との最初の接触が,本人にとって「よい体験」になるように見届ける必要がある。本人がしっかりと自己決定できるよう,本人のニーズについて話をしつつ,ほかの当事者と会いたいというニーズがあれば,種々の情報を調べ提供し,自己決定を促す心理教育を行うことも必要だろう。

　ここで,「自己決定」という言葉の重要性を,あらためて見直し,再認識することが有用である。米国心理学会の報告書では,性指向との関連において,「自己決定」について以下のように述べている[15]。

　　メンタルヘルス専門職の以下のような対応によって,クライエントの自己決定が最大限に引き出される。(a) 特定の結果に至ることを前提条件にせず,クライエント自身の持つ前提や目標を探索するような心理療法を提供すること,(b) 苦痛を軽減するための資源や,苦痛に上手く対処するための資源を提供すること,(c) いかに自らの性指向を認識しいかに自らの性指向を生き抜くかという究極的な目標を,クライエント自身が決められるよう促すこと,である。

3. アイデンティティの受容から自信（思い入れ）の時期

　「受容の時期」や「自信（思い入れ）の時期」にあるLGB当事者は,ほかの当事者との交流が増え,自らの性指向を肯定的に捉えられるようになるが,依然,「LGBである自分」と「異性愛者のふりをする自分」とを使い分ける。異性愛者を敵対者のように捉え,憤りを感じることもある。LGBのクライエントとの心理面接では,臨床家が「異性愛者の代表」のような立ち位置に立たさ

れることがある。LGB である自分は，「異性愛者」からすんなりと受け入れられないだろうという前提をもっているクライエントに対して，臨床家が一貫して受容の姿勢をもって接せられる意味合いは大きい。自分が「マイノリティ」であっても臆せずに相手を信頼してつながっていこうという姿勢をクライエントの内に育む一助になり得る。二分化されたクライエントの世界を，媒介するつなぎ役ともなり得る。

4．アイデンティティの統合の時期

　「統合の時期」は，将来の展望や今後の人生のビジョンに目を向けることが可能になる時期である。LGB の場合，ロールモデルとなる存在が身近な周囲に見当たらないという要因もあり，将来の展望や今後の人生のビジョンを前向きに描きにくい。第5章で述べるように，LGB 当事者はうつ病になる割合が高く，自殺念慮を抱く者が多い。その背景には，自らの将来像を希望をもって描きにくいという要因が関与している。「統合の時期」にまで至ったクライエントは，今後どのような生き方を望むのかを見据え，どのように将来を切り開いていくのかをしっかりと考えることができる段階に至ったと言える。将来像を吟味する作業を，面接の中で臨床家とともに行えるとよいだろう。

　第5章で詳述されているように，LGB のメンタルヘルスが損なわれるのは，LGB であること自体にメンタルヘルスを損なう要因があるのではなく，社会の中に LGB に対するスティグマが存在しているからである。社会構造的な問題である。

　心理面接の中で臨床家が出会う主訴の中には社会構造的な問題に由来するものがあり，社会構造が変わらない限り，同様の主訴が再生産され続けることに，臨床家側もクライエント側も気づくことがある。社会構造からくる問題に接し問題意識をもつに至った者は――臨床家もクライエントも――啓発者としての役割をとり得る。コミュニティ心理学でいう「アドボケーター（擁護者）」の役目である。LGB のメンタルヘルスが損なわれない社会をつくるためには，一定の割合で啓発者の役目をとる人々が必要である。「統合の時期」まで歩みをともにした臨床家とクライエントの中からは，その必要性を認識し啓発者としての役目を担う者が出てきてもよいだろう。

　以上，アイデンティティ形成の各段階に応じた臨床的留意点について簡単に述べた。さらに詳細は第10章ならびに11章を参照されたい。

注）同性愛を，あるいはLGBだとみなされる人を，合理的な根拠なしに否定的に捉える態度のことを言う。ホモフォビアは，LGBだとみなされる人を忌み嫌ったり，冗談や嘲笑のネタにしたり，いじめや暴力など攻撃の対象とする言動として表れうる。ホモフォビアは，LGB当事者自身に内在化されることがあり，それを「内在化されたホモフォビア」と呼ぶ。

文　献

1）『朝日新聞』長崎版 2013年12月10日朝刊．
2）Cass, V.C.（1979）Homosexuality identity formation: A theoretical model. Journal of Homosexuality, 4, 219-235.
3）Cass, V.C.（1984）Homosexual identity formation: Testing a theoretical model. Journal of Sex Research, 20, 143-167.
4）藤澤和美・宗像恒次・田島和雄（1996）日本の青少年の性行為とエイズ認識．（宗像恒次編著）青少年のエイズとセックス―自立と共生のための性教育に向けて．日本評論社．
5）Gates, G.J.（2010）Sexual Minorities in the 2008 General Social Survey: Coming Out and Demographic Characteristics. Los Angeles, CA: The Williams Institute.
6）Herek, G.M., Norton, A., Allen, T., et al.（2010）Demographic, psychological, and social characteristics of self-identified lesbian, gay, and bisexual adults in a US probability sample. Sexuality Research and Social Policy, 7(3), 176-200.
7）Herbenick, D., Reece, M., Schick, V., et al.（2010）Sexual behavior in the United States: Results from a national probability sample of men and women ages 14-94. The Journal of Sexual Medicine, 7, 255-265.
8）日高庸晴・木村博和・市川誠一（2007）ゲイ・バイセクシュアル男性の健康レポート2．（厚生労働省エイズ対策研究事業）「男性同性間のHIV感染対策とその評価に関する研究」成果報告．
9）日高庸晴・星野慎二（2012）みんなと同じ恋愛ができない―セクシュアルマイノリティと思春期．（松本俊彦編）中高生のためのメンタルサバイバルガイド．日本評論社．
10）Institute of Medicine (US) Committee on Lesbian, Gay, Bisexual, and Transgender Health Issues and Research Gaps and Opportunities（2011）The Health of Lesbian, Gay, Bisexual, and Transgender People: Building a Foundation for Better Understanding. Washington (DC): National Academies Press (US). Context for LGBT Health Status in the United States. http://www.ncbi.nlm.nih.gov/books/NBK64801/
11）石丸径一郎（2008）同性愛者における他者からの拒絶と受容：ダイアリー法と質問紙によるマルチメソッド・アプローチ．ミネルヴァ書房．
12）木原正博，他（2000）日本人のHIV/STD関連知識，性行動，性意識についての全国調査．平成11年度厚生科学研究費補助金エイズ対策研究事業「HIV感染症の疫学研究」研究報告書，pp.565-583．
13）Laumann, E.O., Gagnon, J.H., Michael, R.T., et al.（1994）Homosexuality. In Laumann, E.O., Gagnon, J.H., Michael, R.T., et al. (eds.) The Social Organization of Sexuality: Sexual Practices in the United States. Chicago, IL: The University of Chicago Press.
14）日本性教育協会編（1983）青少年の性行動―わが国の高校生・大学生に関する調査・分析第2回．小学館．
15）佐々木掌子・平田俊明・金城理枝，他（2012）アメリカ心理学会（APA）公式発表における「性指向に関する適切な心理療法的対応」．心理臨床学研究，30(5), 763-773．
16）塩野徳史・市川誠一・金子典代，他（2009）日本成人男性におけるMSM（Men who have sex with men）人口の推定（会議録）．日本エイズ学会誌，11(4), 427．

第3章

性(セクシュアリティ)のイメージ
―― 結合と分離

平田俊明

　本章では，性（セクシュアリティ）のイメージについて述べる。
　心理療法において，性（セクシュアリティ）をイメージとして捉えようとすると，結合と分離の動きが生じやすいと筆者は感じている。

I 「エロスの起源」としての分離

　第1章で述べたように，"sex" の語源はラテン語の "secare" であり，もともと「切断する」「分ける」という意味の言葉である。
　sex の語源となる言葉が「切断する」「分ける」という意味の言葉であると知ったときに，筆者は当初，意外な印象を受けた。性（セクシュアリティ）に対して，逆のイメージ――「結合する」「つなげる」というイメージ――を抱いていたからである。しかし，その後，性についてのイメージや，「結合と分離」のイメージを探索するうちに[10]，以下のように思うようになった。
　「先に『分離』があるからこそ，『結合する』という動きが生じるのだ」，
　「結合したものはまた，その後に分離されるのだ」と。
　「切断する」「分ける」という表現から思い起こされる話として，第1章でも触れたが，プラトンが『饗宴』の中で「エロスの起源」として提示した逸話がある。球体をしていた原人間が，神の怒りに触れて，2つに分断されてしまうという逸話である。
　以下，該当する箇所を抜粋し要約する[6]。

　　人間の種族は，三種類あって，男性，女性という現在の二種類だけでなく，男女

両性を分けもつ第三の種類（アンドロギュノスという種族）も存在していた（今は他人を非難する際の呼称として残っているだけであるが）……それぞれの人間の姿は，どれも全体がまるい形をしていた。手も足も４本あり，首には，顔が２つついており，隠し所も２つあった。男性の種族は太陽から生まれ，女性の種族は大地から，そして男女両性を分けもつ種族は月から生まれたのである……

　このような人間たちは，非常に強くたくましく，野心的であったため，神々にさえ挑む存在であった。対応策として，ゼウスは，人間たちを２つに分断して，人間たちの力を弱めることにした。

　こうして，本来の姿が２つに断ち切られたので，それぞれの者は，自分の半身に恋い焦がれて一緒になろうとし，互いにまとわりついて合体することを求め，互いから離れては何もする気が起らなかったために，食べることも他のどんな活動もせず，そのせいで死んでいった……これをあわれに思ったゼウスは，人間たちの隠し所を前に移し変え，この部分によって，互いの中で生殖を，すなわち，男性と女性と間での生殖を可能にした。その目的は，男が女と結合して，子を生み，種族が保存されること，また男が男と出会った場合には，交わりの満足感だけは生じ，安らぎ，仕事や生活を滞りなく送れるようになる，ということであった。

　だから，われわれ一人ひとりは，１つであったものが２つに断ち切られているわけだから，人間の割り符（シュンボロン）なのである。したがって，各人はいつも自分自身の割り符を探し求めているのである……

　こうして，〈全体〉を求める欲望と追求に，〈恋（エロス）〉という名称がつけられているのである……

　かつてわれわれはひとつだったが，現在はその不正ゆえに神によって分かれて暮らすようにさせられたのである。

　この逸話によると，もともとひとつで全体であったものが——原人間とも呼び得るような存在が——神（ゼウス）によって分断され，現在の人間の「性（性別）」の状態が生じた。もともとひとつであったがゆえに，分断された半身同士の間には（２つの割り符（シュンボロン）の間には）強く惹きつけ合う力が働き，もともとの形に復元しようとする。オリジナルの球体の形に立ち戻ろうとする牽引力が「エロス」であると，プラトンはこの逸話の登場人物に語らせている。

　この逸話では，惹かれ合うのは女性と男性のペアだけでなく，女性同士，そして男性同士も惹かれ合うペアとして描出されている。「それは，同性愛が一般的であった，古代ギリシアという時代（特殊な時代）に書かれた話だからだ」という指摘もあり得るだろうか。同性愛が一般的である時代を特殊だとみなす，

その見方の妥当性について省察することも必要であろう。

プラトンが描写した，この「結合と分離」のイメージを，筆者は，あるクライエントのみた夢を聞いたときに想起した。以下にその夢を紹介する。

II 「結合と分離」による再生

筆者が心理療法を行っていた，当時 20 代前半のゲイ男性がみた夢である。

> 私はデパートの屋上のようなところにいる。そこにはたくさんの女性たちがいて，なにかあらかじめ決められた脚本のようなものに従って，セリフを言ったり動いたりしているようだ。
>
> ある女性がセリフを言い間違える。「やばい」という空気がその場に生じる。なにか，評価を下すような存在が（天空から）見ているようだ。近くにいた女性がすぐに正しいセリフを教え，間違った女性はあわてて言い直す。はたして間に合っただろうか。
>
> しかし，間に合わなかったようだ。天空にいる審判を下す存在から，雷のようなものすごい力をもった光のようなものが落ちてきて，女性たちの上に落下する。間違った女性と訂正した女性の上に落下し，女性たちは帯電しているようかのようにビリビリとふるえている。一方の女性はプラスの電荷を帯び，もう一方の女性はマイナスの電荷を帯びる。
>
> そして，（プラスとマイナスの電荷を帯びた）2 人の女性はものすごい力で互いに引き付けあい，私のすぐ目の前（頭上）で合わさる。そしてその後，今度はものすごい力で互いを引き離す力が生じる。ものすごい力で引き離されていく。
>
> しかし，引き離されているその女性たちは，私の腕をつかんでいる。私の腕をつかみつつ引き離されていくので，私が引き裂かれていく！ 引き裂かれている感覚がリアルで，このままでは本当に引き裂かれてしまうと思い，私は自分の身体から抜け出ないと，と思う。
>
> 抜け出れたのか，なんとなく地面の下のほうにもぐっていったようだ。
>
> その後，またもとの地面の上に戻ってきたようだ，声がきこえる。「お前は生まれ変わった」という声がきこえる。さっきの審判を下した声であると思う。自分は特に顔の部分が裂けてしまい，顔の部分が新しくなった。これまでの古い自分を捨てられたように思い，喜びに満ち溢れている。

この夢をみたクライエントは，当初は内在化されたホモフォビアによって強く苦しめられていた人だったが，心理療法を始めて 1 年近くが経過し，夢をみたときはかなり自らのセクシュアリティを受け入れ始めていた。

夢の連想をたずねると，まず，「生まれ変わることができて嬉しい」と，クライエントは述べた。幼少期から，セクシュアリティ以外の部分でもいろいろな苦労を背負ってきており，その影響に苦しめられていたクライエントだった。

さらに連想をたずね，話をする中で，クライエントは，「同じ性別の者同士でも，プラスとマイナスという（異なる）電荷を帯びて惹かれ合うことが可能なんですね」と，新たな認識を得たような調子で述べたのが印象的であった。当初，「男同士が惹かれ合うなんておかしい」と述べ，頑なだった構えが柔軟になっていることがうかがえた。

「惹かれ合い結合したあと，分離される動きが生じる」

「結合と分離という動きによって，古いものが壊され新たなものが再生する」

そのようなテーマが体現されている夢であると思われた。

Ⅲ　性（セクシュアリティ）の多義性・両義性

筆者は，ある大学の心理学科で「セクシュアリティと心理臨床」という講義を担当している。その授業で学生たちに，「（セクシュアリティという意味での）性という言葉をきいて，連想される形容詞を思いつく限り書くように」という教示を出し，性についてのイメージを書き出してもらったことがある。

表1は，ある年の授業での結果である。非常に多種多様な形容詞が記述されたことがわかる。これほどに多彩な形容詞が付与され得る概念は，「性」以外にはなかなかないだろう。ユングは「（エロスの範囲は）天国の果しない空間から地獄の闇の深淵にまで」ひろがっていると述べているが[2]，多彩で多義的な表現形をとるのが，本来，性（セクシュアリティ）の性質であると思われる。

表1からさらに，まったく正反対の意味合いをもつ形容詞群を何ペアか抽出することもできる。例えば，「きたない」vs「美しい」，「怖い」vs「楽しい」，「身近な」vs「未知な」などである。

これらの形容詞群から，恣意的ではあるが，「汚らわしい」vs「神聖な」というペアを取り上げ，プラトンの逸話で述べた「もともと1つであったものが，2つに分断される」というテーマ――分断されたことよって，生じるようになった悩み，苦しみというテーマ――を再度繰り広げることにする。その際に，「聖娼」というイメージを参照枠として用いる。

表1　性から連想する形容詞

男らしい（10）	男性的な（3）	女らしい（10）	女性的な（3）	めめしい	
別の	あいまいな	難しい（22）	ややこしい	複雑な（2）	
分からない	想像できない	偏見のある	恥ずかしい（11）	秘められた	
禁じられた	話題にしにくい	触れがたい	触れにくい		
ふれてはいけないような		閉ざされた	閉鎖的な	神秘的な（3）	
神聖な	尊い（2）	大切な	未知な	不思議な（2）	
すごい	エロい（4）	いやらしい（7）	汚らわしい	きたない	
生々しい（2）	露骨な	官能的な	なまめかしい	あでやか	
きらびやかしい	身体的な	内的な	甘い	美しい（5）	
きれい	怖い	苦しい	荒れている	強制的な	
不安定な	睦まじい	あたたかい	熱い	みずみずしい	
楽しい	広い（2）	大きい（2）	深い	身近な（3）	
繊細な	丸い	四角い	白い（3）	赤い	
紫色の	人間的な	多種多様の	いろいろ	独自の	
自由な	自然な	生まれつきの			

（　）内は複数回答があった場合の数

Ⅳ　「性」と「聖」の分裂

　高石[9]は,「聖娼」のイメージを提示し吟味しつつ，おそらくもともとはひとつであった「性（セクシュアリティ）」と「霊性（スピリチュアリティ）」とが，人類の歴史の中で——キリスト教，およびデカルト以来の心身二元論により——分裂させられてしまい，そのことにより多くの人々が悩み苦しむようになった，ということを述べている。

　聖娼，すなわち聖なる娼婦（sacred prostitute）とは，歴史上に存在し，かつユング派の女性分析家 Qualls-Corbett[7]が証明してみせたように，現代人の心の深層にも生き続ける根源的・元型的な女性イメージである。「聖なること」と，現代人にとって汚れた女性の代名詞でしかない「娼婦」が矛盾なく結びついた聖娼という視点は，われわれが失われた女性の本質を取り戻し，心身の分裂を癒やすための，重要な手がかりを与えてくれるにちがいない。われわれ，少なくとも心理療法に携わる者は女性であれ男性であれ，この視点をもてることが必要ではないか。

　歴史上に実在した聖娼とは，母権制時代のインドや古代オリエント地方において，地母神に仕え，女神の化身として聖婚を演じる女性である。聖娼はその原初の形態では，すべての女性が演じうる宗教的役割であったと推察される。

性を体現した「娼婦」という存在は，母権制の時代には「聖なるもの」をも体現していた。より正確に言えば，元来，性（セクシュアリティ）と聖（スピリチュアリティ）は不可分のものであった。時代が下り，父権制が確立していた古代ギリシア時代にはすでに，土地の女性が聖娼の体験をすることはなくなり，娼婦の「聖なる性質」は失われ，蔑みの対象としての俗娼が生じることになった。

高石によれば，新約聖書に登場する聖母マリアと娼婦であるマグダラのマリアとが同じ名前であるのは偶然ではなく，もともとひとつの全体であった女性の本質が――「女性の本質」という部分を「性（セクシュアリティ）」に置き換えてもよいと筆者は思うが――「聖なる部分」と「邪悪な（ものとされた）部分」とに分裂させられて，2つの極として表現されたものである。それは，中世キリスト教社会において「聖女」を輩出すると同時に「魔女」狩りが盛んになった事実とも重なる。

「魔女」狩りが行われていた時代，「魔女」を迫害する際に，性（セクシュアリティ）に関する事柄が，魔女とされた人々に投影され，魔女とされた人々を貶める口実として使われたことがわかっている。魔女は悪魔と性交する，それだけでなく魔女同士の性交，近親相姦，「あらゆる種類の乱淫が魔女集会では行われると想像してよい」と，当時の異端審問官は書き記している[4]。15世紀に2人のドミニコ会修道士によって『魔女への鉄槌』という書物が著され，それが魔女とされた人々を迫害する際の手引書になったが，その中でも「魔女」が行うとされるさまざまな性的な事柄が詳細に描写されている。

性（セクシュアリティ）は，人間にとってポジティブな意味合いをもち得るものであるが，同時に，ネガティブなものを他者に投影する強大な誘因にもなり得ることを，臨床家はよく認識しておく必要がある。

ネガティブなものを他者に投影しないためには，自らの内にある「聖なる部分」と「邪悪なる部分」とを自覚し，両者のどちらをも排除することなく，自らの内において統合する必要がある。「統合する」という表現が強すぎるようであれば，自らの内で両者に「おさまりがつく」必要がある。プラトンの逸話でみたように，分かたれた半身同士の間に惹きつけ合う力が働くのであれば――互いに結合しひとつの全体に復元しようとする力が生じるのであれば――2つに分断された「聖母マリア」と「マグダラのマリア」も，再び同一になりひとつの全体に――高石の言うところの「女性の本質」に――復元したいと望

んでいるであろう。
　歴史の中で，分断された一方である「邪悪なる部分」を，自分の身に引き受けさせられた人々が，「魔女」とされた人々である。同じように，歴史の中で，「同性愛者」と名づけられた者たちもまた，「邪悪なる部分」をその身に引き受けさせられた。
　別のゲイ男性がみた夢を紹介する。ユング派分析家の大場が論文の中で報告している夢である。この夢を一読して筆者は——大場も言及しているが——「魔女狩り」という言葉を思い浮かべた[5]。

　　夜道を歩いていると，体格のよい坊主頭の若者たち数人と町の有力者たちであろうか，道端でヒソヒソと立ち話をしている。私は直観的に，えも言われぬ恐怖を覚えるが，不安をさとられてはならない。素知らぬ顔で通り過ぎてゆこうとする。彼らの真横にさしかかると，彼らの鋭い目付きが私の上に注がれてくるのが痛いほどに感じられる。私の心臓は，彼らにきこえてしまうのではないかと思うほど大きく鼓動しているし，シャツは汗でびっしょりである。それでも私は笑顔をみせ「何かあったのですか」という表情で通りすぎてゆく。3メートル，5メートル，……彼らの視線がまだ私の背中に注がれ続けている。50メートルほど離れたところまできたとき，ちょうどさしかかった十字路の右側の方から今度は不意に「いたぞ！」という大きな声が響きわたる。再び全身に恐怖が走る。みると，手に手に棍棒をもった「自警団」がひとりの青年をつかまえたところだ。先程の男たちも私の背後から我先にと走ってくるのがきこえる。青年たちはみる間に衣服をはぎとられてゆく。さらに別の方向から，またもや夜空をつき破るように大きな声がきこえてくる。「ヴァンパイアがいたぞ！」

　追われ迫害される感じと，強い恐怖感が表れている夢である。
　夢の中で追われる対象となっているのは「ヴァンパイア」であるが，ここでは深入りしないが，「ヴァンパイア」のイメージと「魔女」のイメージにはかなり重なり合う部分，同根の部分がある。
　「魔女狩り」の話をここで持ち出している理由は——「魔女狩り」という数百年前のヨーロッパの出来事が，現代の日本に住むわれわれに関係あるのかと思われる向きもあるかもしれないが——現代の日本でも，実際にゲイ男性を対象にした「魔女狩り」的な出来事が起こり人が殺されたことがある。
　西暦2000年の東京で，中高生を含む少年たちが「ホモ狩り」と称して，ゲ

イ男性たちを狙った暴行・強盗を繰り返し起こし，ひとりの男性を殺害するに至った事件が起こったことがある。中高生のひとりは「ここに来るホモ連中は人間のクズで変態野郎たちですごくムカつく奴らと思ってました」「そんな連中はどうなってもかまわない」と述べていたらしい[3]。

　この事件のことを知って筆者は，17世紀前後のヨーロッパで起きた「魔女狩り」が，現代の日本において再演されたように感じたのであった。「魔女」とされた人々や「ホモ連中」と呼称された者たちは，もはや「われわれ」と同類ではない。「悪魔と性交する者」や「人間のクズ」になり変わる。「加害者」になる側は，迫害する理由を何処かから与えられたように思い込む。17世紀前後のヨーロッパでも現代の日本でも，共通する人間の心性が働いているように思われる。

　第5章で述べるように，米国の精神医学では，1970年代に「自我違和性同性愛」という用語が作られ1980年代後半までDSMの中で採用されていた。「(同性愛それ自体は病気ではないが) 本人が同性愛であることを悩んでいて援助を求める場合には精神医学の対象になる」とされ，「自らが同性愛であることに違和感を感じている」状態を指す言葉として作られたものである。が，「米国では同性愛者のほとんどすべてが，最初は自我違和的な段階を通り抜ける」という理由で1980年代以降は使われなくなった用語である。「自我違和性同性愛」は "ego-dystonic homosexuality" の和訳であるが，英語では "ego-alien homosexuality" と表記されることもあった。すなわち，自我にとって同性愛が "alien" だと感じられている状態である。「ヴァンパイア」も「エイリアン」のひとつの表現形だと考えるならば，上記の夢では，まさしく夢見手がゲイである自分を「エイリアン」だと感じている状態がリアルに表れていると言える。

V　日本書記にみられる「結合と分離」のテーマ

　日本でもっとも古い男色の記述だと言われる逸話が，日本書紀の中にある。ここにも，「結合と分離」のテーマを見出すことができる。「神功皇后摂政元年二月」という箇所に出てくる逸話である[1]。

　まずは，訓み下し文を紹介する。

第3章　性（セクシュアリティ）のイメージ　47

　是の時に適りて，昼の暗きこと夜の如くして，已に多くの日を経ぬ。時の人の曰く，「常夜行く」といふなり。皇后，紀直の祖豊耳に問ひて曰く，「是の怪は何の由ぞ」とのたまふ。時に一の老父有りて曰さく，「伝に聞く，是の如き怪をば，阿豆那比の罪と謂ふ」とまうす。「何の謂ぞ」と問ひたまふ。対へて曰さく，「二の社の祝者を，共に合せ葬むるか」とまうす。因りて，巷里に推問はしむるに，一の人有りて曰さく，「小竹の祝と天野の祝と，共に善しき友たりき。小竹の祝，逢病して死りぬ。天野の祝，血泣ちて曰はく，『吾は生けりしときに交友たりき。何ぞ死して穴を同じくすること無けむや』といひて，則ち屍の側に伏して自ら死す。仍りて合せ葬む。蓋し是か」とまうす。乃ち墓を開きて視れば実なり。故，更に棺槨を改めて，各々異処にして埋む。則ち日の暉炳燦りて，日と夜と別有り [8]。

現代語訳は，以下のようになる。

　このときちょうど夜のような暗さとなって何日も経った。時の人は「常夜行く」と言ったそうだ。皇后は紀直の先祖，豊耳に問われて，「この変事は何のせいだろう」と。ひとりの翁がいうのに，「聞くところでは，このような変事を阿豆那比の罪というそうです」と。「どういうわけか」と問われると答えて，「二の祝者を一緒に葬ってあるからでしょうか」という。それで村人に問わせると，ある人がいうのに，「小竹の祝と，天野の祝は，仲の良い友人であった。小竹の祝が病になり死ぬと，天野の祝が激しく泣いて『私は彼が生きているとき，良い友達であった。どうして死後穴を同じくすることが避けられようか』といい，屍のそばに自ら伏して死んだ。それで合葬したが，思うにこれだろうか」と。墓を開いてみると本当だった。ひつぎを改めてそれぞれ別のところへ埋めた。すると日の光が輝いて，昼と夜の区別ができた [11]。

親しい間柄にあった2人の神官を同じひとつの穴に埋葬したところ，昼間でも真っ暗な状態が続くようになったので——天変地異のような現象が起きたので——棺をあらためて2人の神官をそれぞれ別々のところへ埋葬したところ，日が照るようになり（再び）昼と夜とが分かれるようになった，という逸話である。

「天野の祝，血泣ちて曰はく，『吾は生けりしときに交友たりき。何ぞ死して穴を同じくすること無けむや』といひて，則ち屍の側に伏して自ら死す。」

　この記述に，より後世の時代の衆道の精神に通底するものを感じ取られた向きもあるだろうか。さらには，プラトンが先の逸話で詳述したエロスの強烈さを感じ取られた向きもあるだろうか。

　whole（全体）という言葉は，heal（癒し）と語源が共通である。もともと

1つで全体であったものが2つに分断され,分断された片割れ同士が,癒されることを求めて,必死に全体へと復元しようとする動きが,エロスの正体だと言えるかもしれない。

プラトンの逸話で述べられているように,いったん結合した片割れ同士も,結合したままでは動きを失い,死んでしまう。生きるのに必要な活動を行うため,再度,分離する必要がある。死して同じ穴に埋葬されひとつになった「交友(うるはしきとも)」同士も,再び引き離されることになる。でなければ,日は照るのをやめ,昼と夜との区別も失われてしまう。結合と分離とは,どちらかひとつの状態に静的にとどまることはない。結合と分離とは,ずっと止むことなく繰り返されるパターンであり,永遠に続く過程(プロセス)そのものである。

そのイメージを言葉として紡ぐならば,以下のようになるだろうか。

もともと全体でひとつであったものが,分かたれた。
分かたれたものたちは,もとの通り,ひとつになることを渇望し,引きつけあう。
全体 whole になることにより,癒やし heal がもたらされる。
しかし,いつまでもその状態にとどまることはない。
ずっと,ひとつに結合したその状態にとどまることはできない。
ひとつになったものたちが,再び分離し,別れ別れになることによって,
また新たな世界が生み出される。新たな次元がつくり出されるのだ。

文　献

1) 岩田準一 (2002) 本朝男色考・男色文献書志. 原書房.
2) Jung CG (1971) Erinnerungen, Traume, Gedanken, Olten, Walter-Verlag.(河合隼雄・藤縄昭・出井淑子訳 (1973) ユング自伝—思い出,夢,思想2. みすず書房)
3) 風間　孝 (2002)〈男性〉同性愛者を抹消する暴力.(好井裕明・山田富秋編)実践のフィールドワーク. せりか書房.
4) 森島恒雄 (1970) 魔女狩り. 岩波書店.
5) 大場　登 (1991) 同性愛者のカミング・アウトと夢. イマーゴ, 2(12), 276-283.
6) プラトン／鈴木照夫訳 (1974) 饗宴. プラトン全集5. 岩波書店.
7) Qualls-Corbett, N. (1988) The Sacred Prostitute. Inner City Books.(菅野信夫・高石恭子訳 (1998) 聖娼—永遠なる女性の姿. 日本評論社)
8) 坂本太郎,他 (1994) 日本書紀1. 岩波文庫.
9) 高石恭子 (1998) 聖娼と心理療法.(山中康裕・河合俊雄編)心理臨床の実際(第5巻)境界例・重症例の心理臨床. 金子書房.

10) 田中康裕（2001）魂のロジック：ユング心理学の神経症とその概念構成をめぐって．日本評論社．
11) 宇治谷孟（1988）全現代語訳 日本書紀 上．講談社学術文庫．

第4章

セクシュアル・マイノリティの自尊感情とメンタルヘルス

石丸径一郎

I　はじめに

　本章では，LGBTの自尊感情等の心理状態やメンタルヘルスについて，特に他者からの拒絶や受容との関連で，やや基礎的なトピックを紹介する。

　まず，前半では筆者が行ったLGBの自尊感情に関する研究を紹介する。社会心理学においては，他者から受容されている感覚と，自尊感情との間に密接な関係があるとするsociometerと呼ばれる理論がある。筆者の研究においても，他者からの受容感と自尊感情は強く関連していたが，LGBと異性愛者とを比べると，LGBの方で関連がより強かった。LGBでは，他者からの受容感に敏感になっていることが示唆された。本研究について詳しくは石丸[9]を参照されたい。

　次に，LGBTとトラウマ・被害体験についての海外の研究を概観する。LGBTのメンタルヘルスに影響を与える要因としてヘイトクライムや被害の体験があり，この領域の知見を知っておくことは重要である。このまとめについて詳しくは石丸[8]を参照されたい。

II　LGBの自尊感情と他者からの拒絶・受容

　自尊感情とは感情を伴った自己価値の評価である。自尊感情に関する複数の理論が，マイノリティやスティグマをもつ人の自尊感情は低いと予測している。しかし，黒人，女性，心身障害，肥満，LGB，顔の奇形等スティグマのあるグループのほとんどで，実際の自尊感情はマジョリティの人々と比べて低くない

ことが多い。Crocker & Major[4)]はこの現象について，マイノリティはそのスティグマに関連して自尊感情を防御するような方略を使用しているから自尊感情が低くないと主張している。その自尊感情防御方略とは，ネガティブ評価の「偏見への帰属」，同じ不利益をこうむっている人を社会的比較の対象とする「内集団比較」，劣っている側面を脱価値化して優れている側面を重んじる「選択的価値付け」である。しかし外見からはわかりにくい，すなわち不可視のマイノリティであるLGBではこのような方略は使いにくいのではないだろうか。Leary & Baumeister[12)]は自尊感情と社会的な受容・排除の感覚には密接な関係があるとするソシオメーター理論を主張している。特にLGBの生活においては，自分のセクシュアリティが他者から受け容れられるかどうかということが問題になりやすい。LGBの自尊感情にとって他者からの受容感は大きな意味をもつ可能性が強いと考えられる。

　本研究では，LGBの自尊感情について，Crockerらの「方略」説よりも「他者からの受容感」によって説明する方が妥当ではないかとの仮説をもって，複数の方法により多面的に検討する。

1．自尊感情・受容感の測定と記述

　ここでは「自尊感情[14)]」「他者からの受容」「拒絶不安」という構成概念を測る質問項目の信頼性を確認し，LGBと異性愛者の自尊感情を比較する。LGBと異性愛者の計606名（平均25.7歳）が質問紙に回答した。LGBについては，2000年7月に東京にて開催された第9回東京国際レズビアン＆ゲイ映画祭の来場者に質問紙の記入を依頼し，自らをLGBであると回答した者のデータを使用した。異性愛者については，同映画祭来場者のうち，自らを異性愛者と回答した者，また都内の大学，専門学校において調査したデータを用いた。

　その結果，各構成概念の測定の信頼性が確認された。3つの尺度の相関は，「他者からの受容感」と「自尊感情」が.53，「自尊感情」と「拒絶不安」が-.53と，本研究の予想と矛盾しないものだった。自尊感情を比較すると，今回のデータではLGBの自尊感情は異性愛者より低くなかった（表1）。調査を行った場面が，自尊感情を高揚させるような特性による偏りも存在する可能性が高いが，少なくとも自尊感情の低くないLGBがある程度いることが明らかになった。なお,本研究では5件法の自尊感情尺度を7件法にして実施しているため，

表1　各集団における自尊感情得点

	映画祭 LGB	映画祭 異性愛者	私立T大学	T専門学校	私立K女子大学
男性	44.43	38.05	40.57	38.77	
	150	21	23	44	
女性	44.45	42.15	43.49	36.29	37.28
	65	151	43	76	32

上段：自尊感情得点／下段：人数（SD は 8.6 〜 12.5）

他の研究との単純な比較はできない。

2．方略・受容感・自尊感情に関する因果モデルの推定

次に LGB の自尊感情について因果モデルを構成し検討することを目的として研究を行う。自尊感情，拒絶不安，他者からの受容感，LGB の社会的ネットワーク，自尊感情防御方略を測定する質問紙に LGB 214 名（平均 28.8 歳）が回答した。

その結果，他者からの受容感は自尊感情に対して正の効果をもち，また自尊感情は拒絶不安に対して負の効果をもつという仮説に矛盾しない結果が得られた（図1）。一方，自尊感情防御方略（偏見帰属）はほとんど自尊感情に影響しておらず，むしろわずかながら負の効果が示唆された。この結果は，偏見帰属がもつプラスの効果と，偏見や差別を受けていることの知覚によるマイナスの効果が打ち消し合っている可能性がある。LGB の社会的ネットワークはセクシュアリティに焦点化した受容感に関連の深い構成概念として想定していたが，自尊感情に対して直接のパスをもたず，偏見帰属を介しての間接効果のみにとどまった。セクシュアリティに焦点化した受容感は，自尊感情に対して，全般的な受容感を超えるような効果を，特にもっていない可能性が示唆された。

3．セクシュアル・マイノリティにとって受容感がもつ重要性の検討

前節において，他者からの受容感が自尊感情に正の効果をもっていることが明らかになった。この影響の大きさは LGB において，異性愛者よりも大きいのではないかという仮説を検討する。2．の同性愛者のデータに加えて，異性愛者の男女 218 名が同じく，他者からの受容感，自尊感情，拒絶不安を測定する質問紙に回答したデータを使用した。

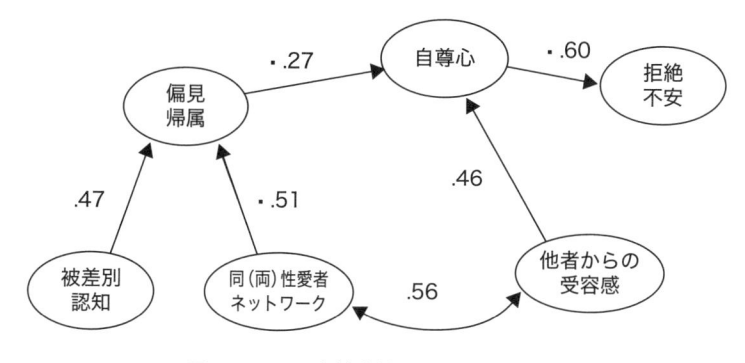

図1　LGBの自尊感情についてのパス図

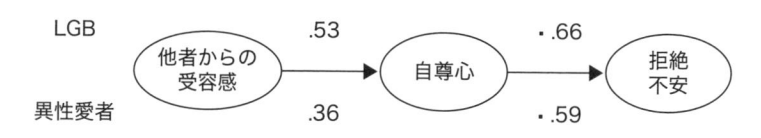

図2　自尊心と受容感の関係の2集団での違い

　その結果，自尊感情から拒絶不安への負の効果は両者でほとんど差がなかった。しかし他者からの受容感が自尊感情に対してもつ正の効果は，分散説明率にして28%，13%と，LGBの方が約2倍大きく，仮説は支持された（図2）。LGBは異性愛者よりも，社会的な受容や排除によって敏感に自尊感情を変化させやすい可能性が高いことが明らかになった。「他者からの受容感」をLGBの自尊感情の予測因子として導入したことの重要性が示された。

4．ダイアリー法による日常的な自尊感情変化の検討

　ここでは，質問紙による1時点調査の限界を克服するために，セクシュアリティに関することが実際に自尊感情に影響していく場面を直接捉えるダイアリー法調査を行う。LGBの自尊感情はマジョリティに比べて低くないという知見から，同性に性的魅力を感じるというセクシュアリティは，日常生活の中で自尊感情にあまり影響を及ぼさないのではないかとの仮説を立てた。LGBの男女23名に日記帳のような冊子を渡し，日常生活の中でセクシュアリティに関して意識した出来事とそのときの気分について2週間にわたって記録をつけてもらった。同時に，その場での受容感，状態自尊感情も記入してもらった。

その結果，セクシュアリティを意識した出来事は，平均的には状態自尊感情を下げていなかった。また出来事の直後の状態自尊感情は，その場での受容感と相関が高かった一方で，個人の特性自尊感情との関連は見出せなかった。他者からの受容感と自尊感情には強い関連があるというこれまでの結果がダイアリー法でも再現された。

5．質問紙実験によるセクシュアリティ受容の効果の検討

これまで，セクシュアリティに関わらない一般的な受容感に関して検討してきた。ここではセクシュアリティを開示した上での受容は，より自尊感情を上昇させるのではないかという仮説を，質問紙実験により検討する。LGBの男女49名がランダムに2群に分けられ，質問紙上にてセクシュアリティに関わらない受容を体験する条件と，セクシュアリティを開示した上での受容を体験する条件とを割り当てられた。

その結果，両群とも受容体験により状態自尊感情が上昇した。しかし，両群の自尊感情上昇に差はみられず，セクシュアリティに焦点化した受容の方が自尊感情をより上昇させるだろうという仮説は支持されなかった。実験による検討によって，他者からの受容が自尊感情を上昇させるという因果関係があることが明らかになった一方，セクシュアリティに焦点化した受容は，自尊感情に対して，一般的な受容以上の際立った効果があるわけではないことがわかった。

6．総合的考察

LGBの自尊感情について，「方略」説よりも「他者からの受容感」によって説明する方が妥当ではないかという本研究の仮説はおおむね支持された。これに関連して，セクシュアリティ自体の受容がなくても一般的な受容のみで自尊感情を上昇させる効果は変わらないこと，また日常生活においてセクシュアリティを意識する出来事は全体としては自尊感情を低下させていないことも明らかになった。

本研究の問題点として以下のことが挙げられる。第1に，質問紙を実施した場の特性から，LGBのサンプルが，自尊感情が高く，同（両）性愛にある程度コミットしている方向に偏っている可能性がある。第2に，自尊感情防御方略の測定の問題があり，今後質問紙だけでなく実験の処遇としての検討が必要

であろう。第3に，発達的観点の欠如があるので，レトロスペクティブなインタビューや，アイデンティティ形成理論の視点を含めた研究が望まれる。

III LGBTにおける被害体験とメンタルヘルス

性的なあり方，人種，民族，宗教などが異なる集団に対する偏見や差別感情から起きる対人暴力犯罪はヘイトクライム（憎悪犯罪）と呼ばれ，多くの国で通常の対人暴力犯罪よりも重い罪が課せられている。性的なマイノリティに対するいじめや暴力は深刻な問題である。本節では，LGBとトランスジェンダー／性同一性障害のそれぞれについて，体験するトラウマと，その心理的影響について海外の研究をまとめる。

1. LGBとトラウマ

LGBたちは，偏見や差別に基づく暴力被害を受けることもあるし，LGB同士でのDV被害を受けることもある。LGBたちは，どのような被害体験をもち，またそれがどの程度メンタルヘルスに影響したり，PTSD症状につながったりしているのだろうか。

Herek[6]は，米国において，成人期における性指向に基づくヘイトクライムや被害体験の存在率を調査した。全米からの確率的なサンプリングを行い，662名のLGBである人たちが質問紙に回答した（有効回答率30％）。その結果，18歳以降に，LGBであるという理由による暴力犯罪や窃盗の被害に遭ったことがある者は，全体の20.9％であった。特にゲイ男性では，37.6％がこのような被害に遭っていた。また，LGBであるという理由による言語的な嫌がらせを受けた者は49.2％，雇用や入居における差別に遭った者は11.2％であった。

確率的サンプリングではないが，LGBの生涯の被害体験を調べた研究もある。Balsamら[1]は，557名のレズビアン・ゲイ，163名のバイセクシュアル，525名の異性愛者から質問紙への回答を得た（回答率54.1％，平均年齢36.6歳）。その結果，小児期性的虐待の被害体験がある者は，異性愛男性では11.1％なのに対し，ゲイ男性では31.8％であり，異性愛女性では30.4％なのに対し，レズビアンでは43.6％であった。また身体的虐待を受けた割合も，男女ともに異性愛者よりも同性愛者の方が高かった。成人期の性被害についても同じ傾向がみ

られた。男性のレイプ被害は，異性愛者では1.6％なのに対してゲイ男性では11.6％であり，女性のレイプ被害は，異性愛者では7.5％なのに対して，レズビアンでは15.5％であった。成人期のパートナーからの身体的被害については，男性では差がみられなかったが，異性愛女性では39.0％なのに対して，レズビアンでは47.5％であった。

さらにBalsamら[1]では，上記と同じサンプルにおけるメンタルヘルスについて報告している。異性愛者ではなくLGBであるということは，自殺念慮，自殺企図，自傷行為，心理療法の使用，精神科薬物療法の使用の多さを予測していた。一方で，現在の心理的苦痛,精神科への入院,自尊感情には関連がなかった。

D'Augelliら[6]は，ニューヨーク市とその周辺の地域に住む528名のLGBである若者（平均年齢：17.03歳）たちに面接調査を行った。その結果，78％が言語的，11％が身体的，9％が性的な暴力を受けた経験があった。女性よりも男性の方が，有意に多く被害を受けていた。このような被害が始まった年齢は，平均すると13歳であった。さらに，子どもの頃に，自分の性別には非典型的なジェンダー表現をしていたと考えている者では，より被害が多く，現在のメンタルヘルス上の問題も大きかった。この若者のサンプルにおけるPTSDの12カ月有病率は9％であった。男女別で見ると，女性が15％，男性が4％であった。米国の一般人口におけるPTSD有病率と比較すると,LGBでは明らかに高いと言える。

Rivers[13]は，学校でのいじめ，成人してからのメンタルヘルス，PTSD症状の関係を調べるために研究を行った。自身は同性愛を理由としたいじめの被害者だと考えている16～54歳（平均28歳）のLGB 119名（男性92名，女性27名）に対して，イギリスにおいて質問紙調査を行った。26％が，学生時代のいじめについての繰り返される再体験症状に苦しんでおり，17％はDSM-IVによるPTSDの現在症の症状基準を満たすと考えられた。彼らはうつ症状も高く，カジュアルな性的パートナーの数が多かった。この研究では男女別の分析は行われていない。

LGBとPTSDに関する研究はまだ十分とは言えないが，海外の研究結果を総合すると,LGBである人々は異性愛者に比べて，犯罪被害に遭うことが多く，PTSD有病率が高く，またPTSD症状も重いと言えそうである。男女別で見ると，被害に遭うのは男性が多いが，PTSDを発症したり，症状が重症となるのは，女性の方が多いようである。

2. トランスジェンダー／性同一性障害とトラウマ

トランスジェンダー／性同一性障害についても，同性愛と同じようにヘイトクライムやいじめの対象となっていることが想像されるが，これに関する実証的な研究はほとんどなく，詳しいことは明らかになっていない。posttraumatic stress disorder transsexual の検索語で Pubmed を検索してもヒットする文献はない。ここでは，トラウマ体験と性同一性障害に関連がありそうな3つの研究を紹介する。

Darves-Boronoz ら[5]は，レイプによる PTSD が慢性化することを予測する要因について検討している。フランスの性暴力被害センターにおいて73名のレイプ被害者を追跡調査し，1年後まで PTSD が慢性化しているかどうかを調べた。被害直後から6カ月後までの間にさまざまな精神障害をもっている場合には，1年後まで PTSD が慢性化している確率が高くなっていた。その中のひとつに性同一性障害があり，被害後早期にアセスメントした時に DSM-III-R による性同一性障害をもっている者は73名中30％であった。1年後まで PTSD が慢性化した28名の中では44％が被害後早期に性同一性障害をもっており，PTSD が慢性化しなかった20名の中では10％が被害後早期に性同一性障害をもっていた。

Kersting ら[11]は，性同一性障害における解離症状と小児期のトラウマ体験の存在率を検討した。ドイツにおいて，41名の性同一性障害患者（MTF 29名，FTM 12名）（MTF と FTM については p.93 参照）と，115名の精神科入院患者とに，解離性障害の構造化面接（SCID-D-R）[15]，Childhood Trauma Questionnaire（CTQ）[2]を施行した。性同一性障害群では，DES[3]で一般人口よりも高い解離得点がみられた。しかし，これは主に「自分の体が自分のものではないように感じられる，あるいは自分に属したものではないように感じられる，というようなことのある人がいます。あなたにはこのようなことがどれくらいありますか」という1項目に対して回答傾向が違うためにみられた差であった。小児期のトラウマ体験については，性同一性障害群では48.3％がネグレクトを経験しており，また情緒的虐待についても精神科入院患者群よりも高かった。一方，性的虐待の経験は，入院患者群よりも低かった。

Gehring & Knudson[7]は，性同一性障害患者における小児期のトラウマ体験の

存在率について検討した。カナダのブリティッシュコロンビア州においてジェンダークリニックに紹介されてきた性同一性障害患者42名（MTF 32名，FTM 8名）に対して，質問紙調査を行った。その結果，55％が18歳までに望まない性的体験をもっていた。また，77％が言語的虐待を受け，81％が侮辱され，55％が人前で辱めを受け，58％が親によって罪悪感を覚えさせられた経験があった。

性同一性障害とトラウマに関する研究領域は，ほとんど未開拓である。小児期の言語による被害体験が多いことは言えそうであるが，小児期の性的虐待については矛盾した結果が出ており，今後の研究が待たれる。

Ⅳ　まとめ

LGBTと被害体験やメンタルヘルスに関する研究は十分に行われているとは言い難いが，2つの意味で重要であり，知見を蓄積する必要のある分野だと考えられる。

まず，LGBであってもTであっても，本人の生物学的な性別における性役割とは異なったジェンダー表現を取ることがある。つまり，男性であればなよなよした特徴的な言葉遣いや仕草，女性であれば極端な短髪や甘さのないきっぱりとした言動などであり，特に学校の集団の中では目立ち，格好のいじめの標的になることが多いだろう。特に男性が男性らしくない言動を取ることはとても目立つことが関連していると考えられるが，ゲイ男性で被害体験が多いという知見は一貫している。

次に，LGBTが性被害に遭った場合には，非典型的な意味をもった体験をする可能性がある。例えば性同一性障害のFTMが男性からレイプされるということは，本人にはそもそも受け入れ難い存在である女性器を使った望まない性交を強要されることであり，本人の男性としてのプライドがひどく傷つけられる体験となるに違いない。また，ゲイコミュニティの中で男性が男性からレイプされるということもあるが，これも異性愛社会に住むマジョリティの人々には，なかなか理解されにくい体験だろう。このような非典型的な被害体験が本人にとってどのような意味をもつことになるのか，またセクシュアル・マイノリティ特有のソーシャルサポートの得られにくさと関連して，その後のPTSD症状やメンタルヘルス一般にどのような影響を与えていくのかについて研究が

行われることが期待される。

最後に，前半で見たように，LGBの自尊感情にとっては，他者から受容されている感覚が特に重要である。他者からの拒絶されていることの直接的な表現である暴力被害は，当事者の自尊感情を大きく傷つけ，メンタルヘルスの悪化をもたらす可能性がある。そのような意味で，LGBTにおける拒絶体験や暴力被害は，マジョリティに属する人々と比べて特に重要な研究テーマとなるだろう。

引用文献

1) Balsam, K.F., Rothblum, E.D., & Beauchaine, T.P. (2005) Victimization over the life span: A comparison of lesbian, gay, bisexual, and heterosexual siblings. Journal of Consulting and Clinical Psychology, 73, 477-487.
2) Bernstein, D.P., Ahluvalia, T., Pogge, D., et al. (1997) Validity of the childhood trauma questionnaire in an adolescent psychiatric population. Journal of the American Academy of Child and Adolescent Psychiatry, 36, 340-348.
3) Bernstein, E.M. & Putnam, F.W. (1986) Development, reliability, and validity of a dissociation scale. Journal of Nervous & Mental Disease, 174, 727-735.
4) Crocker, J. & Major, B. (1989) Social stigma and self-esteem: The self-protective properties of stigma. Psychological Review, 96, 608-630.
5) Darves-Bornoz, J.M., Lepine, J.P., Choquet, M., et al. (1998) Predictive factors of chronic post-traumatic stress disorder in rape victims. European Psychiatry, 13, 281-287.
6) D' Augelli, A.R., Grossman, A.H., & Starks, M.T. (2006) Childhood gender atypicality, victimization, and PTSD among lesbian, gay, and bisexual youth. Journal of Interpersonal Violence, 21, 1462-1482.
7) Gehring D. & Knudson, G. (2005) Prevalence of childhood trauma in a clinical population of transsexual people. International Journal of Transgenderism, 8, 23-30.
8) Herek, G.M. (2009) Hate crimes and stigma-related experiences among sexual minority adults in the United States: Prevalence estimates from a national probability sample. Journal of Interpersonal Violence, 24(1), 54-74.
9) 石丸径一郎 (2008a) 同性愛者における他者からの拒絶と受容：ダイアリー法と質問紙によるマルチメソッド・アプローチ．ミネルヴァ書房．
10) 石丸径一郎 (2008b) 性的マイノリティとトラウマ．トラウマティック・ストレス, 6(2), 129-136.
11) Kersting, A., Reutemann, M., Gast, U., et al. (2003) Dissociative disorders and traumatic childhood experiences in transsexuals. Journal of Nervous and Mental Disorder, 191, 182-189.
12) Leary, M.R. & Baumeister, R.F. (2000) The nature and function of self-esteem: Sociometer theory. Advances in Experimental Social Psychology, 32, 1-62.
13) Rivers, I. (2004) Recollections of bullying at school and their long-term implications for lesbians, gay men, and bisexuals. Crisis, 25, 169-175.
14) Rosenberg, M. (1965) Society and The Adolescent Self-Image. Princeton: Princeton University Press.
15) Steinberg, M. (2000) Advances in the clinical assessment of dissociation: The SCID-D-R. Bullein of the Mennninger Clinic, 64, 146-163.

第5章

精神医学と同性愛

平田俊明

I　近代西洋における同性愛の扱いの変遷

　人類の歴史の中で，同性愛は最初に宗教的ないしは道徳的な「罪 sin」とされ，その後，18世紀頃から「犯罪 crime」とされ，続いて「病理 pathology」とされた。そしてさらに現在においては，「脱病理化 depathologization」されつつあると言える[21]。

　その歴史の中で，近代以降——少なくとも20世紀半ばまでの間——同性愛を「病理化」するいちばんの担い手となったのが「精神医学」である。

　米国の対人関係学派の精神分析家 Drescher は，近代以降，精神医学や性科学の専門家たちが同性愛の成因についてどのように語ってきたか，それらの言説を3つの観点から分類して述べている（表1）[8]。

　1つめは，同性愛を病気だとする見方 narratives of pathology である。この見方によれば，同性愛は，「正常」な異性愛から逸脱した状態であり，病気である。ある性別に典型的だとされる行動を取らないこと，およびある性別に典型的だとされる感情を抱かないことは病気である。何らかの病的な要因によって同性愛が引き起こされる。その要因は，胎生期にも起こりうるし，生まれた後にも起こりうる。例えば，胎生期でのホルモンへの暴露が過剰であったり不十分であること，母親の関わりが過剰であること，父親の関わりが不十分だったり敵対的であること，性的虐待を受けていたことなどの要因が，同性愛を引き起こしうる，とされる。

　2つめは，同性愛を未成熟であると捉える見方 narratives of immaturity である。この見方によると，思春期や青年期早期での同性愛的な感情や同性愛的

表1　同性愛についての言説の3つの分類[2]

narratives of pathology：同性愛は,「正常」な異性愛から逸脱した状態であり,病気である。
narratives of immaturity：思春期や青年期早期での同性愛的な感情や同性愛的な行動は,異性愛へと至る途上でみられる,セクシュアリティの発達過程における,ひとつの正常な表現型である。
narratives of normal variation：同性愛は自然に生じる現象であり,同性愛の人々は生まれながらに違っているが,その違いは（左利きと同じように）「自然なもの」である。

な行動は,異性愛へと至る途上でみられる,セクシュアリティの発達過程における,ひとつの正常な表現型である。通常,同性愛は一過性のものであり,成長とともに抜け出るものである。成人期に至ってからも同性愛がみられる場合,それは「発達の停滞 developmental arrest」だとみなされる。

3つめは,同性愛を正常範囲内の差異だとする見方 narratives of normal variation である。同性愛は自然に生じる現象であり,同性愛の人々は生まれながらに違っているが,その違いは（左利きと同じように）「自然なもの」である,とされる。

同性愛をめぐる言説の歴史的変遷を整理するための枠組みとして,Drescher の提示する3つの観点を用いながら,以下の記述を進めることにする。

今でいう「性指向」および「ジェンダー・アイデンティティ」という概念が形成されたのは20世紀初頭のことであり,性指向や性行動をいくつかの種類に分け,性指向や性行動のパターンによって一人ひとりの人間をカテゴリー化するという,現在では当たり前になっている思考法は,19世紀になってから初めて登場したものである。19世紀になって,「性（セクシュアリティ）」の表現形を「正常」なものと「倒錯的なもの」とに分け,倒錯的であるとされた「性」の表現形に対して,医学的処遇を施す必要性が述べられるようになったのである。

今日で言う「ゲイ・アクティヴィスト」である,ドイツの法学者 Ulrichs は,1860年代に,「身体は男性であるが,女性がもつはずの性的欲求をもって生まれた人々」を指す言葉として「男性倒錯者 male invert」あるいは「ウルニング Urning」という言葉を用い,そのような人々に「第三の性」という位置づけを与えた[38]。「同性愛 homosexual」という言葉が印刷物の中で初めて使用されたのは19世紀,Kertbeny というオーストリア生まれの作家によってである[18]。Kertbeny は,同性愛行為を処罰する内容のプロシアの刑法パラグラフ

143に反対し，1869年に作成したドイツ語のパンフレットの中で初めて「同性愛」という言葉を使ったとされている。彼は，同性愛は生まれつきのものであり変えられるものではなく，法で裁かれるようなものではないと主張した。UlrichsもKertbenyも，同性愛を正常範囲内の差異normal variationと捉えていたと言える。

1886年に，ドイツの精神科医Krafft-Ebingは，『性的精神病質』という著書の中で「同性愛homosexual」ならびに「異性愛heterosexual」という言葉を用いた[23]。Krafft-Ebingのこの著書は，医師の間でも一般の人々の間でも非常な人気を博し，以降，「同性愛」と「異性愛」という言葉が，性指向を表す際に使われる一般的な言葉となっていった。Krafft-Ebingは，同性愛を「変質的degenerativeな病気」だと考えた（第6章参照）。彼によると，生殖に結びつかない性行為はみな精神病理である。Krafft-Ebingは，「同性愛」という言葉を広める役割を果たしたと同時に，同性愛が精神疾患であるという考え方を，専門家だけでなく一般の人々の間にも浸透させた張本人であると言える。

Krafft-Ebingとは異なり，英国の性科学者Ellisは，同性愛を，セクシュアリティの表現のひとつであると考えた[9]。同様に，自ら同性愛者であることを公言し，ドイツでのホモファイル運動（同性愛者の権利擁護運動）の先導者であった，内科医かつ性科学者のHirschfeldも，Ulrichsの「第三の性」という考え方を踏襲し，同性愛は正常であると主張した[16]。

今でいう「性指向」に相当する概念を最初に提唱したのは，フロイトである[10]。同性愛に対してのフロイトの考え方は，同性愛を未成熟だとするものである。フロイトによると，人にはみな生まれつきバイセクシュアルの傾向があり，同性愛は，異性愛へと発達する途上のひとつの段階として現れうる。成人になってからの同性愛は，心理的性的発達が「停滞arrest」したことによって生じると彼は考えた。

フロイトは，同性愛が「著名な人々の間にも認められる」ことを根拠のひとつとして挙げつつ，同性愛は「変質的な状態degenerative condition」ではあり得ないと述べ，Krafft-Ebingの考え方を否定した。

晩年のフロイトは，こうも書いている[11]。「同性愛は，たしかに益になるものではないが，恥ずべきものでもなく，悪でもなく，変質でもない。病気と分類できるものではない。ある種の性的心理的発達の停滞によって生じる，性機

第5章 精神医学と同性愛

表2 同性愛についての諸言説（フロイトに至るまで）

pathology	immaturity	normal variation
・Krafft-Ebing クラフト‐エビング	・Freud フロイト	・Ulrichs ウルリヒス ・Kertbeny ケルトベニー ・Hirshcfeld ヒルシュフェルト
・神経の変質によるもの nervous degeneracy	・発達の停滞	・第三の性

能の一変異であると私たちはみている」。

　先述した Drescher の分類によって、フロイトに至るまでの同性愛についての諸言説を整理すると、表2のようになる。

　フロイト自身は同性愛を病気だと捉えていなかったわけだが、新フロイト派と呼ばれる米国の精神分析家の中には、精神分析による同性愛の「治療」を提唱する者たちが現れた。「治療」を試みる者たちの多くは、「治療」の根拠を、ハンガリーからの移民である精神分析家 Rado の説に置くものが多かった。Rado は、フロイトと異なり、生得的な両性愛や正常な同性愛というものは存在しないと主張した[30]。異性愛のみが生物学的に見て正常であり、同性愛は不適切な養育によって生じるものであり、異性に対する回避不安 avoidant anxiety of the other sex の表れだとした。同性愛に対する「治療」を声高に主張していた精神分析家としてほかに、Socarides や Bieber らがいる。Socarides は、同性愛は神経症であると定義づけた[32]。

　しかしながら、同性愛を治療しようとする精神科医たちや精神分析家たちの試みのほとんどはうまくいかなかったようである。コントロール群を用いた精神分析による研究において、Bieber らは 106 名のゲイ男性の治療を試みた[5]。当時 Bieber らは 27%の「治癒率」を主張したが、十数年後に同じようなやり方でクライエントを治療することを求められた Bieber は、同様の結果を出すことはできなかったのである[37]。また、1960 年代には嫌悪療法によって「同性愛が治った」と報告する臨床家たちがいたが、1970 年代以降になると、行動療法家たちは、自分たちの担当したクライエントで「同性愛が治った」状態がずっと続いた者はほとんどいないと認めるようになった[3,7]。

　Sullivan は、自身がゲイ当事者であったと言われている[6]。Sullivan は、前思春期の同年代の親友 chum 同士の間に同性愛的な行動が認められても、それ

表3　同性愛についての諸言説（フロイト以降）

pathology	immaturity	normal Variation
・Rado ラドー ・Socarides ソカリデス ・Bieber ビーバー	・Sullivan サリヴァン	・Kinsey キンゼイ ・Hooker フッカー
・不適切な養育によって生じる ・神経症の症状	・発達の停滞	・人口に占める割合はそれほど低くはない ・病理を伴わない

は正常なことであり，前思春期に同性の親友との関係性を上手く築くことが，のちに正常な異性愛へ至るためには必要であると考えた。成人の「同性愛者」は，前思春期に同性の親友との関係性を上手く結べなかった結果である，というのが Sullivan の見解である[35]。

　精神科医たちや心理学の専門家たちが同性愛を「治そう」とする一方で，20世紀半ばの性科学者たちは，臨床例ではない人々を対象に調査研究を行った。精神科医ら臨床家たちは，悩みを抱えて来談してきたクライエントたちとの心理面接をもとに事例報告を書き，偏りのあるサンプルから得た所見をもとにして自らの見解を述べていたが，性科学者たちは，クライエントではない人々を調査対象に選び，性（セクシュアリティ）に関する多様な所見を得ていた。

　そのような性科学者の研究の中でもとりわけ重要なのは，1948年に『人間における男性の性行為』，1953年には『人間女性における性行動』という書物を著した，Kinsey らの研究である[19, 20]。Kinsey らは，数千人を対象に調査を行い，それまで想定されていた数よりもずっと多くの同性愛者が存在することを報告し，同性愛は極めて稀なものであるとみなしていた当時の精神科医たちと，大きく相違する見解を発表した。

　1950年代後半に，心理学者の Hooker もまた，当時の精神科医たちが同性愛に対して抱いていた病理的な見方に反する研究結果を提示した[17]。Hooker の研究は，方法論的な限界もあるが，「同性愛者はみな病理的である」という，当時広まっていた見解に対抗したもので，以降，「同性愛それ自体は病気ではない」ことを主張する者たちによって，何度も引用される研究となった。

　フロイト以降の同性愛についての諸言説をまとめると，表3のようになる。

Ⅱ 米国の精神医学における同性愛をめぐっての混乱

続いて，DSM（精神疾患の診断・統計マニュアル）における同性愛の扱いの変遷を述べる。DSMにおける同性愛の扱いをめぐって米国で生じた論争は，精神医学における同性愛の位置づけを述べる上で欠くことができないエピソードである。

DSMの初版が作成された当時の米国の精神医学においては，精神分析的な自我心理学の観点が優勢であり，上記の性科学者たちの調査結果が取り入れられることはほぼなかったと言ってよい。ICD-6に準拠して作られることになったDSMの初版は1952年に公刊された[1]。DSM-Iでは，「同性愛」という診断名は，「性的逸脱」のひとつであるとみなされ，「社会病質パーソナリティ障害」という大分類の下に分類されている。DSM-Iでは，「同性愛」自体にコード番号は割り当てられていなかった。

DSMの第2版は，ICD-8に準拠して1968年に公刊された。同性愛が独立した診断名になったのは，DSM-IIからである。「パーソナリティ障害およびその他の非精神病性精神障害」という大分類（301-304）の下に「性的逸脱」という小分類（302）があり，その中に「同性愛」という項目（302.0）が分類されている[2]。全文は以下のとおりである。

　302　性的倒錯
　　この診断項目は，性的な興味が主に異性愛以外の対象に向かうもの，通常性交に関係のない性行為に向かうもの，すなわち死体愛，小児愛，サディズム，フェチシズムのように奇異な状況の下で行われる性交に向けられるものに用いられる。彼・彼女らの多くが，その行為を不快と思っているが，それをノーマルな性行動で代用することは不可能である。この診断は，ノーマルな性的対象が得られない状況で行われる異常な性行為を指すものではない。

1970年前後から，米国のレズビアン，ゲイ，バイセクシュアル（LGB）を取り巻く情勢は大きく変わり，そのことがDSMにおける同性愛の診断をも変える動きにつながっていった。診断を変えるもっとも大きな動力となったのは，「ゲイ・アクティヴィズム」であった。1969年に起こったストーンウォール暴動[注]の後，ゲイやレズビアンのアクティヴィストたちは，1970年と1971年の

米国精神医学会の年次大会に乗り込み，会場を混乱させた[4]。

　米国精神医学会内外のさまざまな人々の間で幾度にもわたる議論が交わされた末，1973年，米国精神医学会の理事会は投票によってDSMから同性愛を削除することを決定した。さらに米国精神医学会は，同性愛者に対する差別を解消することと同性愛者の権利を保障することを謳った公式声明を発表した[4]。

　「同性愛それ自体が病気である」とする米国精神医学会による分類は，この声明文の発表とともに終わりを告げた。その後2年の間に，米国心理学会，全米ソーシャル・ワーカー協会，米国行動療法促進学会などのメンタルヘルス関連の主要な諸学会がつぎつぎと，米国精神医学会の決定を支持するという声明を発表した。

　上記の公式声明を発表した米国精神医学会ではあったが，「同性愛は正常範囲内の差異である」という見方をとるようになったわけではなかった。DSM-IIでは，新たに「性指向障害」という診断名が作られ掲載されることになった。この「性指向障害」という診断名は，同性に惹かれる者がそのことを苦痛に感じ，変わりたいと望む場合には，同性愛を病気であるとみなすことができる，というものである[33,34]。ほぼあり得ないことだと思われるが，異性愛の性指向に悩む者が同性愛になるために治療を受ける可能性もある，ということも暗に述べている診断名である。1980年のDSM-IIIでは「性指向障害」が削除され，代わりに「自我違和性（異質性）同性愛」に置き換えられた[33]。

　のちの精神科医たちの目から見れば，最初に「性指向障害」，さらに続いて「自我違和性（異質性）同性愛」という診断名が作られたのは，政治的な妥協の産物であることは明らかであり[26,27]，1987年に改訂されたDSM-III-Rでは，「自我違和性（異質性）同性愛」という名称も削除され[22]，ここに至って米国精神医学会は，同性愛を「正常範囲内の差異」だとする見方をとるようになったと言える。

　WHOのICDもほぼ同様の経過をたどった。1975年に出されたICDの第9版では「性的逸脱及び障害」の項のひとつに「同性愛」という分類名が挙げられていたが，1990年に作成されたICD-10では「同性愛」という分類は削除され，「自我違和的性指向」という分類名が用いられ，「性指向自体は障害と考えられるべきではない」との注釈も書き加えられた。

　日本精神神経学会は，1995年，市民団体からの求めに応じて，「ICD第10版に準拠し，同性への性指向それ自体を精神障害とみなさない」という見解を

明らかにしている[29]。

「同性愛それ自体は病気ではない」という見方が，現在の先進諸国における精神医学ならびに心理学の専門家たちの一般的見解になっていると言ってよい。

「同性愛者」は，常に歴史の中でスティグマを付与され続けてきた。近代以降の精神医学は，同性愛を「犯罪」から外す役割を果たしはしたが，代わりに同性愛を「病気」扱いにすることによって，新たなスティグマを付与する担い手となった。19世紀から20世紀半ばまでの，同性愛をめぐる精神医学の歴史は――個々の事例レベルでは，同性愛者に対して真摯に関わっていた精神科医もいただろうが――大枠の動きにおいては，「病理化」という「スティグマ化の歴史」そのものである。

「同性愛者」をスティグマ化する担い手の一員となってきた精神医学は，当然これからは，「同性愛者」を「脱スティグマ化」する役目を担うべきであろう。あらためて述べるまでもなく，あらゆる人々のメンタルヘルスの維持と向上をはかるのが精神医学の本来の役目であるのだから。

Ⅲ　LGBのメンタルヘルスの状況

レズビアン，ゲイ，バイセクシュアル（LGB）のメンタルヘルスに関して欧米では多くの疫学的研究が行われており，LGBのメンタルヘルスはLGBではない集団と比べて低下していることが明らかになっている。気分障害，不安障害，アルコール依存や薬物依存，自殺念慮，自殺企図が，より高い割合でみられる。

LGB集団のメンタルヘルスが，LGBではない集団と比べて低下していることが種々の統計調査によって明らかになっている。ということはすなわち，LGBの人々のメンタルヘルスを低下させる何らかの要因が，集合的collectiveに働いているということを，これらの統計結果は示している。

1989年に米国の政府が発表したレポートによると，ゲイやレズビアンの若者は，ほかの若者より2～3倍高い自殺傾向があり[12]，LGBの若者の30％は，平均年齢15.5歳のときに自殺未遂をしているという報告がある[31]。

欧米では多くの調査が行われているのに対して，日本の現状に関しては非常に限られた調査しか行われていない。しかし，限られた調査結果を見ても，日本でも同じように，LGBのメンタルヘルスが損なわれていることがわかる。

廣[24]は,「レズビアンあるいはバイセクシュアルの女性」と「異性愛の女性」を対象としてインターネットによる調査を行った。メンタルヘルスに関する多くの質問において「レズビアンあるいはバイセクシュアルの女性」と「異性愛の女性」との間に差はみられなかったが,過去にうつ病になったことのある割合は,「異性愛の女性」よりも,「レズビアンあるいはバイセクシュアルの女性」のほうが有意に高かった。

ゲイ・バイセクシュアル男性のメンタルヘルスに関しては,日高が,数千人規模のインターネット調査を何度か行い,「抑うつ」「特性不安」「孤独感」が高く,「自尊感情」が低いという結果を報告している[14]。特に10代のゲイ・バイセクシュアル男性のメンタルヘルスが,最も損なわれている。また,「これまでに自殺を考えたことがある」割合が64％,「自殺未遂の経験がある」割合が15.1％という結果も出ている。さらに,日高の別の調査では,異性愛でない男性の自殺未遂率は,異性愛男性の約6倍であることが報告されている[15]。

2010年の9月から10月にかけて,米国で10代のゲイが何人も相次いでいじめによって自死するという出来事があった。そのうち2人は13歳,もう1人は18歳の大学生で,大学生のほうは自室で同性の恋人と性的接触をしているところをインターネット上に生中継され,それを苦にして川に身を投げたというものであった。これらの出来事がニュースになったあと,インターネット上に,セクシュアル・マイノリティの若者へ向けての応援メッセージの動画が,つぎつぎと——最初は米国の一般市民から,その後は著名な芸能人や米国大統領からも——寄せられ,"It Gets Better Project"と呼ばれる運動へと展開し,数千規模のメッセージが集まるに至った。米国では,セクシュアル・マイノリティの若者の自死の問題を考えようという世論の声が成り立つようである。

日本でもセクシュアル・マイノリティの当事者が自死したというケースはあるが,そのことが,本人がセクシュアル・マイノリティであることも明らかにされた上で,ニュースになった例は,筆者の知る限りではない。もちろん,ニュースにならない背景には,プライバシーの問題や遺族への配慮など,複数の込み入った要因が働いていると思われる。

1995年に,埼玉県で中学1年生の男子が自死で亡くなったというニュースが,各社の新聞記事に取り上げられたことがある。各社の記事によると,その中学生の日記には,好きになった相手に冷たくされて悩んでいたことが書かれ

てあったとのことである。複数の新聞記事を合わせて読んでみると，その中学生が同性愛に関することで悩んでいたのではないかということがみえてくる。以下，3つの異なる新聞社の記事を列挙してみる。

ある新聞社の記事には次のように書かれていた。

「この生徒の日記には，『好きな相手に冷たくされた』などの記述があり，ふだんから『自殺したい』と両親に話していた。」[39]

別の新聞社の記事には以下のように書かれている。

「日記に恋愛についての悩みが書かれており，日ごろから『自殺したい』などと話して，さまざまな自殺の方法を紹介した本を読んでいた。」[36]

さらに，別の新聞社の記事には次のように書かれている。

「残された日記には，男の友達に冷たくされたと思い込み，悩んでいる心境がつづられていた。」[25]

前者2つの記事で，この中学生男子は「好きな相手に冷たくされた」と思い，「恋愛についての悩み」を抱えていたことがわかる。そして，最後の記事では，「好きな相手」という箇所が「男の友達」に置き換わっている。憶測の域を出ないが，これらの記事を並べて読むと，「この中学生が好きになった相手は男性だったのだろう」，そして「好きになった男子に『冷たくされた』と思い，悩んでいたのだろう」というふうに読み取ることもできる。「同性愛」「ゲイ」という表現はどの記事にも出てこないが，複数の記事の記述を合わせてみると，みえてくる背景があるように思われる。記事を書いた記者は，当然遺族への配慮も考えたことだろう。自死したこと自体が明らかにされ難い現状がある中で，自死した当人がセクシュアル・マイノリティであることがニュースの中で明かされるケースは，非常に稀であると思われる。

LGBのメンタルヘルスの実態がもっと把握される必要がある。

IV 「マイノリティ・ストレス」

現代の精神医学や心理学では，LGBの人々のメンタルヘルスが損なわれるのは，LGBに対するスティグマが社会に存在するためだ，という考え方が主流になっている。その構造——スティグマ化が，どのように当事者のメンタルヘルスを損なうのか——を把握する上で，米国のMeyerの提唱する「マイノ

リティ・ストレス」という概念が助けになる[28]。

　マイノリティ・ストレスとは,「スティグマ化された社会集団」に属する個人が,その社会的位置付けゆえに——それは「マイノリティという位置付け」であることが多いが——さらされる過剰なストレスのことをいう。Meyer は,マイノリティ・ストレスの特徴として,以下の3つの諸点を挙げている。
①マイノリティ・ストレスは「固有のもの unique」である。
　マイノリティ・ストレスは,（そのマイノリティ集団に）「固有のもの」である。マイノリティ・ストレスは,人々が一般に体験するストレッサーに加えて,さらに付加されるものである。それゆえ,「スティグマ化された人々」は,同等の条件下にいる「スティグマ化されていない人々」よりも,環境適応のための努力をより多く要される。
②マイノリティ・ストレスは,「慢性的なもの chronic」である。
　マイノリティ・ストレスは,その社会の基盤にある,なかなか変わることのない社会的文化的構造 social and cultural structures をもとにして生じる。すなわち,一過性のストレスではない。
③マイノリティ・ストレスは,社会的な基盤をもとにして生じる。
　マイノリティ・ストレスは,個人的な出来事や個人的な諸条件に由来するというよりも,個人を超えた社会構造 social structures に由来して生じる。

　上に述べられたことは,すなわち,マイノリティ・ストレスが要因となって不調を来し来談するクライエントは,おおもとの社会の構造が変わらない限り,いつまでもいなくなることはないということを意味している
　精神科医や心理臨床家は,クライエントの抱える悩みや症状を傾聴し続けているうちに,悩みや症状の背景に,クライエント個人を超えた社会構造の問題が横たわっているのを垣間見ることがある。社会構造の問題は,一臨床家が直接的に関わる事柄ではないとされる向きもこれまであったが,心理臨床の分野でも「コミュニティ・アプローチ」「臨床心理地域援助」の重要性が唱えられている。臨床家が「面接室の外」に出て,コミュニティ成員のメンタルヘルスの維持と向上に取り組むことが推奨されるようになっている。針間は,性同一性障害への支援について述べる中で,「精神科医がなすべきこと」として4つの項目を挙げ,最後の項目として「社会へ啓発すること」の重要性を説いてい

る[13]。クライエントの訴えを社会的文脈の中で捉える視点をもつことが，臨床家に必要とされることがある。さらには——そうすることが必要だという認識に至った場合には——面接室の外に出て，コミュニティへの働きかけを行うことも，臨床家に求められることがある。

注）ニューヨークのゲイバー「ストーンウォール・イン」への警察の踏み込みに対して，居合わせた人々が対抗したのをきっかけとして，数日間にわたる暴動が起こった事件。

文　献

1 ）American Psychiatric Association（1952）Diagnostic and Statistical Manual: Mental Disorders. Washington, DC: Author.
2 ）American Psychiatric Association（1968）Diagnostic and Statistical Manual of Mental Disorders (2nd ed.). Washington, DC: Author.
3 ）Bancroft, J.（1974）Deviant Sexual Behaviour: Modification and Assessment. Oxford University Press.
4 ）Bayer, R.（1981）Homosexuality and American Psychiatry: The Politics of Diagnosis. Basic Books.
5 ）Bieber, I., Dain, H.J., Dince, P.R., et al.（1962）Homosexuality: A psychoanalytic study. Basic Books.
6 ）Blechner, M.J.（2005）The gay Harry Stack Sullivan: Interactions between his life, clinical work, and theory. Contemporary Psychoanalysis, 41, 1-19.
7 ）Davison, G.C.（1976）Homosexuality: The ethical challenge. Journal of Consulting and Clinical Psychology, 44, 157-162.
8 ）Drescher, J.（1998）Psychoanalytic therapy and the gay man. The Analytic Press.
9 ）Ellis, H.（1905）Psychology of Sex. Harcourt Brace Jovanovich.（佐藤晴夫訳（1995）性の心理（Vol.4）．未知谷）．
10）Freud, S.（1953）Three essays on the theory of sexuality. In J. Strachey (ed. & trans.): The Standard Edition of The Complete Psychological Works of Sigmund Freud (Vol.7, 123-246). Hogarth Press.（Original work published 1905）．（渡邉俊之・越智和弘・草field シュワルツ美穂子，他訳（2009）フロイト全集第 6 巻 1901-06 年—症例「ドーラ」性理論三篇．岩波書店）
11）Freud, S.（1960）Anonymous (Letter to an American mother). In E. Freud (ed.): The letters of Sigmund Freud. pp.423-424, Basic Books. (Original work published 1935)
12）Gibson, P.（1989）Gay and lesbian youth suicide. In Feinileb, M. (ed.): Prevention and Intervention Youth Suicide: 3. pp.109-142, US Department Health and Human Services.
13）針間克己・石丸径一郎（2010）性同一性障害と自殺．精神科治療学，25(2), 245-251.
14）日高庸晴（2008）MSM（Men who have Sex with Men）の HIV 感染リスク行動の心 15 社会的要因に関する行動疫学的研究．日本エイズ学会誌，10(3), 175-183.
15）Hidaka, Y., Operario, D., Takenaka, M., et al.（2008）Attempted suicide and associated risk factors among youth in urban Japan. Social Psychiatry and Psychiatric Epidemiology, 43(9), 752-757.
16）Hirschfeld, M.（2000）The homosexuality of men and women (Trans., M. Lombardi-Nash): Prometheus Books. (Original work published 1914).
17）Hooker, E.A.（1957）The adjustment of the male overt homosexual. Journal of

Projective Techniques, 21, 18-31.
18) Jean-Claude, F., Manfred, H. (1990) Homosexual studies and politics in the 19th century: Karl-Maria Kertbeny. Journal of Homosexuality, 19, 1.
19) Kinsey, A.C., Pomeroy, W.B., & Martin, C.E. (1948) Sexual Behavior in the Human Male. W.B. Saunders. (永井　潜・安藤画一訳 (1950) 人間における男性の性行為. コスモポリタン社)
20) Kinsey, A.C., Pomeroy, W.B., & Martin, C.E., et al. (1953) Sexual Behavior in the Human Female. W.B. Saunders. (朝山新一訳 (1955) 人間女性における性行動. コスモポリタン社)
21) コンラッド・P., シュナイダー・J.W. ／進藤雄三監訳, 杉田　聡, 他訳 (2003) 逸脱と医療化. ミネルヴァ書房.
22) Krajeski, J. (1996) Homosexuality and the mental health professions. In R.P. Cabaj & T.S. Stein (eds.): Textbook of Homosexuality and Mental Health. pp.17-31, American Psychiatric Press.
23) Krafft-Ebing, R. (1965) Psychopathia sexualis. (Trans., H. Wedeck): Putnam. (Original work published 1886).
24) 廣 梅 芳 (2005) Mental health and sexual orientation of females in Japan: Using the Internet as a research tool (英語). 心理臨床学研究, 23(2), 256-260.
25) 毎日新聞 1995 年 3 月 18 日夕刊.
26) Mass, L. (1990a) The birds, the bees and John Money: A conversation with sexologist John Money. In L. Mass (ed.): Homosexuality and Sexuality: Dialogues of the Sexual Revolution Vol. 1., pp.29-46, Harrington Park Press.
27) Mass, L. (1990b) "Sissyness" as metaphor: A conversation with Richard Green. In L. Mass (ed.): Homosexuality and Sexuality: Dialogues of the Sexual Revolution Vol. 1., pp.213-222, Harrington Park Press.
28) Meyer, I.H. (2003) Prejudice, social stress, and mental health in lesbian, gay and bisexual populations: Conceptual issues and research evidence. Psychol Bull, 129(5), 674-697.
29) Nakajima, G.A. (2003) The emergence of an international lesbian, gay, and bisexual psychiatric movement. Journal of Gay & Lesbian Psychotherap, 7(1/2), 165-188.
30) Rado, S. (1969) Adaptational psychodynamics: Motivation and control. Science House.
31) Remafedi, G., Farro, J.A., Deisher, R.W. (1991) Risk Factors for Attempt Suicide in Gay and Bisexual Youth. Pediatrics, 87(6), 69-875.
32) Socarides, C. (1968) The Overt Homosexual. Grune & Stratton.
33) Spitzer, R.L. (1981) The diagnostic status of homosexuality in DSM-III: A reformulation of the issues. American Journal of Psychiatry, 138, 210-215.
34) Stoller, R.J., Marmor, J., Bieber, I., et al. (1973) A symposium: Should homosexuality be in the APA nomenclature? American Journal of Psychiatry, 130, 1207-1216.
35) Sullivan, H.S. (1968) The Interpersonal Theory of Psychiatry. W.W. Norton & Company. (中井久夫・宮崎隆吉・高木敬三, 他訳 (1990) 精神医学は対人関係論である. みすず書房)
36) 東京新聞 1995 年 3 月 18 日夕刊.
37) Tripp, C.A. (1987) The Homosexual Matrix (2nd ed.). Meridian.
38) Ulrichs, K.H. (1994) The Riddle of Man-Manly Love: The Pioneering Work on Male Homosexuality. Lombardi-Nash MA, translator.Vol.1. Buffalo, Prometheus Books.
39) 読売新聞 1995 年 3 月 18 日夕刊.

第6章

日本における「同性愛」の歴史

平田俊明

I 「変態」という言葉の変質

　現代の日本で，同性愛を揶揄するような状況は，日常生活の中のいたるところで見聞きされる。ある中学3年生のゲイの男子は，中学校の教員が述べた差別的な発言を以下のように報告している。

　　「女子生徒が，先生に冗談まじりに『変態だ！』といいました。先生は『バカ。変態っていうのは，男が男を好きになったり，そういうのを変態っていうんだよ』と冗談まじりに返しました。」[5]

　「変態」という言葉は，他人を揶揄する言葉として頻繁に用いられる。上述のように，「変態」の中には「同性愛」も含まれることがある。

　「変態」という言葉には，もともと「倒錯」というような意味合いはなく，「姿が変わる」とか「常態ではない」という意味しかなかった[11]。その「変態」という言葉が変容したのは，大正時代，1910年代から1920年代にかけての時期である。

　本章では，まず，変態という言葉の意味が変質した大正時代——「同性愛」という日本語が登場したのもこの時期である——の日本の状況をみていき，西洋化とともに，性（セクシュアリティ）に対する日本人のメンタリティが変わっていったことを明らかにしたい。

　1910年代から1920年代にかけては，複数の性科学者と呼び得るような人々が登場し，つぎつぎと通俗的な性研究雑誌や通俗性科学書が刊行され始めた時期である。この時期を称して「通俗性科学ブーム」と呼ぶ研究者もいるほどで

ある[3]。

　1913年に大日本文明協会から，Krafft-Ebingの『性的精神病質』（原著は1886年刊）が『変態性慾心理』というタイトルで翻訳・出版されたことがそのきっかけになった。この時期の通俗的な性科学の刊行物の書名や雑誌名には，「性欲」や「性」という言葉と並んで，「変態性欲」や「変態」という言葉が使われているのが目立つ。性的倒錯という意味の「変態性欲」やその省略形である「変態」という表現は，この時期に作られた新語である。先述したように，それ以前の「変態」という言葉には「姿が変わる」とか「常態ではない」という意味しかなかった。この「変態性欲」という言葉の定着とそれへの関心は，直接にはKrafft-Ebingの翻訳書の影響によるところが大きかったと思われる。

　「フーコーのいう『倒錯的快楽の精神医学への組み込み』が，日本でも始まった」と文化人類学者の小田が述べるように[11]，この時期，人間の性欲を正常と異常とに区分し，「性倒錯」を「臨床的」に分類し，その倒錯の摘発や矯正を要求するという動きが生じ始めた。1935年，女性の同性愛事件にコメントを求められた精神科医斉藤茂吉は，「戒むべき同性愛，家庭の注意が大切！」と読者に訴え，さらに，同性愛を仮性同性愛と真性同性愛とに分け，後者について「病的で前にいったやうになかなか治らない，かうなるのは家庭的にも欠陥のある場合があるから保護者はよく注意してほしい」と述べている。近代西欧的ホモフォビアの刷り込みが，日本の医学者に対して威力を効し始めたことがうかがえる。

　1920年頃を境に，性（セクシュアリティ）をどう捉えるかという日本人のメンタリティは，それ以前のあり方とはうって変わってしまったようである。それまでの日本には，「変態性欲」や「性倒錯」という概念はなかったのであるから。

　同時に，今で言う「内在化されたホモフォビア」も，この1920年頃に出現する。社会学者の古川誠は，田中香涯という性科学者が1920年代に発行した『変態性欲』という雑誌に匿名の「同性愛者」から寄せられた次のような手紙を紹介し，「悩める『同性愛者』が，大正時代に誕生したことが確認できる」と述べている[3]。

　　「……此の自分の変態な恋に苦しむ『辛さ』を或は此方面としては有り触れた事かもしれませんが書き綴って，理解深き先生に打ち明けて，せめてもの心やりとし

たいと思ひます……先生の科学的な立場から離れて，此不幸に生まれて来た自分を憐れんで下さい……先生何とかならないものでせうか。実に苦しいのです。」

同じ雑誌の別の号には，「同性の裸体，ことに生殖器を窃視することに快感を感じることに悩んでいる」という匿名の人物からの手紙に，「御恥ずかしい話ですが，変態性欲の所有者で御座います」と書かれていたことも紹介されている。

自ら「変態性欲の所有者」だと称し，自分自身の存在をおとしめる「同性愛者」が，この頃登場したわけである。——はたして，大正時代以前の，「男色」や「衆道」を実践していた人々は，このように自らの存在をおとしめて捉えていただろうか。現代の日本にみられるホモフォビアは，大正時代，1920年頃に生じた日本人のメンタリティの西欧化に由来する部分が大きい。

21世紀の現在，欧米では，ドメスティック・パートナー制度[注]や同性婚などの法制度が整備されつつあり，ホモフォビアの影響力を払拭しようという動きがさかんにみられる。それに対し，日本ではいまだに大正時代的なホモフォビアが根強く残りはびこっているように思える。もともと欧米的概念であったホモフォビアが，当の欧米ではそれを払拭しようとする運動が公的な成果をもたらしているのに対し，それが輸入された先の日本は，今なおその概念に縛られその影響の下に捕えられていると言える。

II 「色」から「愛」へのシフト

比較文化学者の佐伯は，「江戸時代の日本では，男女間，あるいは同性間の好意を表現するのに，主として『色』や『恋』や『情』といった言葉を使っていた」と指摘し，「今私たちが当たり前のように使っている『愛』や『恋愛』という言葉は，明治になって，英語の『ラブ』という言葉の翻訳語として使われ始めたものであり，『文明開化』の日本にふさわしい新たな男女の関係を表現するという，輝かしい期待を担って登場した言葉であった。それは，江戸時代以前に日本が使っていた『色』や『情』という表現とは異質なものとして，『西洋』への憧れと一体となって，明治人の心を魅了したのである」と述べている[12]。

佐伯は，「文明開化」当時の「恋愛」の概念の特徴を，従来から日本にあった「色」

表

「色」	「愛」
一対多　または　多対多	一対一
肉体関係の肯定	肉体関係の排除，精神的関係を賛美
結婚外	結婚内
非日常	日常生活

と対比して，表のように示している。

　精神と肉体とを分離せず両者を包摂していた「色」という考え方が，「文明開化」以降，両者を分け，精神のみを重視する「愛」という概念へと変化していった。また，「色」には，「ハレ」という非日常の時空間を体験するという意味合いがあったが，「愛」という概念では，その意味合いも変わっていった。前川は，明治時代に「恋愛」という翻訳語が「結婚」と結びつけられるようになり，当時の男子学生たちの間に「恋愛－結婚－家庭」という幸福イメージが浸透していき，それが「学生男色」を解体させるひとつの要因となったことを指摘している[8]。

　前述のように，「同性愛」という日本語自体，大正時代に作られた翻訳語であり，それ以前の日本では「男色」や「衆道」という言葉が，男性同士の（性愛も伴う）関係性を指すのに使われていた。大正時代に，「男色」が「同性愛」に取って代わられたわけである。佐伯の言う「色」から「愛」へのシフトがここにも見出せる。

III　男色，衆道

　「男色」という言葉は，近代以前の日本における男性間の親密な関係性に対して広く使われていたようである。日本の歴史を通じて，さまざまな表現の中に，同性同士の（性愛も伴う）親密な関係性を——女性同士に関するものを見つけるのが近代以前には困難であるが——認めることができる。藤原頼長の『台記』，『稚児之草紙』，『稚児観音絵巻』，『葉隠』，旧薩摩藩でみられた兵児二才（へこにせ），世阿弥は「稚児は幽玄の本風也」と語り，井原西鶴は「色道ふたつ」という言葉を残している。院政期の研究者である五味は，『院政期社会の研究』という

著書の中で,「院政期の政治史を考える時,この問題（男色）を抜きにしては語れない」とまで述べている[4]。

男色の歴史を網羅するのが本章の趣旨ではないので,本節では,日本的な精神性のひとつのありようを示している「衆道」について,南方熊楠の思想を引き合いに出しつつ,言及する。

現代で言う「性(セクシュアリティ)」に相当する領域は,近代以前の日本では,「色」という言葉とともに,「道」という言葉でも言い表されていた。

近世になってから,男色を指す言葉として,「衆道」「若衆道」「若道」「男色の道」などが使われるようになり,「道」という言葉が付くようになった。戦国から江戸初期にかけて,武士の間でみられる男色は,武家社会の作法を含むようになり,「衆道」あるいは「義兄弟の契り」と呼ばれるようになる。衆道は,近現代のような「性の逸脱や異常」という扱いを受けることはなく,逆に「武士道の華」とさえ賛美されることもあった[15]。年上の「念者」と年下の「稚児」「若衆」との間に結ばれる絆は,生死をともにするという強いコミットメントを要請されるものであった。『葉隠』には,命を捨てることが,「衆道」における最高の境地に達する,とさえ書かれている[16]。

南方熊楠（1867-1941）は,博物学者とも民俗学者とも生物学者とも言われるが,その思想の自由闊達さと奥深さは,既存の学問分類の枠をたやすく超えてしまう。その熊楠が衆道の兄弟関係に強い関心を抱いていたことは,よく知られている。熊楠によれば,衆道における義兄弟の契りと呼ばれるものは,単に性の愉悦を享受するための性的な嗜好ではなく,「兄」と「弟」との間の友愛の絆こそが,その本質である[15]。熊楠は,友愛としての衆道を「浄の男道」と呼び,「男色」と区別して考えていたようである[9]。

宗教学者の中沢新一は,熊楠のこのような思想を以下のように解説している[10]。

> 熊楠は,男性の同性的な愛には,二重構造があるのだという,とても重要な指摘を行っているのである。いっぽうでは,容姿や心だてに優れた少年に,年上の青年たちが恋情をいだき,少年を肉体的にも自分のものにしたいという欲望がある。しかし,その一方では,昔から男の同性愛の世界では,兄弟分の「契り」という要素が,きわめて大きな位置を占めていて,いったん兄分と「契り」を結んだ少年に対しては,邪恋を仕掛けることは恥ずべきことである,という考えがゆきわたっていたのである。つまり,同性愛の世界は,肉体的な欲望と道徳的コードの,ふたつの極か

らできあがっており，肉体的な性行為だけを取り上げて，この世界を論じたりすると，ことの本質を見誤ってしまうと，熊楠は考えているのである。

　「浄の男道」は，このうちの道徳的コードにとくに深くかかわっている……

　若い同性愛研究者である岩田準一にむかっては，男色の世界はたんなるアナルエロティックな性行為の様式を中心にできあがっているのではなく，彼が「浄の男道」と呼ぶ，高い精神的道徳的な価値を生み出すことのできる，男同士の友愛の道こそが，その世界全体を支える，根本的な原理になっているのだ，と熊楠はこんこんと説明しようとした。

　性（セクシュアリティ）をめぐる南方熊楠の思想は——熊楠が興味を注いだほかのさまざまな題材と同様に——非常に広範にわたり奥が深い。曼荼羅的とさえ言える[2]。その思想をとても一言で要約することはできないのだが，中沢は，「精神的なものと肉体的なものを対立させて考える，西欧のキリスト教的な考え方では，性愛の人類史を描ききることはできない」という前提を述べた上で，熊楠が「そういうものとは，別の視点にたって，人間の性の世界をのぞきこもうとしていた」と指摘している。

　英国の精神医学者のStorrは，『性の逸脱』という著書の中で，同性愛の男性が相手をよく変えるのは同性愛に充足感がないからだと述べて，「同性愛という生き方には，人を満足させてくれないものがどうしても残るのである。そこでわたしたちとしては，同性愛的な行動パターンを未然に防いだり，別の形に改めたりするための研究を，あらゆる手だてを尽くして真剣に育てていかなければならないわけである」と主張している[13]。しかし，江戸時代の日本にみられる衆道の男性同士の絆の強さをみれば，充足感のなさゆえに相手を頻繁に変えるなどとは言えないことがわかる。逆に，現代日本に生きるゲイ男性が「相手をよく変える」のであれば，それは，近代以前の日本にあった「義兄弟の契り」のような，性愛も伴う同性同士の絆のもち方が西洋化によって失われてしまったからだ，とさえ言えるのではないか。

　ただしここで一点，留意しておきたいのは，現代における「同性愛」と，近代以前の「男色」「衆道」とでは，築かれる関係性の性質がイコールではない部分も多くあるという点である。現代の同性愛においては，対等な「男性」と「男性」との関係性が築かれ得るが，近代以前の男色ではそうではない場合が多かった。

ひとつは，男色においては，両者の間に年齢差がありなんらかの上下関係が含まれていることが多かった。年上の者は「念者」と呼ばれ，年下の者は「稚児」「若衆」などと呼ばれ，年上の者が年下の者に対して，庇護的な役割や教育的な役割をとることが多く，両者の関係性は対等ではなかった。むしろ，対等ではないということが男色の特色であったと言える。

　もうひとつは，男色においては，両者の関係性が，いわゆる「男性」と「男性」との関係性ではない場合もあった。「陰間茶屋」（近世においてみられた，男娼が売色をする茶屋）では，女装した男性が女性的な役割を取りつつ，客である男性を相手にすることが多かった。中世寺院における僧侶と稚児との関係性についても，「その内実は異性愛に近かった」のではないか，と指摘する研究者もいる[14]。近代以前の「男色」「衆道」というあり方と，現代の「同性愛」とでは，質的に異なる部分があることもふまえておく必要がある。

Ⅳ　「罪」の輸入

　西洋において，同性愛がどのように捉えられてきたかという歴史の流れが素描される際，まず最初に，「罪」という観点が挙がることが多い[7]。ここでいう罪は，神に背く罪 sin であり，宗教的ないしは道徳的な意味での罪である。キリスト教の聖書のいくつかの章句がその根拠として引用される。レビ記の「あなたは女と寝るように男と寝てはならない。これは憎むべきことである」という章句や，コリント人への第一の手紙の「不品行な者，偶像を礼拝する者，姦淫をする者，男娼となる者，男色をする者，盗む者，貪欲な者，酒に酔う者，そしる者，略奪する者は，いずれも神の国をつぐことはないのである」という章句がよく引かれる。人類史の中で最初に「罪」とされた同性愛は，そのあとに「犯罪 crime」とされ，続いて「病理 pathology」とされた。

　同性愛を罪とし，LGB 当事者に罪の意識を抱かせるというホモフォビックなスタンスは，第5章で述べたように，同性愛を病理とした精神医学の体系の中に受け継がれ，さらに，上述したように，西洋精神医学の輸入とともに日本にも広まっていったのである。

　筆者は臨床の中で，リストカットなどの自傷行為の経験のある LGB の人たちに出会うことがある。特に思春期の頃に自傷行為をしている人が多い。思春

期に自傷行為をするのはなにも LGB だけに限ったことではないが，LGB の人たちに特徴的なのは，「同性を好きになることはいけないこと，罰を与えなければ」「自分は動物として間違っている」などと強い自責の念——自らのセクシュアリティと関連づけられた自責の念——を抱いていることである。自らを責める思いを抱き，自らを傷つける LGB の中学生・高校生が——その事実が明らかになるのは，彼・彼女らが成人してから，思春期の体験をようやく言語化できるようになってからのことが多いが——いる。そのような中学生・高校生は，西洋——「罪 sin」という考え方の発祥地である西洋——にだけでなく，現代の日本にも多数存在している。臨床家による支援を必要とする人々がいる。

精神科医でありユング派分析家である秋田は，西洋精神医学の中にキリスト教的価値観が取り込まれていることに日本人は気づいておく必要がある，と指摘する[1]。

　現代日本の精神医学はおおむね西洋精神医学に則っている。ところが，そのものの見方の根底には，われわれ日本人が受け入れることができなかったキリスト教がある。もちろん，DSM-IV や ICD-10 の中にキリスト教用語が公然とちりばめられているわけではないが，この背景には「キリスト教」がたしかに存在する。そこのところにわれわれ日本人は気づいておく必要がある。

秋田は，その論拠として，19 世紀後半，ヨーロッパにおいて近代精神医学の体系が形成されつつあった時期に，多くの精神科医たちが依拠していた「変質学説」と呼ばれる説の及ぼした影響について詳述している。変質学説とは，フランスの精神科医 Morel が 1857 年に発表したもので，Morel の考えによると，「人間の原子型はアダムだが，アダムは原罪によって堕落したため，それまでは無害であった外界のもろもろの影響を人間が受けるようになり，その結果として遺伝を免れることができなくなった。健康者のほかに時おり変質者 dégénéré が現れるのはこのため」である[6]。Morel は，「精神疾患はひとつの変質である」と述べ，正常型もしくは原初型 type primitif は神の創造の賜であり，変質は人間の原罪がもたらした根源的堕落とみなしている。

現代の日本人には奇妙に聞こえるであろうこの「変質学説」であるが，決して「変わり者の奇説」などではなかった。フランスのみならず，19 世紀後半のヨーロッパ精神医学の種々の著名な著作に，この変質学説の考え方は取り込

まれている。上述した Krafft-Ebing の『性的精神病質』は，明らかに変質学説の考え方に基づかれて書かれている。当時のヨーロッパの精神科医たちの世界観において，このような考え方はなんら不自然なものではなかったのだろう。秋田は，変質学説がヨーロッパ精神医学会を席巻していた時期が，（西洋精神医学の体系がクレペリンを中心として確立されつつあった）19 世紀後半であったことに注意を促し，「そのいわば揺籃期に刷り込まれた，というより半意識的にキリスト教を取り込み成長したのが現代西洋精神医学である」と看破している。

同性愛を罪とするキリスト教的価値観は，西洋精神医学の中に取り込まれ，西洋精神医学を輸入した日本にも持ち込まれるに至り，それまで男色と呼ばれていた同性同士の親密な関係性は，「性倒錯」「変態性欲」という言葉で貶められるようになった。日本のLGBの人々に自責の念と罪悪感を植えこむ役目を果たしたと言える。

西洋から日本に話を戻す。「罪 sin」という概念は西洋に特徴的な概念であるように思えるが，第3章で述べたように，日本でもっとも古い男色の記述だと言われる逸話が，日本書紀の中で「罪」という言葉とともに語られている。「あずなひの罪」と呼ばれているものである。いま一度，第3章 - Ⅴ の日本書紀の記述を目にされたい。

この逸話の中では，「あずなひの罪」のために，日中なのに夜のように暗い状態が続くという――天照大神が岩戸にこもったときと同じような――天変地異的な現象が起きているわけだが，この「あずなひの罪」というものが一体どのような罪なのかということが気にかかる。男色の罪ではないという説もあり得るだろう。系統の異なる2つの神社の神官を一緒に穴に埋葬したことを「罪」と呼んでいるのだ，という考え方もあり得そうである。しかし，そうだとしても，それを具体的に表現する際に，なぜに，「号泣し」「死体のかたわらに伏して自死してしまった」などという，後世の衆道をも彷彿させるような記述になったのかということに目を向け考えを投じてみる必要はあるように思われる。

西洋において，同性愛はキリスト教的な「罪 sin」を歴史の初期の頃から背負わされているわけだが，古代の日本における罪は，キリスト教的な「罪 sin」とはかなり質の異なる罪であろう。日本における罪は，祓いの儀式によって祓われ，水に流されていってしまうようなものかもしれない。それでも，天変地

異的な現象を起こすほどの「罪」が，日本最古とも言える文献に男色らしきものとの関連において記されていることは，現代の日本で同性愛の人々との心理療法を行う筆者にとって，着目すべき事柄であるように思える。

注）法的な婚姻関係にはないパートナー同士に対して，法的な婚姻関係と同等の権利（の一部）を保証するために設けられた制度。

文　献

1) 秋田　巌（2001）心理療法と人間― Disfigured Hero 試論．（河合隼雄編）心理療法と人間関係．岩波書店．
2) 安藤礼二（2007）近代論―危機の時代のアルシーヴ．NTT 出版．
3) 古川　誠（1993）セクシュアリティの社会学．別冊宝島，176　わかりたいあなたのための社会学・入門．宝島社，pp.176-219．
4) 五味文彦（1984）院政期社会の研究．山川出版社．
5) 伊藤　悟・大江千束・小川葉子，他（2003）同性愛って何？．緑風書院．
6) 神谷美恵子（1993）モレル．（加藤正明，他編）新版 精神医学事典．弘文堂．
7) コンラッド・P，シュナイダー・J. W.／進藤雄三監訳，杉田聡他訳（2003）逸脱と医療化．ミネルヴァ書房．
8) 前川直哉（2011）男の絆―明治の学生からボーイズ・ラブまで．筑摩書房．
9) 南方熊楠／中沢新一編（2003）南方熊楠コレクション第3巻 浄のセクソロジー．河出書房新社．
10) 中沢新一（1992）森のバロック．せりか書房．
11) 小田　亮（1996）一語の辞典―性．三省堂．
12) 佐伯順子（2000）恋愛の起源．日本経済新聞社．
13) ストー・A／山口泰司訳（1992）性の逸脱．岩波書店．
14) 田中貴子（2004）性愛の日本中世．筑摩書房．
15) 氏家幹人（1995）武士道とエロス．講談社．
16) 山本常朝（1716）葉隠．（奈良本辰也訳（1969）日本の名著17．中央公論社）

第7章

性同一性障害，トランスジェンダー，性別違和

針間克己

　本章では，性同一性障害に関連する概念の歴史的経過を振り返り，その変遷および議論について述べる。

I　セックス，ジェンダー

　1950年代，Money[15]やStoller[17]によって，人の性別にはセックスsexつまり，身体的な性別と，ジェンダーgenderつまり心理社会的な性別があることが見出された。当初このジェンダーの心理的側面，行動的側面および社会的側面は同一視ないしは混同され用いられてきた。すなわち人が自分を心理的に男性と思ったり，女性と思ったりするというジェンダー・アイデンティティ（心理的性別・性同一性）は，社会的にどう男性役割，女性役割を果たすかというジェンダー・ロール（社会的性役割）によって行動面で現れると考えられたり，あるいは，ジェンダー・アイデンティティは，親や周囲の人々が示す男らしさ，女らしさという社会的ジェンダーを幼児期の子が学習することで形成されると考えられていた。しかし，その後，ジェンダー・アイデンティティとジェンダー・ロールは必ずしも一致しないことや，ジェンダー・アイデンティティの形成には，誕生後の周囲の養育だけでなく，生物学的性差も関与していることが指摘されている[10]。

　これらの理解の上でジェンダーという用語を見直すとその意味は多義であり，その使用，解釈にあたっては，心理的側面，行動的側面，社会的側面などのどの意味なのか十分に注意する必要がある。本稿では混乱を避けるため，以下の文では，可能な限りジェンダーという言葉は用いずに論を進めることにす

る。

Ⅱ 性同一性障害，その医療化の始まり

セックスとジェンダー・アイデンティティが不一致なもの，つまり身体的性別とは逆に心理的性別を認識しているものが性同一性障害である。歴史的には性同一性障害を類推させる記述は古くから見受けられるが，医学的文献に記述され始めたのは，ジェンダー概念が唱えられるおよそ1世紀前，19世紀半ば頃の，ドイツの性科学者 Friedreich，Westphal らによってからである。さらに19世紀の終わりから20世紀の始まりにかけて医学的疾患としての概念化が進む。1877年，"Psychopathia Sexualis" の著者として名高い Krafft-Ebbing は異性装を行う者を "metamorphosis sexualis paranoia" と名付け，犯罪的狂人であるとした。一方1910年 Hirschefeldt は "transvestite" として，1936年 Ellis は "eonism" として性同一性障害類似概念を提唱し，異性役割で生活することに対して，倫理的に非難するのではなく，医学的に認めていくべきだと述べている。このように当時から，性同一性障害の医療化の功罪，すなわち非道徳的存在とのレッテルから解放されて医学的疾患として認知されるという功，および「精神障害者」との新たなレッテル張りという罪，の両面の原型がすでにあったのである[7,12,14)]。

Ⅲ 体の性別と心の性別を一致させる治療

性同一性障害への治療は1960年代まで主として，「心の性別を体の性別に一致させようとするもの」であった。そこでは精神科医を中心にして，時には精神分析療法，時には電気ショック嫌悪療法などを用い，身体的性別とは逆の心理的性別を，身体的性別と一致したものにしようと試みられていた。しかし，実際には，心理的性別の変更を目的とした精神科医による治療の多くは失敗に終わっていた。そんなおり外科的技術および内分泌学の進展を背景に，180度違う治療指針が登場した。「体の性別を心の性別に一致させる」という考えである。この考えは「transsexualism の父」と呼ばれる内分泌科医 Harry Benjamin により唱えられ，その後，性同一性障害の治療の主たる指針となっ

第7章 性同一性障害，トランスジェンダー，性別違和 85

た。なお transsexualism（性転換症）とは性同一性障害の「身体的性別を反対の性別に変更しようとする」という臨床的特徴に着目し，1949 年に Cauldwell が命名し，Benjamin により広く知られるようになった用語である[7,14]。

米国では当初，性別適合手術を行う病院がなく，Benjamin は欧州の外科医を紹介していた。しかし，1965 年に John Hopkins Gender Identity Clinic が設立され，米国内でも手術が行われることとなった。

ここで，強調して記しておきたいのは，その治療指針の思想的背景である。すなわち「男女いずれかの典型的な身体的性別およびそれと一致した心理的性別を有する者が正常である。そうでない場合，異常であり，一致するようにするのが治療である」という思想である。例えば Benjamin は次のように述べている。「体を一致させるように心が変えられないとしたら，心に一致するように体を変えることを考えるべきだ」。あるいは先に述べたようにジェンダー概念を提唱し，John Hopkins Gender Identity Clinic の設立にも関わった Money は，身体的性別が曖昧な性分化疾患の子どもの治療に関して，曖昧な身体的性別を外科的療法によって男女どちらかの典型的な性別にするという治療指針を同時期に推奨している。この指針は，その後，性分化疾患の子どもへの主たる治療方針となった。

この頃の性別適合手術を受けた当事者の体験手記は，基本的には医師に対しての絶対的礼賛である。例えば，「私の女性としての心は，間違って男性の体に閉じこめられていた。しかし，ホルモン療法や手術によって女性の体になり本当の自分になった。これで女性として幸せになり，男性と結婚できる」などのような内容である。

このように当時は「身体的にも心理的にも社会的にも，典型的な男女どちらかにより近づけることが治療であり，当事者にとっての幸福である」と考えられていた。

Ⅳ　門番としての精神科医

性別適合手術が行われた当初，手術実施者たちは，この外科的療法によりすべての性同一性障害患者が救われるかのように考えたが，実際には手術後に自殺したり，精神状態が悪化する者も見受けられた。このことから，手術の適応

となる患者を慎重に選別すべきだとの考えが生まれ，その責務を精神科医が負うことになった。その選別要件として，他の精神疾患の除外の他に，一次性か（物心ついたときよりか），真性か（より中核的症状がそろっているか），性指向は同性愛か（心理的には異性に性的に惹かれるか），見た目が望みの性別で通ずるか，などが問われたこともあった。その後においては，real life test（望みの性別で社会的に常に過ごし，半年ないしは1年以上適応してやっていけるか）が，その要件となっている[4]（その後，real life experience：実生活経験と名称が変更となる）。いずれにせよ当事者と精神科医の関わりは，ホルモン療法，外科療法へのパスポートを手に入れたい当事者対，その許可の是非を決定する門番としての精神科医との意味合いが強く，通常の精神療法の関係の構築を阻害する要因となった[2]。

また，この選別は，選ばれて手術が施行され，身体的な性別移行が達成できた者と，選ばれず手術が施行されず，身体的な性別移行が達成できない者の間に階層化，差別化を生み出すこととなった。

V　トランスジェンダー概念の誕生

医学的診断名としては，従来の性転換症に加えて，1980年のDSM-III（精神疾患の診断・統計マニュアル）より，Gender Identity Disorder（性同一性障害）が公式に用いられることとなった。

これら医学界が命名し概念化した用語に対して，当事者たちを中心に命名概念化され，発達してきた用語がtransgender（トランスジェンダー）である。米国の性別に違和をもつ者や，異性装者のコミュニティーの指導者であったVirginia Princeは，1980年代末に「反対の性別でいつも過ごすが，性別適合手術は行わない者」という意味で，"transgenderist" を提唱した。この用語は，1990年代に入りトランスジェンダーとして広がっていき，その意味するところは，当初の狭義なものではなく，性別適合手術を行う者や，異性装者，時には同性愛者をも含む，従来の性別概念の枠から外れた者すべてを包み込む，包括的用語となりつつある[7,14]。

トランスジェンダー概念の誕生は第一に，「性同一性障害はすべて，外科的手術などによって可能な限りの身体的な移行を欲している」という紋切り型の

一般的理解に対して,「従来の性別の枠に収まらない,さまざまな性別の状態があり,またそのさまざまな状態を望む者がいる」という現実を知らしめることとなった。第二には従来の医学的疾患名の性転換症や性同一性障害に対して,当事者自らが命名した概念をもつことにより,脱医療化の契機となったのである。第三には,第一と第二を合わせた結果として,手術を行わない当事者も,「手術に進めなかった性同一性障害者」として自己を卑下するのではなく,ひとつのセクシュアル・アイデンティティとして自己を確立することへの一助となった。

VI　ジェンダーとしてのセックス

　1990年代に入り性分化疾患の治療をめぐる議論から,セックスすなわち身体的性別もまた,ジェンダーすなわち社会的な男性らしさ,女性らしさの反映に過ぎないのではないかとの考えが生まれつつある。性分化疾患をもつ者への治療は従来,既述したようなMoneyの考えに基づき行われるのが主流であった。つまり,性別が曖昧な外性器をもって生まれた子どもに対し,早期において,ペニスないしはペニスのない性器を割り当てるのが良いとされてきた。しかし,治療を受けた当事者たちが成長するにつれ,その治療に対して疑問が発せられ始めた。例えば,肥大化していたことを理由に陰核の切除を受けた女性や,ペニスが小さかったことより,女性性器を割り当てられ,女性として養育された者たちから,怒りや抗議の声が起きているのである。このような批判を向けられている従来の治療指針に対して,1990年代後半,Diamond[8]はさまざまな性器の状態は,多様性のひとつであるとし,曖昧な性器に対しての保存的対処方法を提唱した。

　これらの性分化疾患をめぐる議論は,セックスに使用できる典型的なペニスを持つのが男性,ペニスが挿入されることの可能な性器を持つのが女性という身体的な性別もまた,社会的な意味におけるジェンダーの影響を強く受けていたことを示すこととなった。これは性同一性障害者の自己の身体的性別に対しての考え方にも影響を与えた。

Ⅶ 同性愛をモデルとしての脱医療化の動き

　性同一性障害は精神疾患の一疾患単位として，DSMでは分類されてきた。このことに対し，「ジェンダーのありかたは，多様なセクシュアリティのひとつであり，それが少数のものだからといって精神障害とされるのはおかしい」などの考えから精神疾患の分類から削除すべきである，との意見がトランスジェンダー概念誕生の頃より，強く提起されるようになった。この議論は，同じ，セクシュアル・マイノリティである，同性愛がたどった歴史とよく比較される。同性愛は，非道徳的存在→精神医学的疾患→本人が苦悩しているという理由での精神医学的存在（自我違和性同性愛）→性的ありようのひとつとして正常と認められ精神障害の分類から削除，という歴史的段階で現在に至っている[3, 13]（第5章も参照）。これまでに述べたように，性同一性障害は1900年の始まり頃，非道徳的存在から医学的疾患となった。1994年に発行されたDSM-Ⅳでは，以前には見受けられなかった診断基準として，基準D.「その障害は，臨床的に著しい苦痛または，社会的，職業的または他の重要な領域における機能の障害を引き起こしている」を設けた。これは，同性愛が，自我違和性同性愛として，精神障害の分類に過渡的に残存したのと類似の状況である。この同性愛と同様の流れからすれば，いずれ性同一性障害も精神医学的疾患でなくなるとの考えも理解されうる。

　しかし，性同一性障害者は，同性愛者と違い，多くの者が，ホルモン療法や，外科的療法などの医学的治療を求める。そうすると，その医学的治療の対象者を明確にする手段としてや，あるいは保険の適用などの現実的必要性からはやはり医学的疾患とするべきだとの考えもあった[16]。

Ⅷ DSM-5における「性別違和」

　上述した，「脱医療化」と「疾患概念として継続」との論争の中，今後の精神疾患リストにおいての扱いが注目されてきた。そのような中，2013年に米国精神医学会の発表したDSM-5（精神疾患の診断・統計マニュアル第5版）では，これまでの「Gender Identity Disorder 性同一性障害」に置きかわり，

「Gender Dysphoria（日本語訳は『性別違和』）」という疾患名で継続となった。精神疾患のリストには継続されたものの，これまでの「gender identity（性同一性）の disorder（障害）」という病名は撤廃されることとなったのである。

また，2017年に改定が予定されている，WHO（世界保健機関）の発行する ICD-11 でも，その扱いの変更が検討されている。草案も含めて，公的な発表は現時点ではないが，関係者の国際学会発表などの情報からは「Gender Incongruence（性別不一致）」という病名変更や，また，ICD-11 の中で，精神疾患でも身体疾患でもなく，第3の分類として位置づけられることが検討されているという。

IX 当事者間のさまざまな考え

ここまで述べたように，性同一性障害およびジェンダーをめぐり，さまざまな議論があるが，これらの議論に対して当事者間が皆同じ意見を有しているわけではない。

例えば，典型的な男性女性への考えである。ホルモン療法，性別適合手術を通じて，心理的性別と合致した身体的性別を獲得しようとする者もいる。彼らの場合「自分は身も心も男性（女性）になりたい。そうすれば普通の男性（女性）として生活していける」と考え，身体的治療を目指す。そうして治療が終了すれば，「自分が性同一性障害であったのは過去のこと」として，周囲に知られず，典型的な男性，女性として周囲にとけ込もうとする。一方，「典型的な男性，女性という考えが間違っている」として，「性別という考えをそもそもなくすべきだ」とか，「我々は男性でも女性でもない第3の性である」と唱える者もいる。

あるいは医療に対して，「心に一致した本来の自分の体を取り戻させてくれてありがたい」と感謝する者もいれば，「典型的な男性，女性を再生産することで，社会的なジェンダーを強化している」と非難する者もいる。

このように当事者たちの意見は，その性別違和の状態，あるいは思想的背景の違いなどによって，多種多様なものとなっている。

X 変化する精神科医の関与方針

　性同一性障害に対して，精神科医は当初，心理的性別の変更を試み，その後身体的治療を希望する者に対する門番としての役割を担ってきた。しかし，最近では性同一性障害者に対しての精神科医の関与方針はその本来の役目を取り戻しつつあると思われる。すなわち，精神療法の目的として，十分なその人自身のアイデンティティの確立を促し，当事者にとって最も幸福な人生選択の模索を援助することがその役割となってきている[5,6,9]。アイデンティティの確立に際しては，典型的な男性，女性としてのアイデンティティだけでなく，トランスジェンダーとしてのアイデンティティを確立することも，それがその人のアイデンティティなら良しとされる。また，当事者にとっての最も幸福な人生選択とは，当事者にしかできず，「典型的な性別を望むか否か」「身体的療法を受けるか否か」などのさまざまな考え方に対しては，精神療法を行う主治医は中立性を守ることで，本人の自己決定を尊重することとなる。

　このように今後の精神科医の性同一性障害への関わりは，男女どちらかの典型的モデルを押しつけるのではなく，その人それぞれのさまざまなジェンダーのありようを尊重したものとなろうとしている。

XI 日本における現状

　性同一性障害をめぐる日本の現状は，やや欧米とは異なる様相である。すなわち，医療化への批判は目立たず，むしろ欧米の脱医療化の流れに困惑したり，反感をもつ者もいる。この理由のひとつには，日本では，1998年から本格的な医療化が始まり，それに伴い，医療サービスの普及，性同一性障害特例法の制定といった法整備，および，人権意識の浸透といった，プラスの面が著しかったことが第一に挙げられる。また，マスコミ等でも比較的正確な情報が流れ，精神疾患に伴いがちなスティグマが軽度であったことも挙げられよう。

　しかしながら，医学的治療を望まない者に対しては，「それは性同一性障害とは違い，本人の趣味なのだから」といった論調で，人権がおろそかにされやすいという危惧も筆者は感じている。

XII まとめ

性別とは従来は男性,女性に明確に二分される,ないしはすべきものとされ,この考えにのっとり,性同一性障害や,性分化疾患を有する者に対してはどちらかの典型的な性別に近付けるような治療が行われてきた。しかし,ジェンダー概念の進展に伴い,人々の性別には,典型以外のさまざまな状態があることが認識され始めた。これを色にたとえれば,従来は人の性別を白黒二分主義に捉え,その他のものは「間違った灰色」と考えていたものを,性別とは虹のように多様な色から成り立ち,そのどの色も美しく,その多様な色があるからこそ虹全体もまた美しい,と捉え始めていると言える。この考えは医学的治療方針にも影響を与え,性同一性障害や性分化疾患を有する者に対して,そのさまざまな性別のありようを尊重する指針が現れ始めている[11]。この流れは今後も続くであろう。

文 献

1) American Psychiatric Association (1994) Diagnostic and Statistical Manual of Mental Disorders Fourth Edition. American Psychiatric Associationn. Washington D.C.(高橋三郎・大野 裕・染矢俊幸訳 (1996) DSM-IV 精神疾患の診断・統計マニュアル. 医学書院)
2) Anderson, B.F. (1997) Ethical Implication for Psychotherapy with Individuals Seeking Gender Reassignment. In Israel, G.E. (Eds): Transgender Care. Temple University Press.
3) Bayer, R. (1981) Homosexuality and American Psychiatry. Princeton University Press.
4) Blanchard, R. (1990) Clinical Management of Gender Identity Disorders in Children and Adults, American Psychiatric Press, Inc.
5) Bocting, W.O. & Coleman, E. (1992) A comprehensive approach to the treatment of gender dysphoria. In Bocting, W.O. & Coleman, E. (eds.) Gender Dysphoria: Interdisciplinary Approaches in Clinical Management. The Haworth Press, New York.
6) Brown, M.L. & Rounsley C.N. (1996) True Selves: Understanding Transsexualism-For Families, Friends, Coworkers, and Helping Proffesionals. Jossey-Bass Inc.
7) Califia, P. (1997) Sex Changes: The Politics of Transgenderism. Cleis Press Inc.
8) Diamond, M. & Sigmundson, H.K. (1997) Management of intersexuality: Guidelines for dealing with persons with ambiguous genitalia. Archives of Pediatrics and Adolescent Medicine, 151, 1046-1050. (針間克己訳 (2000) インターセックスの子供のマネージメントガイドライン. 助産婦雑誌, 54(2), 35-41.)
9) Ettner, R.(1999)Gender Loving Care: A Guide to Counseling Gender-Variant Clients. W.W. Norton & Company, New York.
10) 針間克己 (2000) 性同一性障害の心理療法. 臨床心理学大系 19. 金子書房.
11) 針間克己 (2000) セクシュアリティの概念. 公衆衛生, 64(3), 148-153.
12) 東 優子 (1998) 性同一性障害. (北村邦夫編) ペリネイタルケア 夏期増刊 リプロ

ダクティブ・ヘルス／ライツ．pp.216-222.
13) 東 優子（1998）同性愛．（北村邦夫編）ペリネイタルケア 夏期増刊 リプロダクティブ・ヘルス／ライツ．pp.211-215.
14) MacKenzie, G.O. (1994) Transgender Nation, Bowling Green State University Popular Press, Bowling Green.
15) Money, J., Tucker, P. (1975) Sexual Signatures: On Being a Man or a Woman. Little Brown and Company. (朝山新一，他訳（1979）性の署名：問い直される男と女の意味．人文書院)
16) Pauly, I. B. (1992) Terminology and classification of gender identity disorders. In Bocting, W.O. & Coleman, E. (eds.) Gender Dysphoria: Interdisciplinary Approaches in Clinical Management. The Haworth Press, New York.
17) Stoller, R. (1968) Sex and Gender. Science House. (桑畑勇吉訳（1973）性と性別．岩崎学術出版社)

第8章

性同一性障害の概念と臨床的現状

針間克己

本章では性同一性障害の概念を説明し，その臨床的特徴，現状を述べる。

I 概念と用語

性同一性障害そのものについて論じる前に，理解を容易にするために，最初に関連するいくつかの用語および概念の説明を行う。

1．MTF，FTM

性同一性障害者の性別を正確に表現することは困難である。男性あるいは女性といった場合に，身体的性別，社会的性別，ジェンダー・アイデンティティ，戸籍の性別などのどれを意味するかをその都度明示しないと不正確になる。あるいは治療前と治療後でもいくつかの性別の要素は変わりうる。さらに，どう性別を表現するかが，その人がどのような立場から，性同一性障害者を捉えているかという価値判断を示すことにもなる。

このような混乱を避けるために，性同一性障害者の性別は，MTF，FTM という用語を用いることが多い。MTF とは male to female の略語で男性から女性へ性別を移行する人を指す。FTM とは female to male の略語で女性から男性へ性別を移行する人を指す。

2．性別適合手術

身体的性別特徴をジェンダー・アイデンティティに一致させるないしは近づける手術は，英語では sex reassignment surgery（SRS）と呼ぶが，その日本

語訳にはこれまでさまざまな議論がなされてきた。assignとは生まれてきた赤ちゃんを男性か女性に"assign"するという意味であり，日本語としては「判定する」と訳されてきた。reとは再びの意味であり，そのためにSRSは「性別再判定手術」と多く訳されてきた。しかし，実際には手術によって，何も判定などしないのだから，「性別再指定手術」や「性別再割り当て手術」や「性別再適合手術」などの用語を用いるべきだとの意見も出された。

これらの議論をふまえ，2001年の第3回GID（性同一性障害）研究会（現在，GID学会）において，SRSの訳語が検討された。そこでは，「性同一性障害を有する者は身体的性別にはもともと適合感はないのだから『再適合』という言葉は不正確だ。『再』は必要がなく『適合』とすべきだ」，「『性別適合手術』というのはSRSの正確な直訳としては間違っているが，その日本語の意味するところの方がかえって，もとの英語より適切ではないか」等の議論がされた。結局，第3回GID研究学会において，SRSの直訳にはこだわらず，性別適合手術という用語が採用された。その後も，性別適合手術は使用の広がりをみせている。

II　診断基準

性同一性障害の概念，診断基準は流動的である。2013年までは，日本では病名としては性同一性障害が用いられ，診断基準としてはDSM-IV-TR（精神疾患の診断と統計のためのマニュアル）が広く用いられていた。しかし，2014年にDSM-5が発行され，その診断名，診断基準は変更されている。変更の詳細は第9章で述べることとし，本章では，従来用いられてきた診断基準をとりあえずは説明することにする。

性同一性障害の症状には主要な二要素があり，それが診断基準のAとBである。診断基準Aは反対の性に対する強く持続的な同一感であり，診断基準Bは自分の性に対する持続的な不快感および不適切感である。成人の場合には反対の性の役割をとりたい，あるいは内分泌的，外科的手段を用いて反対の性の身体的外見を身につけたい，という強い欲求として顕在化する。また，反対の性の行動，服装，仕草をしたり，公衆の場面で反対の性として通用するように努力する。

診断基準Cは身体的疾患である半陰陽を除外するためのものである。

診断基準DはDSM-IV-TRの多くの疾患の診断基準にみられるものである。この基準は，現存する症状それ自身が，本質的には病的ではなく，「精神疾患」という診断が適切でないような人にみられる状況で，疾患の診断の閾値を確立するためである。この基準によれば，たとえジェンダー・アイデンティティが身体的性別と一致しなくても，そのことに違和感がなく悩みもない者は，精神疾患から除外されることとなる。

性同一性障害者の苦痛や機能障害は，子ども時代には年齢相応の同性との仲間関係を発達させることができずに，孤立し，いじめや登校拒否などの形となり，大人の場合は，対人関係の問題や，学校や職場になじめないなどの形となり出現する。

Ⅲ 鑑別診断に関連する疾患や概念

鑑別診断や関連する疾患等のいくつかについて説明する。これらの疾患は，外見や症状に類似点が多く，また同時に複数罹患していたり，境界域の性質の場合もあるが，性同一性障害の正確な診断に近づくためには，それぞれの違いや関連性を理解しておくことは有用である[5]。

1．異性装障害 transvestic disorder

性的興奮を目的に異性の服装をし，そのことにより苦痛や社会的障害が生じている者である。異性の服装をする者は性同一性障害においてもみられるが，その場合の目的は自己のジェンダー・アイデンティティに合致するような外見を望むためである。異性装障害ではその目的はあくまで性的興奮を得るためである。しかし実際には，性同一性障害者でも異性装により性的興奮をした経験をもつ者や，両方の診断基準を満たす者もいて，その鑑別は必ずしも容易ではない。

2．両性役割服装転換症 dual-role transvestism

異性の一員であるという一時的な体験を享受するために，生活の一部分を異性の服装を着用して過ごす者を言う。性同一性障害とは永続的な性転換は望ま

ない点が異なり，異性装障害とは異性装をするときに性的興奮は伴わない点が異なるが，この両者との鑑別が困難な者もいる。

3．自己女性化性愛 autogynephilia

「自分自身が女性だと想像することで性的に興奮する男性」である。自分が女性の衣服姿である状態を想像する者，下着姿である状態を想像する者，全裸姿である状態を想像する者などがいる。衣服姿状態を想像する者は服装倒錯的フェティシズムとなりやすい。実際には，性同一性障害の者で，自己女性化性愛の既往をもつ者も少なくない。そのため，自己女性化性愛の既往が直ちに，性同一性障害との鑑別を意味するものでもない。

4．同性愛

既述したように，セクシュアリティの構成要素の中で，ジェンダー・アイデンティティと性指向はそれぞれ別個の概念と理解されている。すなわち同性愛者であっても多くの場合は，ジェンダー・アイデンティティは身体的性別と一致している。しかし，同性愛者が同性から好かれる対象となるために，自らを異性のように見せかけている場合などは，鑑別に留意する必要がある。

5．統合失調症

統合失調症などの精神疾患患者において，反対の性に属するという妄想をもつ者がまれにみられる。彼らの妄想は，「自分の身体的性別を考慮しないで反対の性の一員であると確信している」のに対し，性同一性障害者が述べるのは「自分の身体的性別は十分理解しているが，それでもなお反対の性の一員であると感じる」というものである。しかし，まれな例では，統合失調症と性同一性障害が同時に存在することもある。

6．職業

サービス業等で接客上の必要から，自己の性別とは反対の性別のごとく振る舞う者がいる。また女性的な男性との性行為を好む者 gynandromorphophilia や，男性的な女性との性行為を好む者がおり，それらに対して性行為を行うことで得られる経済的報酬を目的として，異性のごとく振る舞ったり，性転換を

求める者がいる。これらの者においても，程度の多少はあれ，性同一性の障害があることも多く，また逆に性同一性障害者の中にも通常の職業への就労困難等より，これらの仕事に従事している者もいる。

7．社会的理由による性役割の忌避

男性に対してのみ徴兵制を行っている国で徴兵を回避するために，男性から女性への性転換を望む場合などがある。

Ⅳ　臨床的特徴

1．有病率

有病率の資料になりうる疫学的研究は乏しい。参考となりうるのはSRS等の治療を希望し医療機関を受診する者の統計である。各国の統計[2]を見ると，おおよそ男性3万人に1人，女性10万人に1人，MTF：FTMは3対1と推測されるが，国により統計のばらつきがある。手術技術への評価，社会的反応が好意的か否か，治療への経済的負担などの要因が，治療希望者数の増減に影響を与えると思われる。

日本の患者数を推定する上で，参考となりうる信頼できるデータとして，最高裁判所の発表する性別の戸籍変更をした者の数値がある。2004年に施行された性同一性障害者の性別の取り扱いの特例に関する法律（以下，特例法と記す）によって，2012年年末までに3584名が変更している。筆者の臨床経験などから，およそ，受診者の15〜20％の者が，性別適合手術を行い，戸籍変更をすると推測される。そこから逆算すると，これまでのところ，2万人程度の者が，性同一性障害を主訴に，医療機関を受診したと思われる。この数は今後も増加していくものと思われる。

2．経過

MTFの性同一性障害者の発症の経過を考えるには，二種類の亜型への分類が有用である。第一の亜型は一次性と呼ばれるもので，小児期または青年期前期に発症し，青年期後期または成人期に受診する。第二の亜型は二次性と呼ば

れるもので，発症が比較的遅く，異性装症に引き続くことが多いと言われる。発症が遅い者では，婚姻例を有したり，子どもがいる者もいる。筆者のクリニック受診者の統計[7]では，18.9％に婚姻歴があり，12.6％に子どもがいた。

FTMの性同一性障害者は，比較的均質な群と言われ，小児期または青年期前期に発症し，青年期後期または成人期に受診する。筆者のクリニック受診者の統計では，3.1％に婚姻歴があり，1.4％に子どもがいた。

3．性指向

既述したようにジェンダー・アイデンティティと性指向は，おのおの別個の概念であり，性同一性障害者はMTF，FTMいずれもが男性，女性，同性，無性（男女いずれに対しても性指向がない）への性指向をもちうる。

MTFの性指向はさまざまであり，また当初女性に魅力を感じていた者が，男性に魅力を感じるように変化する場合もある。筆者のクリニック受診者の統計では，男性に魅力を感じる者が44.8％，女性に魅力を感じる者が15.5％，両性に魅力を感じる者が23.0％，どちらにも魅力を感じない者が9.2％，不明な者が7.5％であった。

FTMでは女性に魅力を感じる者が大多数である。筆者のクリニック受診者の統計では，男性に魅力を感じる者が1.7％，女性に魅力を感じる者が90.8％，両性に魅力を感じる者が4.4％，どちらにも魅力を感じない者が2.4％，不明な者が0.7％であった。

4．RLE（実生活経験）

RLEとはreal life experience（実生活経験）の略語であり，望みの性別で職業生活や学校生活などの社会生活を送ることを言う。RLEを行い，社会生活で適応することは，ホルモン療法や手術療法といった治療を行う前に欠かせないことである。

筆者のクリニック受診者の初診時の統計[4]ではMTFでは41.0％がRLEあり，すなわち女性として職業生活や学校生活を送っており，FTMでは50.9％がRLEあり，すなわち男性として職業生活や学校生活を送っていた。統計は出していないが，初診後ホルモン療法や，周囲へのカミングアウトなどにより，RLEを送る者は増加していく。ホルモン療法をした場合には，多くのFTM

は男性としてRLEを送れるが，MTFは外見上の女性化への変化が不十分などの理由で，RLEを送れない者もいる．

5．自殺関連事象

性同一性障害者においては，典型的な性役割とは異なる行動をとることや同性への性指向をもつことによるいじめ，社会や家族からの孤立感，思春期に日々変化していく身体への違和，失恋により性同一性障害であるという現実をつきつけられること，世間の抱く性同一性障害者に対する偏見や誤ったイメージを自らももつ「内在化されたトランスフォビア」，「死ねば，来世では望みの性別に生まれ変われるのでは」という願望，生きている実感の欠落・無価値感，身体治療への障害，将来への絶望感など，を要因として自殺念慮を抱いたり，自殺未遂を行うことがある．

筆者のクリニック受診者の統計[6]では自殺念慮は62.0％，自殺企図は10.8％，自傷行為は16.1％，過量服薬は7.9％にその経験があった．

文　献

1) American Psychiatric Association: Diagnostic and Statistical Manual of Mental Disorders, Fourth Edition Text Revision.（高橋三郎・染矢俊幸・大野　裕訳（2006）DSM-IV-TR　精神疾患の診断・統計マニュアル．医学書院）
2) Cordula, W.（1996）Transsexuals in Germany: Empricial data on epidemiology and application of the German transsexuals' act during its first ten years. Archives of Sexual Behavior, 25, 409-442.
3) 針間克己（2000）セクシュアリティの概念．公衆衛生，64(3), 148-1530.
4) 針間克己（2009）精神科外来受診者における性同一性障害者のRLEと臨床的特徴．GID（性同一性障害）学会雑誌，2(1), 42-43.
5) 針間克己（2011）メンタルクリニックにおける性同一性障害診療の実際：非定型例の診断・鑑別・治療をめぐって．精神医学，53(8), 749-753.
6) 針間克己・石丸径一郎（2010）性同一性障害と自殺．精神科治療学，25(2), 247-251.
7) 石丸径一郎・針間克己（2009）性同一性障害患者の性行動．日本性科学雑誌，27(1), 25-33.

第9章

DSM-5 の Gender Dysphoria：性別違和

針間克己

　米国精神医学会 American Psychiatric Association は，DSM と呼ばれる，『精神疾患の診断と分類の手引き』を発行している。従来の第4版（DSM-IV-TR）にかわり，2013年には，新たに"DSM-5"，すなわち第5版が発行された[1]。日本語訳も1年後の2014年に刊行された[2]。DSM-5では，疾患名が「Gender Dysphoria（性別違和）」に変更されただけでなく，その診断基準も大幅に変更されている。その変更は，性同一性障害に関する最近の議論を反映したものとなっている。本章では，診断基準とともに，その変更の背景にある議論や考えも記すことにする。

I　DSM-5 における「性別違和」の診断基準

　まずは，DSM-5 の診断基準の原文と，日本語訳を示す。

302.85
Gender Dysphoria (in Adolescents or Adults)
A. A marked incongruence between one's experienced/expressed gender and assigned gender, of at least 6 months duration, as manifested by two of the following :
1. A marked incongruence between one's experienced/expressed gender and primary and/or secondary sex characteristics (or in young adolescents, the anticipated secondary sex characteristics)
2. A strong desire to be rid of one's primary and/or secondary sex characteristics because of a marked incongruence with one's experienced/expressed gender (or in young adolescents, a desire to prevent the development of the anticipated secondary sex characteristics) .

第9章 DSM-5 の Gender Dysphoria：性別違和

3. A strong desire for the primary and/or secondary sex characteristics of the other gender
4. A strong desire to be of the other gender (or some alternative gender different from one's assigned gender)
5. A strong desire to be treated as the other gender (or some alternative gender different from one's assigned gender)
6. A strong conviction that one has the typical feelings and reactions of the other gender (or some alternative gender different from one's assigned gender).

B. The condition is associated with clinically significant distress or impairment in social, occupational, or other important areas of functioning.

Specify if :
With a disorder of sex development (e. g. a congenital adrenogenital disorder such as 255.2 [E25.0] congenital adrenal hyperplasia or 259.50[E34.50] androgen insensitively syndorome).
Coding note: Code the disorder of sex development as well as gender dysphoria

Specify if :
Posttransition:The individual has transitioned to full-time living in the desired gender (with or without legalization of gender change) and has undergone (or is undergoing) at least one cross-sex medical procedure or treatment regimen, namely, regular cross-sex hormone treatment or gender reassignment surgery confirming the desired gender (e. g. , penectomy, vaginoplasty in a natal male, mastectomy or phalloplasty in a natal female).

302.85
青年および成人の性別違和
A．その人が体験し，または表出するジェンダーと，指定されたジェンダーとの間の著しい不一致が少なくとも6ヶ月，以下のうちの2つ以上によって示される。
(1) その人が体験し，または表出するジェンダーと，第一次および／または第二次性徴（または若年青年においては予想される第二次性徴）との間の著しい不一致。
(2) その人が体験し，または表出するジェンダーとの間の著しい不一致のために，第一次および／または第二次性徴から解放されたい（または若年青年においては，予想される第二次性徴の発達をくい止めたい）という強い

欲求。
(3) 反対のジェンダーの第一次および／または第二次性徴を強く望む
(4) 反対のジェンダー（または指定されたジェンダーとは異なる別のジェンダー）になりたいという強い欲求
(5) 反対のジェンダー（または指定されたジェンダーとは異なる別のジェンダー）として扱われたい強い欲求
(6) 反対のジェンダー（または指定されたジェンダーとは異なる別のジェンダー）に定型的な感情や反応をもっているという強い確信

B．その状態は，臨床的に意味のある苦痛，または，社会，職業または他の重要な領域における機能の障害と関連している。

該当すれば特定せよ：
性分化疾患を伴う（例：252.2, [E25.0] 先天性副腎過形成，または 259.50 [E34.50] 男性ホルモン不応症候群などの先天性副腎性器障害）
コードするときの注：性別違和とともにその性分化疾患をコードせよ

該当すれば特定せよ：
性別移行後：その人は自分の望むジェンダーとしての恒常的生活へ移行しており（法律上の性別変更の有無を問わない），少なくとも一つの医学的性転換処置，または治療計画，すなわち，自分の望むジェンダーを確立させるための定期的な性転換ホルモン治療，または性別適合手術（例：出生時が男性の場合の陰茎切除や腟形成，出生時が女性の場合の乳房切除あるいは陰茎形成）を行った（または，準備している）

Ⅱ　主な変更点

ここからは，DSM-5における主な変更点と，その背景について論じる。

1．疾患名の変更

まず特筆すべきは，「Gender Identity Disorder（性同一性障害）」が「Gender

Dysphoria（性別違和）」へと変更されたことである。この変更の背景には，「性同一性障害」という病名への当事者たちの不満があった。つまり「性同一性障害」という病名は，「性同一性の障害」を意味するが，当事者たちは自分たちを「性同一性の障害」とは思っていない。性同一性とは平たく言えば，「心の性」のことであるが，「性同一性の障害」であれば，「心の性」が間違っているという意味になる。しかし，当事者たちは自分の心の性が間違っているとは感じてない。間違っているのは心の性ではなく，「体の性」だと感じているのである。そのため当初，DSM-5案では，「Gender Incongruence（性別の不一致）」という説明的用語が提唱された。しかし，この用語は，なじみが薄いことなどもあり，結局，以前より使われていた症状名でもある「Gender Dysphoria（性別違和）」が採用された。その意味は，「体験し，または表出するジェンダーと，指定されたジェンダーとの間の著しい不一致に伴う不快感」である。

2．「sex（性）」という言葉が「assigned gender（指定されたジェンダー）」に置き換えられた

DSM-IV-TRで用いられていた，身体的性別を表す用語「sex（性）」は，DSM-5では「assigned gender（指定されたジェンダー）」に置き換えられた。身体的性分化においては，生物学的性別の諸要素（例えば46XY染色体）は他の諸要素（例えば外性器）などと不一致なことがある。それゆえに，「sex（性）」という用語を用いることは混乱を招くことがある。「assigned gender（指定されたジェンダー）」とは，出生時などに，助産師・医師等により，男性ないし女性に指定された性別を指す。

また，この用語の変更により，満足すべき身体的治療により成功裏に性別移行を終えた者が，診断を「失う」ことも可能となる。すなわち，このことは，DSM-IV-TRにおいて，いったん性同一性障害と診断された者は，身体的治療と性別移行を終え，自分が同一感をもつ性別役割に心理的にも適応していても，診断が続くとみなされたという問題の解決となる。つまり，治療により新たに「指定されたジェンダー」が「体験し，または表出するジェンダー」と一致すれば，もはや診断基準を満たさなくなるということである。

逆に，この診断は，最終的には反対の性別だと感じることができなくて，性別移行後に後悔している者に対しても，用いることができる。例えば，生まれ

たときは男性で，その後女性化への身体治療を行い，女性として生活してみたものの，「新しく指定された」女性としての性別に，一致感を感じず，体験し，または表出するジェンダーとしては，再び男性であると感じている場合などである。

3．性分化疾患が除外疾患ではなくなった

　診断基準の中から，「その障害は，身体的に半陰陽を伴ったものではない」がなくなり，性分化疾患がある場合は，併記することになっている。すなわち，DSM-5 では，性分化疾患も内包した疾患概念となっている。これまで，性分化疾患を抱え，性別違和をもつ者をどう診断するかは難しいものがあったが，DSM-5 では，鑑別の必要がなくなり，そのような困難もなくなった。

4．男性か女性かという二分法ではない

　DSM-IV-TR では，性別に関しては，男性か女性かという二分法で記述されていた。DSM-5 の新しい記述では，「the other gender (or some alternative gender different from one's assigned gender) 反対の性別（または，指定されたジェンダーとは異なる別のジェンダー）」となっている。すなわち，「反対の性別」以外の性別も想定されているのである。実際に「自分は男でも女でもない」「自分は第三の性だ」「自分は男性と女性の中間だ」など，さまざまな，体験し，または表出するジェンダーがある。DSM-IV-TR では，男性ないし女性の性別しか想定していなかったため，そうでない者たちへの診断が困難であった。DSM-5 では男性ないし女性以外のさまざまな性別の者も内包したものとなっている。

5．「D．その障害は，臨床的に著しい苦痛または，社会的，職業的または他の重要な領域における機能の障害を引き起こしている」が変更されている

　DSM-IV-TR にあった「D．その障害は，臨床的に著しい苦痛または，社会的,職業的または他の重要な領域における機能の障害を引き起こしている。」は，DSM-5 でも，診断基準 B として，ほぼ同様の記述がみられる．しかし，その用語は微妙に変更されている．

まず，"disturbance" が "condition" になっている。これは脱病理化の流れの中で「disturbance（障害）」という言葉を避け，より中立的な「condition（状態）」という言葉に変更したのだろう。

また "causes" が "is associated with" となっている。これも「causes（引き起こしている）」だと，著しい苦痛が，疾患に本質的なものであるというニュアンスが強いのに対し，「is associated with（と関連している）」だと，社会の偏見や差別など，より外的要因も関係する，というニュアンスになるものと思われる。

6．性指向に関する下位分類が削除されている

DSM-IV-TR にあった性指向に関する下位分類は削除されている。

現在の臨床現場において，性指向そのものは，治療方針の決定に大きな役割は果たしてない。一方で，患者は，ホルモン療法や外科治療の承認を得るために，不正確な情報を伝える可能性がある。例えば，男性から女性になろうと思う者は，実際には女性に性的魅力を感じていても，典型的な性同一性障害患者の特徴であろうとして，男性に魅力を感じると述べたりする。そのため，性指向別に下位分類することを正確に行うのは困難となる。

また，性的パートナーの性別の好みに関する変化が治療中や治療後に起こることも近年知られている。すなわち男性から女性へと移行するにつれ，女性を好きだった者が男性を好きになったりする。このことも下位分類を不正確ないし流動的なものとさせるのである。

Ⅲ　おわりに

DSM-5 における主な変更点についてここまでに記した。
全体的にみると，
・身体的性別が典型的な男性，女性だけでなく，性分化疾患も含む
・心理的性別も典型的な男性，女性以外の者も含む
ということで，非常に広範な概念となっている。
これは，実はほぼ「transgender（トランスジェンダー）」という概念と一致するものである。
「Gender Identity Disorder（性同一性障害）」ないし「transsexual（性転換症）」

は，ホルモン療法や手術療法により，可能な限り身体的に反対の性別へと近づこうとする者を指す，医学的概念である。

　いっぽう，トランスジェンダーはそういった医学的概念の枠に収まらない，さまざまな非典型的な性別のありようを示す概念である。欧米では，当事者たちは医学的概念の性同一性障害ないし性転換症よりも，トランスジェンダーとして自己を呼ぶことが多い。

　そこには，非典型的な性別のありようであっても，医学的疾患とみなす必要はないという思想も流れる。すなわち，非典型的な性指向のありようである同性愛が，もはや医学的疾患でないように，性同一性障害も医学的疾患とはみなすべきでないという考えもあるのである。

　このような議論の中，DSM-5 では性同一性障害が疾患リストに残るか否かが注目されていた。結果としては，DSM-5 の中では，性同一性障害はよりトランスジェンダー概念に近い「Gender Dysphoria（性別違和）」として示され，残ることになった。このことは，ある意味で，従来の性同一性障害概念がトランスジェンダー概念に歩み寄ったとも言える。しかし，見方を変えれば，従来は医学的疾患とはみなされなかった，性別の多様なあり方をも，医学的疾患として内包することとなるのは，皮肉な結果にも思えなくもない。

文　献

1) American Psychiatric Association (2013) Diagnostic and Statistical Manual of Mental Disorders, Fifth Edition.
2) 日本精神神経学会監修／髙橋三郎・大野　裕監訳（2014）DSM-5 精神疾患の診断・統計マニュアル．医学書院．

第Ⅱ部

セクシュアル・マイノリティへの
心理的支援の実際

第 10 章

児童期・思春期のセクシュアル・マイノリティを支えるスクールカウンセリング

葛西真記子

I 児童期・思春期における LGB

　性指向が異性愛ではないレズビアン，ゲイ，バイセクシュアル（LGB）当事者が自身の性指向に気づいたり，他の子どもたちと自分は少し違うかもしれないと感じたりし始めるのは，彼・彼女らが学校教育課程にいる頃だと指摘されてきた。例えば，日高らの研究[9]によると，ゲイ，バイセクシュアル男性への調査で，「ゲイであることをなんとなく自覚した」のは，平均13.1歳，「『同性愛』『ホモセクシュアル』という言葉を知った」のは，13.8歳，そして，その後，もしかしたら，自分は「異性愛者ではないかもと考えた」のが15.4歳，そして「ゲイであることをはっきりと自覚した」のは，17.0歳であった（第2章表2参照）。つまり中学校から高等学校の間に，自分自身の性指向に気づき，混乱し，一度は否定もし，その後，はっきりと自覚するということが起こっている。この過程は，セクシュアル・アイデンティティの発達 sexual identity development という概念でさまざまな研究者によって概念化されており，有名なものに Troiden[23] や Cass[2,3] のモデルがある。
　Troiden[23]によるとアイデンティティ形成の過程は，「気づき」「アイデンティティ混乱期」「アイデンティティ想定・仮決め」「アイデンティティ・コミットメント（アイデンティティに深く関与する視点）」という段階へ進んでいく。しかしすべての同性愛者がコミットメントの段階まで到達するわけではなく，さまざまな要因によって――例えば，サポート資源へのアクセス，肯定的なロールモデル，個人的な強さや弱さ，差別を受けた経験などによって――どの当事

者がどの段階まで進むかは異なる。

　Cass [2,3] は，アイデンティティの線的発達として6つの段階を設定した。それらは，「アイデンティティの混乱」「アイデンティティの比較検討」「アイデンティティの許容」「アイデンティティの受容」「アイデンティティへの自信（思い入れ）」「アイデンティティの統合」（第2章表1参照）である。このモデルでは，セクシュアル・アイデンティティは個人と環境との相互作用の中で獲得されていくものという前提があった。

　さらにこれらのモデルを発展させた McCarn & Fassinger [20] のモデルでは，セクシュアル・アイデンティティ発達は，個人の中でのセクシュアル・アイデンティティ（個人アイデンティティ）と，さまざまなスティグマが伴う少数派のグループの一員としてのアイデンティティ（集団アイデンティティ）との2つに分けて考えられている。また，これまでのモデルのような一方向的で直線的な発達「段階 stage」ではなく，「時期 phase」という用語を使用し，「自分自身の性指向への態度」，「同じ性指向をもつ人への態度」，「自分と異なる性指向をもつ人への態度」，「異性愛者への態度」の各領域での一生継続する発達を考慮に入れている。つまり，自分自身の性指向や自分と同じ性指向をもつ人への態度は肯定的だが，自分とは異なる性指向をもつ人への態度は，否定的であるという場合もありうるのである。また，Troiden や Cass のモデルのように，カミングアウトしているか否かをアイデンティティ発達の指標として設定していないのも重要な視点である。特に日本においては，石丸 [13] や日高ら [9] が述べるように，異性愛中心の社会の中で，身近な人にのみカミングアウトしたり，自身の性指向を隠して異性愛として振る舞う者も多数存在し，彼らのセクシュアル・アイデンティティが未発達だとは言い難い。

　アイデンティティ発達に関する理論は，これまで人種，民族などについて盛んに研究されてきたが，それらの対象と LGB の当事者が大きく違うのは，自分自身が家族の中で唯一のマイノリティであるかもしれないという点である [21]。つまり，家族が同じマイノリティであれば，家族がモデルとなり，自身のアイデンティティを獲得していくことができるが，家族に知らせることができなければ，孤立してしまい，肯定的なモデルを得ることができなくなる。特に，身近な家族が LGB に対して偏見があり，差別的な考え方をもっていれば，その影響はさらに強くなり，自身の中に同性愛や両性愛に対する偏見が根付いてし

まう。これを内在化されたホモフォビアと呼ぶ。それは，自尊感情や自己イメージにネガティヴな影響を与え，自身の性指向がばれないかという不安感や恐怖心を常にLGB当事者に抱かせる要因になる。

また先の日高ら[9]の調査結果に戻ると，自分以外の「ゲイ男性に初めて出会った」のは，平均20.0歳である。つまり，自分自身の性指向に気づき，自身のセクシュアル・アイデンティティを模索する過程は，ずっとひとりであり，自分と同じ性指向をもつ者と自身の悩みを共有することができない場合が多いということである。

これまでのことをまとめると，LGB当事者にとって，性指向に気づき始める13歳から，同じ性指向の者に出会う20歳までの間は，不安感や孤立感をもち，その間に彼ら，彼女らがいかにLGBに対する肯定的なメッセージを得られるか，そして，支持的，受容的な環境にいられるかが重要であることがわかる。

II　学校現場でのLGB

現在の学校現場でのLGB理解はどの程度進んでいるのだろうか。2002年3月の閣議決定では，「人権教育・啓発に関する基本計画」の中の取り組むべき人権課題その他の課題に同性愛も含まれた。そして，法務省・文部科学省が発行した人権教育・啓発白書において，「性同一性障害者の人権」，「性指向（異性愛・同性愛・両性愛）を理由とする偏見・差別をなくし，理解を深めるための啓発活動」についていくつかの取り組みが報告されている。文部科学省からの「人権教育の指導方法等の在り方について」に基づいて，各都道府県の教育委員会も取り組んできた。また，各地方公共団体において，人権施策指針や，男女共同参画条例の中に，セクシュアル・マイノリティに配慮した記述を設けたり，印鑑登録などの公的な書類において性別の記載欄を削除したりする取り組みが進みつつある。

それ以前は，文部省による1979年の「生徒の問題行動に関する基礎資料―中学校・高等学校編」においては，「同性愛」が「倒錯型性非行」のひとつとして挙げられていたが，1986年の「生徒指導における性に関する指導」では，同性愛に関する記述が一切なくなり，1993年には，「生徒の問題行動に関する基礎資料―中学校・高等学校編」の記述が不適切であったことを文部省が認め，同性

愛の部分の削除を決めた。また，2002年の教科書検定においても，「同性愛カップル」を新たな家族形態のひとつとして容認し，家庭科の教科書に，「今や同性愛のカップルでも家族といえない理由はない」（教育図書・家庭基礎，家庭総合），「同性愛のカップルを家族と考える人も増えてきた」といった記述が登場した。

しかし，2005年に厚生労働省が行った調査によると，学校教育での同性愛についての取り扱いでは，「一切習っていない」「異常なもの」「否定的な情報」を合わせると93.1％になっていた[9]。このような学校現場において，LGBの児童生徒は自身の性指向を肯定的に受け入れることは困難であり，かつ偏見や嫌悪をもつようになり，それは，内在化されたホモフォビアへつながり，否定的な自己イメージ，自信の欠如，自尊感情の低下にもつながってくるだろう[1]。LGB当事者の精神的健康に関するいくつかの研究でも抑うつ傾向，強い不安傾向，アルコール依存，薬物依存，自殺企図・未遂との関連も示されてきた[4,15]。政治的，制度的にも日本より進んでいる米国においても2012年に1万人以上の13歳から17歳のLGBTの若者に対してHuman Rights Campaignが調査した結果によると，これまでに，54％以上の若者が言葉によるハラスメントを受けたことがあり，92％の若者がLGBTについて否定的なメッセージを聞いてきたと答えている。これらのことから考えると，日本においても文部科学省からの通達があり，教育委員会が積極的に取り組んだとしても，各学校の環境がLGBに対して肯定的に変化するのには時間がかかるだろう。

しかし，Sullivan[22]が示しているように前思春期における同年代の友人との親友関係chumは，後の精神的健康にとって重要であると言われており，親友に個人的な秘密を打ち明け合うことができる体験をもつことが重要な意味をもつ。自身の性指向の違いに気づき，それを友人に打ち明けられないと，その後の成長に重大な影響があるのである。

Ⅲ　スクールカウンセラーとしてできること

筆者は，セクシュアル・マイノリティに関する講演会やワークショップを，カウンセラーや教員を対象にするようになって7,8年たつのであるが，毎回のように，「今から思うと，もしかして同性愛だったのかもという生徒がいました」という言葉を聞いてきた。そして，ほとんどのカウンセラーや教員の方々

第10章　児童期・思春期のセクシュアル・マイノリティを支えるスクールカウンセリング　113

は「なんとなくそうかもと思ったけど，どうしていいかわからなくて何もしなかった」，「なんて言葉にしていいかわからなかった」などと言っていた。

　LGBは，「隠れたマイノリティ hidden minority」と言われてきた[6, 21]。トランスジェンダーは，自身の性別に違和感をもっており，しぐさ，みためなどが本人の自認する性に近いこともあるので，「なんとなくそうだったかも」という感じをカウンセラーや教員の側が抱くこともある。しかし，LGBは，話題が好きな対象，性指向にならない限り明らかにならないし，民族・人種のように見た目でわかることもないので，「隠れたマイノリティ」と言われているのである。そして，LGBに対する社会の偏見・差別があるために簡単には自身の性指向について言い出せないという現状がある。つまり，そのことを話題にできるかどうかは，カウンセラーにかかっているのである。カウンセラーがいかにLGB当事者のクライエントにとって安全だと感じるような雰囲気を作れるかが重要である。そのためにはカウンセラー自身のLGBに対する偏見・差別意識，異性愛主義（p.211参照）に気づく必要があり，いかに自分自身の考え方，感じ方がカウンセリングに影響しているかを実感することが大切である（第20章参照）。

　LGB当事者のクライエントが安全であると感じ，自身の性指向について話をしようと思えるカウンセラーとは，「affirmative かつ sensitive なカウンセラー」のことである[14, 19]。affirmative なカウンセラーとは，セクシュアル・マイノリティに対して肯定的で，擁護的であり，sensitive とは，セクシュアル・マイノリティに関連する事柄に対し，常に敏感で意識的であるということである。さらに，クライエントがセクシュアル・マイノリティであると明らかになった後に affirmative で sensitive になるのではなく，カウンセラーの言動すべてが，カウンセリングの過程すべてにおいて，またクライエントすべてに対して affirmative であり sensitive である必要がある。そして，カウンセリングルームの中だけでなく，学校全体が affirmative で sensitive な環境になることを目指すのが「affirmative かつ sensitive」なカウンセラーなのである。

　では，具体的にどうすればいいのか，ただセクシュアル・マイノリティについて「知っている」「同性愛・両性愛は異常ではないと思う」「肯定的である」だけでは，affirmative かつ sensitive であるとは言えない。直接的にはクライエントとの臨床の中でそのことをどのように扱うか，ということが重要である。

間接的には自分自身の言動だけでなく，学校にいる全教職員，全児童生徒，全保護者，さらには地域の人々のセクシュアル・マイノリティに関する意識の変化を促すことが重要である。

先に述べたように日本の調査では，自分自身の性指向に気づく年齢が男性同性愛者の場合，平均13歳であったが[9]，米国の調査[8]では，女子は10歳，男子は9歳であった。また，カミングアウトの年齢も以前の20代より早期になって16歳になっている[12]。日本においても気づきやカミングアウトが早まる可能性もあり，小中高のスクールカウンセラーの役割は大きいと言える。LGBの児童生徒にとって学校は社会の鏡であり，学校でどのような体験をしたかが，後の人生にも大きく影響する。できるだけ早い時期に支持的，受容的な環境でサポートされるとさまざまなトラウマの犠牲になる確率が低くなる[5]。しかし，現在の学校環境は，LGBの児童生徒にとってLGBに対する偏見や差別に満ちているものである[17]。LGBの児童生徒は，自分自身の存在が受け入れられないだろうと暗黙のうちに思っている。言葉によるいじめ，からかい，暴力を見たり，犠牲者になっている。自分自身に向けられた発言でなくても，授業中，休み時間，放課後，さまざまな場面でLGBに関する偏見・差別を耳にする。そのような環境では，彼・彼女らは，自分のことがばれないように，いじめの対象にならないように細心の注意を払わなければならない。米国の調査では，いじめの犠牲にならないように避けたり，毎日なんとかやり過ごすことを第一に考えたり，授業や学校をさぼったり，休んだりすることが，異性愛の児童生徒に比べて多いという報告もある[18]。

LGBの児童生徒は，多くの場合，性指向に関連する相談ではなく，例えばクラスでの不適応，不登校傾向，成績が急に落ちてきたなど，別の問題で相談に来る。また，先生に連れてこられることも多い。彼・彼女らが来室しても，たいていのスクールカウンセラーはセクシュアル・マイノリティに関する知識が少なく，また臨床経験もあまりないため，「もしかしたら性指向に関連しているかも」とは考えない場合が多い。筆者もあるクライエントから，1年以上継続していたカウンセリングで，自分の性指向については一切話をしなかったと聞いたことがある。長年カウンセリングを行っているが今まで一度もセクシュアル・マイノリティのクライエントに会ったことがないというカウンセラーは，それは単にセクシュアル・マイノリティのクライエントがあなたにカミングア

ウトできなかっただけかもしれない，という可能性を考えてみる必要がある。
　では続いて，スクールカウンセラーとしてどのような関わりができるのか，直接的な関わりと間接的な関わりに分けて説明したい。

1．スクールカウンセラーとしての直接的関わり

　直接的な関わりの代表はカウンセリングそのものである。まず，すべてのクライエントの性指向を異性愛であると決めつけない。非異性愛であるかも，と常に思っておく必要がある。そして，これまでLGBのクライエントとの臨床経験がなくても，セクシュアル・マイノリティに関するセクシュアル・アイデンティティの発達などの知識をもっておくことが大切である。
　カウンセリングを行う場合は，セクシュアル・アイデンティティの発達に沿ってその内容，対応が異なってくる。

1）アイデンティティ混乱の段階

　この段階にある者は，Troiden[23]によると，自分自身の性指向になんとなく気づき始めたときに，①困惑や恥の感覚，②性指向の気づきはたいしたことではないと思う，③否認，という反応を示すことが多い。相反するさまざまな思いが生じ，葛藤を覚える。ここで重要なのは，これまでの自己イメージを守りつつ，いかに同性愛的感情や行動の存在に気づいていくかであるだろう。
　ある男子高校生のクライエントは，学校がおもしろくないという主訴でカウンセリングに来ていたが，クラスの他の生徒のことを「おかま」「ゲイ」などと表現し，同性愛を毛嫌いする発言ばかりしていた。同時にメディアに登場する同性愛者のことが気になるようで，実際よく知っており，カウンセラーにも「キモイだろう？」と話をもちかけてくることが多々あった。このような段階でクライエントの同性愛への反動形成的反応に直面化することは時期尚早であると判断したカウンセラーは，一般的な話として，「同性愛は異常ではないこと」「意外とたくさんいること」「歴史上の有名人も同性愛であったと言われていること」を伝え，同性愛，両性愛に関する本を紹介したりした。初めは，驚いたり，ちゃかしていたクライエントであったが，何回か面接が続いていくうちに，セクシュアル・マイノリティに関するパンフレットをこっそり持ち帰るようになった。
　別の女子中学生は，「友達のことで相談に来た」と述べ，「すごく仲のいい友達がいる。いつも一緒にいたいと思う。彼女が別の子と一緒に話をしたりして

いるのを見るのが嫌だ。私っておかしいんでしょうか」と訴えた。彼女との面接では，本人の気持ちを大切にしながら，相手の気持ちや関係性にも焦点を当て，自分の気持ちを伝えることの意味やその後どうなるだろうかという予測などについても話し合った。

　この段階で重要なのは，異性愛・非異性愛というのを決めつけないということである。どちらのクライエントも自分のセクシュアリティに気づき始めた段階であり，今後，困惑したりしながらも探索していくだろう。もしかしたら，同性愛・両性愛かもしれないし，トランスジェンダーかもしれないし，あるいは，異性愛かもしれない。現在の気持ちを大切に扱い，いろいろな情報を提供しながら，セクシュアル・マイノリティであってもいいんだという気持ちがもてるように受容的に関わっていくことが大切である。

2）アイデンティティ想定・仮決め，比較検討の段階

　次のTroiden[23]による「アイデンティティ想定・仮決め」やCass[2]の「アイデンティティの比較検討」の段階では，自分自身に同性に対する性的な関心もあるということが自覚されてくる。しかしこの段階では，それを一時的なものと思い込もうとしたり，「これまで異性愛であると思ってきた自分自身のアイデンティティ」と「今の同性への関心をもっている自分」との間に不一致感を感じていることがある。また，周りの人には言うことができず，自分のような人間はクラス，学校でただひとりだけなのではないかという孤独感，孤立感を感じているかもしれない。自分のことを恥ずかしいと感じたり，欠陥がある人間だと感じることもあり[7]，これが内在化されていくと，自殺企図の危険性も生じてくる。この時期のクライエントは，孤立感や誰からも理解されない気持ちをもって来談することがある。カウンセラーやカウンセリングに対しても懐疑的で，「どうせわかってもらえないだろう」「言ったら変に思われるだろう」という態度を非言語的に表現していることが多い。セクシュアル・マイノリティのことをわかってくれると思えないと，クライエントはカウンセラーにカミングアウトすることはないだろう。

　ある高校生が，筆者のセクシュアル・マイノリティについての講演会の情報を聞いて相談室にやってきた。カウンセリングでは，周りに知られることの恐怖，不安を中心に話し合われ，また彼がもっている同性愛に関する誤った情報を正確なものにしていくという作業を行った。誤った情報とは，例えば，同性

愛だと知られたら親には勘当されるだろう，就職できない，都会に行くしか生きていく手段はない，というようなものであった。別の女性のクライエントは，同性への性的魅力を感じている自分は，性同一性障害ではないか，もし，性同一性障害なら今すぐに病院に行って，手術をしないといけないのではないかと悩んでいた。カウンセリングでは，「同性へ性的魅力を感じることと，自分自身の性別に違和感をもつことは別のもので，性同一性障害でも同性愛・異性愛があること」，「性同一性障害であったとしても，すべての人が手術をするわけではないこと」，「それぞれの人が自分で治療や手術をどうするか決めていいこと」などを伝えた。

　この段階では，特によいモデルとなるような当事者との関わりがあるかないかというのが重要になってくる[16]。先輩や大人で，同性愛であることをカミングアウトしている人の話を聞くことや自叙伝などを読むことも効果的である。同性愛者として肯定的なアイデンティティをもっている人を参考にし，先の人生が彼，彼女にとって希望・期待のもてるものだということを感じてもらうのが重要である。

3）アイデンティティの許容の段階

　次の Cass[2] の「アイデンティティの許容」の段階では，同性愛者としてのアイデンティティはさらに確かなものになってきて，「たぶん自分は同性愛者だろう」と自覚してくる。この時期は，自分と同じ性指向をもつ人たちとの関わりを求めるようになる。これまでひとりで孤立し，孤独であったので，なおさら，所属感を求めるだろう[16]。そのような場合，参加可能なサポートグループがあれば，そのようなグループへ参加することが肯定的なアイデンティティを形成していくのに役立つだろう。そのようなグループが周りにない場合は，ネット上でのソーシャルネットワークなども使えるだろう。性的な関係をもつことを目的としたものではなく，高校生，大学生などのグループがあれば，それらへの参加も可能である。そのためスクールカウンセラーは自分が勤務している地域にどのようなサポートグループがあるかの情報を得ておく必要がある。

　またこの段階のクライエントは，特定の人にカミングアウトしたいと思うこともある（例えば，親しい友人，家族の中の誰か）。しかしそれ以外の場面では，これまで通り異性愛者として生きていこうと思っていることが多く，「二重の人生」を送ることになる。石丸[13] の調査においても，LGB を自認する人たち

が「こっちの世界」と「あっちの世界」という主観的に異なった二重の世界を生きている感覚を抱いていることが示されている。同性愛の部分は秘密で，異性愛者としての仮面をつけて生活をしていくのである。秘密があると，危険な状況に陥っても誰にも助けを求められないこともある。あるクライエントは，女性同性愛者と知り合うインターネット上のサイトを見つけ，親しくメールを交換するようになった相手から裸の写真を送るように要求されたり，会いたいと言われたりしたことがあった。彼女は，筆者とのカウンセリングをしていたので，「相手が本当に同性愛の方であるかわからないかもしれないこと」，「いきなりそのような写真を求めてくるのはおかしいのではないかということ」，「会うのであれば，危険がないようなところがいいのではないかということ」などを話し合うことができた。しかし，もし彼女がカウンセリングに来ていなかったら，相談する相手もいなく，同じ性指向の人と会いたいという思いが強かったら，おそらく会いに行っていただろう。

「二重の人生」を送っているクライエントに対して，この段階で重要なのは，まだ十分ではないかもしれない自己の受容が深まるように援助すること，これまで受けてきた否定的な体験におさまりがつくよう手助けすること，さまざまな状況における対人スキルを身につけてもらうこと，知られることに対する恐怖感に焦点を当てること，カミングアウトするのであれば，そのプロセスを援助すること，同性愛者としてのアイデンティティ獲得に向けてその理解の手助けをすること，などである[16]。そのような場合でもサポートグループの存在は大きな手助けとなるだろう。

4）アイデンティティの受容の段階

この段階では，自分自身の同性への性的関心に疑いはなくなり，カミングアウトの時期や相手をさらに探索するようになる[16]。カウンセラーとは，同性愛者としてのアイデンティティをもって生きていくということが自分自身にどのような影響があるのかについて，話し合うことになるだろう。学校や家庭での居場所がなくなるかもしれず，さらに孤独感や排斥感を感じるかもしれない。これまでの異性愛者としての生活を「あきらめる」ことで，喪失感も感じるだろう。重要なのは，自尊感情を保ちつつ，別の生き方というのがどういうものであるのか，他の同性愛者はどのような人生を送っているのかを探索する過程を援助することである。この段階の当事者は，よく筆者らが主催する交流会や集まり

について問い合わせてくることがある。同性愛者として活動したい，他の当事者と知り合いたいと思っているので，積極的に行動を起こしてくるのだろう。

5）アイデンティティへの自信（思い入れ）の段階

この段階では，「自分たち」と「それ以外」，「同性愛」対「異性愛」などのように異性愛の人たちに対向する態度になり，自分たちの方が優れていると感じたり，偏見や差別に対してとても攻撃的になったり，対人関係でさまざまな葛藤に直面したりする[16]。ある高校生は，家庭科や保健，現代社会などの授業で聞く「結婚」「家族」などについて「異性愛者しか対象にしていない」と腹を立て，そのことをカウンセリングで怒りながら話し，「教育委員会に訴える」「教科書がおかしい」と強い調子で語った。このような態度は他の生徒との間に対人関係の問題を生じさせたりする可能性もある。そのような状態になる当事者にとって重要なのは，彼・彼女らの思いは妥当で大切なものであり，それを十分聞いてもらえる体験をもつことである。カウンセラーは彼・彼女らの行動を止めようとするのではなく，そのような思いになることは理解できると伝えつつ，どのような行動をとるのが効果的なのか，同性愛について理解のない人たちにどのようにわかってもらうのがいいのかということについて話し合う必要がある。

6）アイデンティティの統合の段階

最後の「アイデンティティの統合」「アイデンティティ・コミットメント」の段階に，中学生や高校生の生徒が入ることはまれであるが[16]，今後，社会的にLGBがもっと受け入れられるようになれば，早い時期に「統合」に至る者も出てくるだろう。この時期になれば，対向していた「異性愛世界」とも，もう一度関わるようになり，他者への共感性も増し，仕事や学業，家族などとの間に新しい関係をもつことが可能になってくる。

このようにセクシュアル・アイデンティティ発達の段階，時期をスクールカウンセラーが理解していることによって，クライエントの今の状況や気持ちを理解することが可能となり，時期尚早であるのにクライエントの考え方にあえて挑戦したり，疑問を投げかけたりする必要もなく，カウンセラーとして有効に援助できていないと自信をなくすこともなくなるだろう。そしてもし，クライエントがある段階にとどまっているようであれば，次の段階への移行を促す手助けもできるだろう。また，セクシュアル・アイデンティティは固定されたものではなく，その状況に応じて，また他の種類のアイデンティティ発達に伴っ

て変化していくこともある。筆者が関わってきたクライエントの中にも，同性愛だと思っていたが後にそうではなくなったとか，トランスジェンダーだと思っていたが同性愛だったという者もいた。

2．スクールカウンセラーとしての間接的関わり

　実際にLGBのクライエントに直接会うことがなくても，スクールカウンセラーとしてできることはたくさんある。まず，現在の学校は，異性愛主義である可能性がかなり高く，LGBの児童生徒にとって学校が居心地よく安全な場所になるために，異性愛を前提としたカリキュラム，異性愛を前提とした言動を改善していく必要がある。小宮[17]は，これを「隠れたカリキュラム」として，学校文化にみられる異性愛主義を「構造的暴力・差別」と捉えて問題視している。

　筆者がスクールカウンセラーとして勤務していた中学校の休み時間に男子生徒が2人ふざけながら抱きついていた。それを見た担任の先生は，「おまえら恋人同士みたいやな。男同士はおかしいぞ。ホモになるわ」と言った。そこで，スクールカウンセラーが黙っていたり，一緒に笑ったりしたら，「同性愛はおかしい」というメッセージに同意したことになってしまうのである。その2人が同性愛者であるかどうかに関係なく，同性愛は異常ではないというメッセージを伝えなくてはならない。「男性同士，女性同士という愛の形もありますよ。おかしくないですよ」と伝える必要がある。そのような状況は相談室の中でも起こる。数人で来談した女の子のグループがあったが，その中のひとりが，他の生徒のうわさ話をしながら，「同性愛は変態よな」と言った。そこでも，その友人関係について話題にしつつも，同時に，「同性愛は異常ではない，変態ではない」ということも伝えていった。どの子も「へー」という顔をしながら，関心を示し，さらに興味をもったようで，つぎつぎと質問をしてきたのであった。彼女たちは，ただ知識がなかっただけであり，メディア，社会の中での偏見や差別をそのまま受け入れてしまっていたのであった。

　学校全体に対しても変化を促すことは可能である。例えば，図書館にセクシュアル・マイノリティに関する本を入れてもらうこともできる。相談室にセクシュアル・マイノリティに関する本，パンフレットなどを置いたり，ピンク・トライアングルやレインボーフラッグなどのセクシュアル・マイノリティのシンボルとなっているアイテムを提示したり，セクシュアル・マイノリティに関連す

るポスターなどを張ったりすることもできるだろう。また，スクールカウンセラー便り等にセクシュアル・マイノリティについての記事を書いたり，講演会を頼まれたときに，その内容に盛り込むこともできるだろう。筆者も，不登校，いじめ，親子関係などさまざまなテーマの講演を行うことがあるが，ところどころにセクシュアル・マイノリティに関するを入れ込むようにしている。また，地域にどのような支援団体があるのか，どのような活動をしているのかについての情報も集め，機会があれば参加することもできる。セクシュアル・マイノリティの「アライ ally」（セクシュアル・マイノリティに対する社会運動の支援等を積極的に行う異性愛の人々のこと）として活動することによって，今悩んでいる LGB の児童生徒に心強い味方になってくれる人物だと認識してもらえ，相談につながるかもしれない。

Ⅳ 児童期・思春期に肯定的な LGB としてのアイデンティティをもてるかどうか

児童期・思春期は，さまざまなアイデンティティを獲得する時期であるが，そのひとつにセクシュアル・アイデンティティがある。この時期に肯定的で受容的な環境にいることができれば，自分自身のセクシュアル・アイデンティティを受容することができ，肯定的な LGB としてのアイデンティティを形成することが可能になる。そしてそれは，多くの調査で示されているような，のちのさまざまな精神的な問題（抑うつ，不安，依存症，自殺未遂など）を予防することにつながる。平田[10] が述べているように，思春期に肯定的な体験をするかどうかが，後のメンタルヘルスに影響するのである。スクールカウンセラーとして LGB の児童生徒を支援し，勇気づけ，自分自身を肯定的に受け入れることができるように関わっていくことが大切である。

引用文献

1) Bliss, G.K., & Harris, M.B. (1997) Coming out in a school setting former student experiences. Journal of Gay and Lesbian Social Services, 7, 85-100.
2) Cass, V.C. (1979) Homosexuality identity formation: A theoretical model. Journal of Homosexuality, 4, 219-235.
3) Cass, V.C. (1984) Homosexual identity formation: Testing a theoretical model. Journal of Sex Research, 20, 143-167.

4) Cochran, S.D., Sullivan, J.G., & Mays, V.M. (2003) Prevalence of mental disorders, psychological distress, and mental health services use among lesbian, gay, and bisexual adults in the United States. Journal of Counseling and Clinical Psychology, 71, 53-61.
5) Edwards, W. (1996) A sociological analysis of an invisible minority group: Male adolescent homosexuals. Youth and Society, 27(3), 334-355.
6) Fassinger, R.E. (1991) The hidden minority: Issues and challenges in working with lesbian women and gay men. The Counseling Psychologist, 19, 157-176.
7) Fontain, J.H. & Hammond, N.L. (1996) Counseling issues with gay and lesbian adolescents. Adolescence, 31, 817-830.
8) GSLEN (2007) Gay-Straight Alliances: Creating Sage Schools for LGBT Students and Their Allies. (GSLEN Research Brief). New York: Gay, Lesbian and Straight Education Network.
9) 日高庸晴・木村博和・市川誠一 (2007) ゲイ・バイセクシュアル男性の健康レポート2. (厚生労働省エイズ対策研究事業)「男性同性間のHIV感染対策とその評価に関する研究」成果報告. http://www.gay-report.jp/2005/result02.html
10) 平田俊明 (2011) 自主シンポジウム：同性愛者の心理臨床について考える. 日本心理臨床学会第30回大会発表論文集.
11) Human Rights Campaign (2012) Growing up LGBT in America: HRC youth survey report key findings.
12) Human Rights Watch (2001) Hatred in the hallways. Washington DC: Author.
13) 石丸径一郎 (2008) 同性愛者における他者からの拒絶と受容：ダイアリー法と質問紙によるマルチメソッド・アプローチ. ミネルヴァ書房.
14) 葛西真記子・岡橋陽子 (2011) LGB Sensitive カウンセラー養成プログラムの実践. 心理臨床学研究, 29(3), 257-268.
15) 河口和也 (2000) 同性愛とピア・カウンセリング―アカーの電話相談の経験から. 臨床心理学研究, 37(4), 70-73.
16) Kayler, H., Lewis, F.T., & Davidson, E. (2008) Designing developmentally appropriate school counseling interventions for LGBQ students. Journal of School Counseling, 6(6), 1-22.
17) 小宮明彦 (2010)「隠れたカリキュラム」とセクシュアリティ―構造的暴力／差別としての異性愛主義的学校文化. (加藤慶・渡辺大輔編著) セクシュアルマイノリティをめぐる学校教育と支援. pp.82-96, 開成出版.
18) Kosciw, J.G., Diaz, E.M., & Greytak, E.A. (2008) 2007 National School Climate Survey: The Experiences of Lesbian, Gay, Bisexual and Transgender Youth in Our Nation's Schools. New York: GLSEN.
19) Matthews, R.C. (2007) Affirmative lesbian, gay, and bisexual counseling with all clients. In R.M. Perez, K.A. Debord, & K.J. Bieschke (eds.) Handbook of Counseling and Psychotherapy with Lesbian, Gay, and Bisexual Clients, second edition. pp.201-219, Washington, DC: American Psychological Association.
20) McCarn, S.R. & Fassinger, R.F. (1996) Revising sexual minority identity formation: A new model of lesbian identity and its implications for counseling and research. The Counseling Psychologist, 24, 508-534.
21) Pope, M. (1995) The "Salad bowl" is big enough for us all: An argument for the inclusion of lesbians and gay men in any definition of multiculturalism. Journal of Counseling and Development, 73, 301-304.
22) Sullivan, H.S. (1953) The Interpersonal Theory of Psychiatry. Norton.
23) Troiden, S.S. (1989) The formation of homosexual identities. Journal of Homosexuality, 17, 43-73.

第 11 章

セクシュアル・マイノリティ大学生を支える学生相談

柘植道子

Ⅰ　はじめに

　大学生は親密性の形成，そしてアイデンティティ形成が課題とされる時期にあたり，学内外の友人関係や，修学上，そして就職活動上の問題に直面することが少なくない。これらはLGBT学生にとっても同様の課題であるが，LGBT学生にはさらなる負荷としてのしかかる（第5章「マイノリティ・ストレス」参照）。それゆえ，LGBT学生にとって，大学側がどれくらい受容的態度をもっているか，大学にどのような支援機関がありどの程度機能しているかは，重要な意味をもつ。
　本章では，LGBT学生が抱えがちな問題，発達課題としてのセクシュアル・アイデンティティ発達，学生相談室の支援に関する内容を中心に扱うこととした。残念ながら国内のLGBT学生を対象とした研究調査はごくわずかであるため，文献については，その多くを海外のものに頼らざるを得なかった。また，筆者の臨床経験に基づいて書かせていただいた箇所もある。海外の研究や調査結果が日本の現状に当てはまるとは決して言えないが，本章で紹介する国外の情報は，日本におけるLGBT学生の理解の一助として，また，支援活動のヒントになると信じている。

Ⅱ　LGBT学生をめぐる状況

1．LGBT学生とメンタルヘルス

海外では，LGBTの学生はその精神的ストレスが高いとの認識がされており，他学生よりも学生相談の利用率が高くなっていると言われている。ある調査では5倍の学生相談室利用があるとの報告もなされている[7,16]。日本において対象をLGBT学生に限定した学生相談室利用率，うつや不安に関する調査研究は見当たらないが，日高ら[9]にあるように，ゲイ・バイセクシュアル男性の抑うつは，10代に次いで20代が高く，さらにゲイ・バイセクシュアル男性の自殺未遂のリスクは異性愛男性の約6倍になるとの報告があることからも，日本のLGBT学生の心理理解と心理支援のニーズの高さは認めざるをえないであろう。一般に，マイノリティには偏見と差別が付きまとい，そのストレスがメンタルヘルスに悪影響を与える。当然LGBTに対しても偏見や差別が存在し，ストレスが高い。彼・彼女らに対するホモフォビアに基づく偏見や差別のほか，異性愛者と見なされることが彼・彼女らのストレッサーとなっている。

2．大学キャンパスのLGBTに対する受容度

米国の調査によると，74％のLGB大学生，大学院生は，キャンパス内のホモフォビアが高いと述べ[17]，また，29％の異性愛者は，大学からLGBTがいなくなればよくなると感じており，また，LGBTに対してのさげすんだ発言がなされているとの報告がある[4]。これらの研究は10年以上も前のものであり，研究が発表されてから今日までに，バラク・オバマ大統領をはじめとする著名人による，LGBTへの差別偏見に対する公的な発言，連邦政府レベルにおける同性婚を認めない法律の制定が禁止され，また，相次いで同性婚を合法とする州法が成立していることがあるため，政策上での受容体制が進んでいることは認めざるを得ないが，米国の大学のホモフォビックな風土や，LGBTに対する言動が，より受容的になったとの調査報告は見当たらない。

近年，日本では，LGBTのメディアの露出やLGBT当事者であることを公表した政治家数の増加，そして，性同一性障害に関する法改正など，LGBTを無視できない動き，否が応でも認めざるを得ない動きがあったが，これらの変化がキャンパスに受容的な雰囲気をもたらしたとは言い難い。調査報告がないため断言することはできないが，筆者が見聞きする当事者学生の状況から判断すると，現在，大学のキャンパスが受容的風土であるとは言えないと思われる。数は少ないが，筆者が把握しているキャンパスでは，ごく一部の性同一性障害

と診断された学生と，ごく一部のゲイ学生がキャンパスでカミングアウトをしているにとどまり，そしてその数は片手で足りる。残りの多くのLGBT学生は，一部の人を対象にカミングアウトをしているが公には姿を現さずにいるか，誰にもカミングアウトをせず陰をひそめ身を隠している。このように多くのLGBT学生が不可視とみなされる現状は，受容的なキャンパスとはかけ離れていると解釈すべきであろう。

　前述のとおり海外の研究では，LGBTに対する排除的な態度が大学キャンパスで見受けられたが，日本はむしろLGBTの存在自体を否定していると捉えられ[5]，それゆえ欧米で問題であるとみなされる「LGBTに対する排他的な動き」にも至らない。筆者は「ジェンダーと心理学」，「ジェンダーとセクシュアリティの心理学」など，LGBTをその講義内容とした科目を7年以上担当しており，年を追うごとにマジョリティ学生のLGBTに対する受容的態度が変化するのを目の当たりにしたが，2013年現在も少なくとも受講生の4分の1は「LGBTを個人的に知らない」「今までLGBTに会ったことがない」と答え，同じ講義を受けている受講生にLGBT学生がいることすら想像していない様子がうかがえた。彼・彼女らの認識は，「LGBT当事者に会ったことがない」「LGBTは学友にいない」というものである。LGBTの不可視化は，LGBTのメンタルヘルスとの関連が強いと言われているカミングアウトを難しくさせるだけでなく，LGBTの抱える問題を顕在化させにくく，LGBT学生を支援する必要性を認識することも困難となる。

　LGBT学生は，不可視であることのストレスも受けていると言われている。この不可視にはLGBTの存在を認めようとしない大学風土により不可視化されているLGBT学生と，自らのセクシュアル・アイデンティティを積極的に隠すLGBT学生の双方の要因があり得るが，いずれであれ不可視であるLGBT学生は，LGBTとしての自然な言動を抑制し，帰属集団外の集団規範であるセクシュアル・マジョリティとしての行動規範に沿った言動をとることが期待されるがゆえの苦痛を感じる[13]。

3．LGBT学生に対する心理支援理解と実践

　海外，特に米国においてはLGBT学生が直面する特有の問題に対する理解促進の重要性が訴えられ，また，LGBT学生に対する心理的支援の必要性や，

LGBT に対するカウンセラー側のセンシティビティの必要性は当然のこととして扱われている。2000年に米国心理学会から LGBT クライエントへの心理療法ガイドラインが初めて提出され，臨床家が LGBT クライエントを担当する際に必要となる能力 competency[注1] が非常に重要視されている。しかし，ガイドラインが出されて10年以上が過ぎた今もなお，米国においては LGBT 学生が抱える問題に応えるだけの十分な能力 competency が学生相談室のカウンセラーに備わってはおらず，それゆえ，米国の LGBT 学生の高い相談利用率に反して，カウンセラーに対する LGBT の不満足感が高いと報告されている[16]。

日本における学生相談室のカウンセラーたちの LGBT 支援に対する興味関心は薄いと言えよう。それは日本の学生相談室と LGBT に関する研究報告の少なさにも表れている。和文研究を CiNii（学術情報データベース）で検索する限り，タイトルに学生相談室と，レズビアンやゲイ（もしくは同性愛），バイセクシュアル，トランスジェンダーなどの LGBT を含む論文タイトルは存在しない。大学生と LGBT を意味する用語を含む論文は「大学生の同性愛開示が異性愛友人の行動と同性愛に対する態度に及ぼす影響」[18] と「男子大学生の同性愛アイデンティティ形成」[10] の2本である。うち LGBT 学生の心理的支援に関する研究報告は前述の堀田[10] の1本である。

学生相談室の姿勢は，対外的に発信している情報で読み取ることが可能であるが，LGBT の心理的支援を積極的に行っていると明文化しているのは，国内の学生相談室は1つしか確認できない。これは，学生相談に勤務するカウンセラーが，LGBT 学生が LGBT に特有な問題を抱えている現状を把握しておらず，LGBT 学生を支援するための知識もなく研修を受ける必要性もわかっていないため，と理解すべきであろう。

日本では，LGBT をカウンセリングするためのガイドラインも存在せず，カウンセラーとして働いている者のうち，同性愛に関する教育講義を受けた者は15％程度のみという報告もあり[15]，大学の学生相談室カウンセラーが LGBT 学生に対応するだけの能力 competency を備えているとは言い難いであろう。それゆえ国内の学生相談室を利用している LGBT 学生が，米国同様，学生相談室利用に対し満足していると推測するのは困難である。

Ⅲ　アイデンティティ形成

　アイデンティティ形成は，青年期の課題であるとみなされてきた。近年，このアイデンティティの確立を先延ばしにする傾向が見受けられると言われるが，自分は大丈夫なのだろうか，自分は正常なのだろうかというアイデンティティに関する疑問は，現在でも多くの大学生がもつと理解されている。セクシュアル・アイデンティティは，青年期のアイデンティティ形成の一構成要素と言われているが，LGBT 学生が肯定的なセクシュアル・アイデンティティを含むアイデンティティを形成するプロセスには，複雑なダイナミクスが働くとみなされている[20]（第 2 章，第 10 章も参照）。

　海外の研究によれば，アイデンティティに関する疑問を投げかけるためのサポートシステム――社会的交流や，友人や家族――がアイデンティティ発達には必要とされているが，LGBT 学生には，アイデンティティに関する疑問をぶつける相手がいるとは限らず，自身のセクシュアリティに対する否定を恐れることもある[8]。さらに，LGBT 学生は，自らを不可視化するために[19]，アイデンティティ発達のプロセスをひとりで歩まなければならないことが多いとの報告もある[8]。これらの報告は，日本にも当てはまることであろう。筆者も学生相談室にて LGBT 学生の相談を受けるが，「大学内で自分以外の LGBT の学生に会ったことがない」と述べる学生は少なくない。学内における LGBT のサークルの存在も増えつつあるようだが，小さな大学，地方の大学では，アンダーグラウンドであっても存在が確認できない大学が多く，大学内での仲間との出会いによるアイデンティティ発達促進を期待することは現実的ではないであろう。

　日本においては，LGBT 学生のための「レインボーカレッジ」[注2] や，彼・彼女らも参加が可能な「ピアフレンズ」[注3] など，LGBT のための団体が存在するが，その認知度は決して高くなく，必然的に利用者も限られている印象を受ける。LGBT 学生が自分以外の当事者と出会うためにインターネットを手段として用いることがあるが，ネットを介してだけのコミュニケーションで終結することも，また，出会いに繋がってもアイデンティティ発達の促進とならないことも多いようである。ネット上には玉石混交の情報が氾濫しているため，

学生が必ずしも信用のおけるサポートグループの情報にたどり着けるとは限らない。

Ⅳ　カミングアウト

カミングアウトは，Cass[2]のアイデンティティ発達の理論に代表されるようにアイデンティティ発達の指標とみなされている。しかし，カミングアウトを行うか否かの判断，また，実際の行為にはリスクとストレスが付きまとう。LGBTは，LGBTの文脈を超えた新しい出会いのたびに，性的多数者であると自動的に推測され，このような出会いのたびに，間違った推測を放置し性的多数者のように振る舞うのか，それともカミングアウトをするのかを決定しなければならない。一旦，世の中にカミングアウトをすると決めたLGBT当事者であっても，日々の出会いの中で，些細な出会いであっても，カミングアウトをするかどうかの判断をせざるを得ない。それゆえ，カミングアウトは終わることのないプロセスだと言われている。米国においても，LGBTは，自分たちに対する偏見を感じ，LGBTの大学生で，セクシュアリティを公表せずにキャンパスライフを過ごす者も少なくない[18]。

LGBTのカミングアウトの是非は，研究者により多様である。カミングアウトなしでは，望ましい発達が阻害される危険性があると指摘する者もいるが[14]，大学におけるゼミやサークルの人間関係は一般に親密であり，それゆえマジョリティからの反応——受容であるのか，拒否であるのか——は，その後のキャンパスライフを永久に変えてしまうものとなり，あまりにもリスクが高いとみなし，仲間や家族にカミングアウトを試みる者は，今まで築き上げたその関係性を壊したり，敵意を向けられたりする深刻なリスクを抱えるとの警告もある。その他，セクシュアル・アイデンティティの公表の有無が一概に，心理的なストレスやメンタルヘルスに関係するとは言い切れず[6,12]，偏見にさらされる危険もあるが必ずとは言えず，代償を伴うこともあれば伴わないこともある[1,3]との主張もある。

このようにカミングアウトの是非については，多くの議論があるが，その是非の前に注目すべき段階があるとの主張もある。カミングアウトについて思いを巡らすことが，異性愛主義的な差別を受け，烙印を押されるという予測をも

たらし，内在化された異性愛主義のため否定的な精神状態に陥ることも忘れてはならないとの警告もなされている。

LGBTに対し安易にカミングアウトを勧めてはならないことは当然のことであるが，カウンセラーは，大学の風土や，学生本人のアイデンティティ発達段階，引き起こされる精神状態など，さまざまな要因を検討した上で，カミングアウトにまつわる心理的支援を行うことが求められている。

V　学生相談とLGBT学生

1．学生相談室を利用するLGBT学生

LGBT学生が大学内でストレスを受けやすい環境に置かれていることは前述のとおりだが，LGBT学生は，さまざまな側面をもち，ひとくくりにすることが困難なほど，個人差が大きい。LGBTに関する知識や情報量や理解度，アイデンティティ発達段階の度合い，カミングアウトの有無，ソーシャルサポートの有無や質も，さまざまである。筆者の経験より，自身のセクシュアリティについての確固たる受容がある，信頼のおけるサポートシステムをもっている，もしくは安定した関係にある恋人やパートナーがいる場合には，学生相談室利用は極めて珍しい。

小学校，中学校，高校にカウンセラーが配置されてから，児童生徒のカウンセリング利用率の増加にともない，社会におけるカウンセリングや心理療法に対する抵抗は以前と比較し，格段に小さくなったと言えよう。しかしながら，いまだ，大学にて初めてカウンセリングを受けるという学生も少なくない。以前カウンセリングを受けたことがある学生であっても，大学の学生相談室にてセクシュアリティについては初めて話をするという学生も少なくない。

筆者の臨床経験から，学生相談室を利用する学生には以下のような傾向があるように感じている。

①LGBTのコミュニティに所属していない。
②セクシュアリティに関する知識が不十分である。
③学内における他のLGBT当事者の存在を把握していない。

上記の３つの傾向を提示する学生は，アイデンティティ発達モデルにおける

初期の段階にある。

　学生相談室を利用するLGBT学生には，相談したい本当の理由を明言せずに，別の理由を主訴として提示する者も少なくない。このような場合，以下のような悩みを隠し抱えていることがある。

・自分はおかしいのではないか／同性に対して抱いてしまうこの感情がよくわからない。
・自分は何者なのだろうか／自分を受容できない。
・LGBTの存在を身近に知らない／家族や友達に対してカミングアウトをするかどうかわからない／好きな人にどのように接していいのかわからない。

　Cass[2]はゲイとレズビアンのアイデンティティ発達のモデルを提示し，第1段階から第6段階までの6段階があるとしたが（第2章表1参照），後に，第1段階の前に段階0——自身のセクシュアリティに気がついていない段階——があるとしている。学生相談室利用の学生の多くは，カミングアウトをしていない者たちである。自身のセクシュアリティ受容を可能にするために，まず，受容してくれるカウンセラーを求めているという印象を受ける。それゆえ，段階0に属する者が学生相談室を利用することは極めてまれであり，第1段階「アイデンティティの混乱」から第2段階「アイデンティティの比較検討」の者が多いという印象を受ける。この段階のLGBT学生は，内在化されているホモフォビアゆえ，相談の場面において，カウンセラーが自身のセクシュアリティを理解し受容してくれるのかを敏感に探っている。カウンセラーからのホモフォビアを察知すると，クライエントとの関係性は修復不可能になる。その危険性の高さを，LGBT学生と接するカウンセラーは認識すべきであろう。

　LGBTの大学生が抱える悩みとして，現在の大学内での人間関係を，一生の付き合いとするのか，ここで終わらせるのかというものもある。当然ながら，高校までに築き上げた付き合いを続ける者も少なくないが，大学入学後，高校時代の付き合いは希薄になり，大学での付き合いを重視する者も出てくる。長時間の部活やサークル活動により寝食をともにする機会も増え，ゼミ教員やゼミ仲間との人間関係をどこまで親密なものにできるのか，もしくは，親密なものにすべきなのかわからないと嘆く学生もしばしば見受ける。また，カミングアウトをせずにいることは，相手への裏切り行為ではないかと思い悩み，関係性に後ろめたさを感じてしまう学生がいる。その一方で，セクシュアリティは

受容されないものとの考えをもち，カミングアウトをせず，大学で深い人間関係を築かない者もいる。

2. 異性愛者的役割葛藤と性的活動

近年，LGBの学生の中には，異性愛者を装うことに対し心理的負担を感じない者もいるが，大半は異性愛者的役割葛藤（異性愛者を装うしんどさ）を抱えている。中学や高校在学中から徐々に親密な男女関係がもつことを周囲からも期待されるが，カミングアウトをしていない人たちは，高校時代は受験勉強が忙しいことを言い訳として，もしくは，男子校や女子校であることを言い訳に異性との関係をもたない者がかなりいる。しかし，大学に入るとLGB学生たちは，両親から「結婚」の言葉が出てくることを予想し始め，この求められている男女の親密な関係が永続的なものであるのだとの認識が強くなる。異性愛主義社会からの二元論に基づく性役割期待は，性的多数者の異性愛者にもプレッシャーを与えるが，LGBには異性愛者的役割葛藤としてより重くのしかかる。

異性愛者的役割葛藤ゆえ，また内在化されたホモフォビアゆえ，異性との恋人関係をもつLGBの学生は少なくない。傍からは，異性愛者同士の恋人であるとみなされる。異性愛者同士の恋人とみなされるように演じている同性愛者には，性交渉に至るまでほとんど抵抗がなく繰り返し性交渉に及ぶ者から，キスはおろか，肌接触さえも強い抵抗を示す者までいる。

性交渉に及んだゲイ男性の多くは，付き合っている女性（異性愛者として振る舞っているがゆえに発展してしまった恋人関係にある女性）から性交渉を求められたと報告する。明白に，もしくは，ほのめかす形で求められ，断りきれなかったため真意ではないが性交渉に及んだ者もいれば，異性愛者役割を演じることを心に決めていても，異性に性交渉を求められた際に拒否反応を示す者も少なくない。

高校生ぐらいから始まり，大学生，そして大学を卒業する頃に，同性との性体験をもつことが多いようである。ハッテン場（主にゲイ・バイセクシュアル男性の出逢いの場）での出会いのほか，18歳以上を対象とした出会い系のアプリ（携帯電話やタブレットによる，インターネット上で他の人と知り合うことができるためのアプリケーション）を介し，性的な関係をもつ者が増えてき

ている印象を受ける。性的な関係と言っても，それは安定した恋人関係にあるものもあれば，一夜限りの関係のものもいる。このような出会いを通じ，不特定者との性的な関係が引き起こす心身の問題については，第14章を参照いただきたい。

VI 仮想事例

ここでは，セクシュアリティが確立していない学生の仮想事例を提示し，ケースの理解とカウンセラーの支援可能性について述べる。

1．事例

【クライエント】
修士課程1年生。男性。
来談理由：教員に紹介されて来室。このままで良いのかがわからなくなったので。日常に特に不満があるわけではないが，なんだかしっくりしない感じを抱いている。

【家族】
父：一流企業重役
母：専業主婦
姉：別居，既婚，専業主婦，数カ月に一度会う程度
弟：大学生，実家暮らし
本人：学部時代より一人暮らし。父親からは長男としての期待を背負い，成績優秀な子どもとして育ち，期待を裏切った覚えがない。男性よりも女性とつるむことが多く，学部時代は女好きと揶揄されることもあった。現在は研究室に所属し，他の院生との問題があるわけではない。

【生育歴と性的関係】
中高一貫の男子校。中学時代，同期の男子と性行為をしないまでも遊びで触れ合ったりするようなことはあった。今まで男性の裸に惹かれ，性交渉を求めたいと思う気持ちも存在したが，それ以上の性的関係に発展したことはない。特定の男性と親密な関係を続けたことはない。大学で知り合い，4年ほど付き合っている社会人の女性がいる。女性から言い寄られ，特に好意があったわけ

ではないが，人柄もよく，気が合い，断る理由も見つからなかったので，付き合うことにした。相手の女性は結婚を視野に入れている様子。クライエントには，結婚願望があるわけではないが，このままいけば，この女性と結婚することになるのだろうと思っている。相手の女性に対し特に不満はないが，本当にこの女性が好きかどうかはっきりせず，燃え上がるような気持ちになったこともなければ，付き合っている女性のことばかり考えることもないと述べた。自ら性交渉を望むことはないが，求められれば性交渉に応じると述べた。本人によれば「つい最近初めて気がついたが，恋人は胸が大きい。大きいかどうか興味もなかったが，ふと気がついた。でも，胸の大きさに興味がない」と，女性の性的魅力については否定的な発言をした。

　クライエントは，自分をゲイと決めつけられる必要もないと感じており，ゲイだと言われることには抵抗がある。女性の恋人がいることは大学内で知られており，男性に惹かれたことを友人に話すことはなかった。女性との性交渉に興味がないわけではない。男性との性交渉に興味があるわけでもないと述べた。

2．クライエント理解とカウンセラー介入可能性

　本クライエントは，同性に対し性的魅力を感じている可能性があるという理解とともに，同性に惹かれる自分に対する受容が困難である段階にいることを把握すべきであろう。このように同性に惹かれることをクライエントが発言した際，異性愛主義的なカウンセラーが対応上，陥りやすい過ちとして，クライエントの同性愛傾向の軽視が挙げられる。クライエントが同性に惹かれることを明言しても，それを否定してしまうカウンセラーがいるとの報告を受けるが，本ケースでは，本人が同性愛傾向を否定する動きもあるため，異性愛主義的なカウンセラーとして，クライエントの否認に流され同性に感じる性的魅力を否定することのないように注意をしなければならない。

　このクライエントは，Cassのアイデンティティ発達モデルにおいて，第1段階「アイデンティティの混乱」の特徴的な様相と第2段階「アイデンティティの比較検討」の様相を呈していると理解できる。クライエントには，LGBTであることを否定する言動も見受けられるが，同時に，男性との性的接触を求めた事実も報告し，性的多数者ではない言動を完全に否定しておらず，どこかで同性愛的要素を認めており，感情と行動の乖離があると理解できる。クライエ

ントからのゲイに対する否定的発言はなかったが，ゲイとみなされたくないという表現より，ホモフォビアが内在化されているであろうと仮定できる。彼が男性に惹かれることを否定せずに，受容できるようになるためには，カウンセラーは，クライエントの内在化されたホモフォビアと，その内在化に至った過程を追うことが望ましいであろう。自分自身に対する否定的な感情についての理解が得られれば，同性に惹かれる感情の受容プロセスを開始する準備状態になり得る。

　本事例の場合，クライエントの現状，つまりセクシュアル・アイデンティティについて不確かであることを受け入れ，そしてそれを探求することを許容するカウンセラー側の姿勢が不可欠となる。この段階のクライエントには，カウンセラー側からの心理教育的関わりも重要な役目を果たす。性的な行動は白か黒かと明確にできないグレーの部分もあることを伝える。この時点でクライエントを規定する必要はない。カウンセラーからの受容は欠かせないが，このときのクライエントの反応は，理解に対する安堵感とともにLGBTであることに対する恐怖心の喚起が主なものとして表れ得る。

　同性に惹かれる傾向を認めること，また，それを取り入れることはアイデンティティ確立の一部である，セクシュアル・アイデンティティ確立に向かっていると理解できる。つまり，Cassの第2段階であるという理解が可能である。しかし，LGBTとしてのアイデンティティの確立は，同時に，異性愛者であれば得られた特権を放棄するという喪失をも意味する。それゆえ，同性愛的な行動については認めるが，自分は異性愛者であるというアイデンティティを維持し，同性愛的行動を「一時的なもの」「過去のこと」などと自分に言い聞かせる様子がうかがえる。

　アイデンティティの模索，自己のアイデンティティ確立のプロセスには，時には葛藤を伴うものである。それゆえ，クライエントから提示された，同性や異性との性的接触や魅力，将来のパートナーに関する内容については，カウンセラーは否定をすることなく，クライエントの葛藤としての受容を行うべきであろう。また，本クライエントに対しての介入領域として，同性に惹かれることについて否定するその理由（親，同級生，メディア，世間体など），クライエント自身の中にどのようなホモフォビアが取り込まれているのか，そして，同性に惹かれることについての感情的な側面が重要であると捉えることが可能

第11章　セクシュアル・マイノリティ大学生を支える学生相談　135

である。本クライエントが，特権階級としての異性愛者の喪失が現実のものとして感じられるようになった際には，カウンセラーが喪失のプロセスとして理解し支援を行い，また，後には，LGBT当事者からの情報やサポートが重要となり得るため，LGBTのサポートグループへの参加を促す，もしくは外部のグループを紹介できるよう，リソースを確保しておくことが重要である。

Ⅶ　学生相談室とカウンセラーの役割

　LGBTへの支援を行う心理職の資質や条件については他の章に詳しいのでそちらを参照いただきたい。学生相談室は，大学という教育機関に置かれた心理援助部門であるために活動の幅が広く，多面的にLGBT学生を支援し得るという特徴を備えている。ここでは，学生相談室が担い得る支援の幅の広さ，多面性について述べる。

　井上[11)]は，マクロカウンセリングの視点より，心理臨床家は，個別の支援から関係促進やシステム変革に至るまでの支援が可能であると述べた。その役割は次の通りである。

　個別カウンセリング・個別支援，心理療法（サイコセラピー），関係促進（ファシリテーション），専門家の組織化（リエゾン／ネットワーク），集団活動（グループワーク），仲介・媒介（インターメディエーション），福祉援助（ケースワーク），情報提供・助言（アドバイス），専門家援助（コンサルテーション），代弁・権利擁護（アドボカシー），社会変革（ソーシャルアクション），危機介入（クライシス・インターベンション），調整（コーディネーション），心理教育（サイコエデュケーション）。

　学生相談室のカウンセラーは，この多岐にわたる分野において学生の心理的支援を行うことが可能であり，また，求められていると考える。学内でのLGBTに対し，受容的なキャンパスをもたらすために特に有効であろう，代弁・権利擁護，社会変革は，組織内の部署に所属しているからこそ行える支援であるとも言える。大学のホームページ内の学生相談室のページにて発信する情報は，心理教育はもちろんのこと，代弁・権利擁護，社会変革としての役割を果たし得る。学内誌や広報誌を利用することも可能であろう。教職員に直接働きかけるのであれば，FD[注4)]開催もひとつの手段である。講義を担当している

カウンセラーであれば，その中でLGBTについて言及することも可能である。しかし，これらを実践するにあたり組織の中での反発は想定すべきである。そしてその反発は，学生支援に携わる者か否かに関わらない。

　学内でLGBTに対する受容的風土を促進するに当たり，学内の学生支援に関わる部署や専門家からの協力が思うように得られないのは，単に非協力的とか怠惰であるというよりもむしろ，支援部署や支援担当者の無関心さやホモフォビアによるものと言えよう。LGBT学生の存在否定から始まり，病的存在としての認識，LGBTに対する否定的態度，彼・彼女らが直面する問題の否認にまで至る。それゆえ，学生支援に携わる者であるからLGBT学生の支援に積極的であるはずだと仮定すべきではなく，むしろ，学生支援に関わる者からの反発もあり得ると覚悟しておいたほうがよい。

　LGBTフレンドリーな環境を実現しようと具体的な計画を立てても，それが阻まれる可能性については前述の通りであるが，それでもなお新たな手段を模索することが可能である。筆者が米国留学時代，コロンビア大学主催の学会において，ある講演者が，「マイノリティ支援に必要なのは，バーンアウト（燃え尽き）しないこと，仲間を作ること，そして，先駆者たちの知恵を取り入れること」と述べたことがあったが，同様のことがLGBT支援にも当てはまるのではないだろうか。学内には必ず，LGBT当事者の教職員，もしくは理解のある教職員が在職し，LGBTの学生が在籍している。また，「アライ」となってくれる学生が在籍している可能性もきわめて高い。学内の情勢を把握し，仲間を見つけることにより，大きな変化を成し遂げられなくとも，地固めから一歩ずつことを進めていくことは可能である。さらには，学外の関係団体からのサポートを得ることや，国際的なLGBTの専門家団体からのサポートを得ることも試してみてもよいだろう。

Ⅷ　おわりに：学生相談室の課題

　セクシュアリティにまつわる悩みを抱える学生にとって，カウンセラーのLGBへの理解と受容，そして能力competencyは，当然ながら重要な意味をもち，また，学生にとっての大きな関心事である。しかし，カウンセラーの理解と受容は，カウンセラーによって大きく異なるにもかかわらず，カウンセラー

に関する情報は公開されていないことが多いため，どのカウンセラーがLGBTフレンドリーであるのかを知るすべがないことがほとんどであろう。結果，学生はカウンセラーからの受容の是非について一か八かの賭けをせざるを得なくなる。

　LGBT学生を含めた多くの大学生にとって学生相談室は，金銭的，地理的，時間的な制約の中で利用できる学内の支援機関である。学内の無料の支援機関なのであるから，学生にとっての多少の不都合は我慢しろとするか，もしくは，学生が欲する情報を提供し，学生が納得の上で利用してもらえるよう工夫をするのかは，学生相談室の姿勢によるものであろう。

　個人開業のカウンセラーは，自己開示を行い，クライエントフレンドリーな情報提供を主にネットを介して行っている。一方，雇われカウンセラーは，収入が確保できれば，クライエントへの情報発信が積極的ではなかったり，クライエントへの対応が細やかではなくなる場合もあるのではないか。しかし，この現象については学生相談室の個々のカウンセラーを責めるのではなく，日本における臨床心理士全体の問題，そして日本の学生相談学会等の学会のあり方，もしくは姿勢を問題視すべきではないであろうか。

　米国を例にとろう。米国心理学会のホームページには，専門家に限定せず一般市民をも対象とした膨大な情報が記載されている。知識や情報を公開することは社会教育であるとともに臨床家を特権階級から解放するものであり，このホームページにはまた社会が臨床家に期待すべき役割，そして，臨床家に対する倫理も掲示されている。当然のようにLGBTのセラピーガイドラインも，LGBTに関する情報も公開され，保身に走るのではなく社会問題に対する学会としての立場を明確にしている。

　今回米国心理学会を例にとったが，もちろん米国心理学会がLGBTを対象としたカウンセリングの問題をすべて解決しているわけではない。それでも，LGBTへの心理的支援を目に見える形で行おうとしている米国心理学会の姿勢に，日本の専門家たちが学べることも多いのではないかと思う。

注1）competencyには，知識のみならず，カウンセラー側の偏見もが含まれ，カウンセラーに対する教育にも焦点が当てられる。米国心理学会のThe Guidelines for Psychological Practice with Lesbian, Gay, and Bisexual Clientsについては第18章を参照のこと。
注2）セクシュアルマイノリティーズ・インカレ・ネットワーク。LGBTの学生が，より良

い学生生活を送ることができるよう，志をもつ人同士が連帯し，ともに考え，ともに行動できるよう，情報交換，勉強会，懇親会等を開催し，イベントにも参加を行っている．
注3）10代，20代を対象としたゲイユースのための友達探しイベント開催団体。昼間に気軽に行けるイベントを開催し，若いゲイたちが横のつながりをもてるよう支援を行っている。
注4）ファカルティ・ディベロップメント：教員が授業内容・方法を改善し向上させるための組織的な取り組みの総称。その意味するところは極めて広範にわたる。

文　献

1）Battle, J., Lemelle, A.J.（2002）Gender differences in African American attitudes toward gay males. The Western Journal of Black Studies, 26, 134-139.
2）Cass, V.C.（1979）Homosexual identity formation: A theoretical model. Journal of Homosexuality, 4, 219-235.
3）Choi, K.H., Kumekawa, E., Dang, Q., et al.（1999）Risk and protective factors affecting sexual behavior among young Asian and Pacific Islander men who have sex with men: Implications for HIV prevention. Journal of Sex Education & Therapy, 24, 47-55.
4）D'Augelli, A.R., & Rose, M.（1990）Homophobia in a university community: Attitudes and experiences of heterosexual freshman. Journal of College Student Development, 31, 484-491.
5）DiStefano, A.（2006）Report on Violence Involving Sexual Minorities in Japan: Summary and Recommendations from the JLGBT Study: 2003-2004 (English version). Institute for Global Health, University of California, San Francisco.
6）Ellis, A.L., Riggle, E.D.B.（1996）The relation of job satisfaction and degree of openness about one's sexual orientation for lesbians and gay men. Journal of Homosexuality, 30, 75-85.
7）Estrada, D., Rutter, P.（2006）Using the multiple lenses of identity: Working with ethnic and sexual minority college students. Journal of College Counseling, 9(2), 158-166.
8）Gardner, R., Adkins, J., Gillespie, W., Wathen, C.（2012）Needs Assessment for Counseling GLBT Clients. http://www.counselingoutfitters.com/vistas/vistas12/Article_2.pdf
9）日高庸晴・木村博和・市川誠一（2007）厚生労働省エイズ対策研究推進事 ゲイ・バイセクシュアル男性の健康レポート2．（厚生労働省エイズ対策研究事業）「男性同性間のHIV感染対策とその評価に関する研究」成果報告．
10）堀田香織（1998）男子大学生の同性愛アイデンティティ形成．学生相談研究, 19, 13-21.
11）井上孝代（2000）「マクロ・カウンセリング」の考え方とカウンセラーの役割．明治学院大学文学部心理学科心理学紀要, 10, 29-41.
12）Lewis, R.J., Derlega, V.J., Griffin, J.L., et al.（2003）Stressors for gay men and lesbians: Life stress, gay-related stress, stigma consciousness, and depressive symptoms. Journal of Social and Clinical Psychology, 22, 716-729.
13）Lucozzi, E.A.（1998）A far better place: Institutions as allies. In R.L. Sanlo (Ed.), Working with Lesbian, Gay, Bisexual, and Transgender College Students: A Handbook for Faculty and Administrators. pp.47-52, Westport, CT: Greenwood Press.
14）Malyon, A.K.（1981）The homosexual adolescent: Development issues and social bias. Child Welfare, 60, 321-330.

15) 松髙由佳・喜花伸子・内野悌司, 他（2012）臨床心理士におけるセクシュアリティ理解と援助スキル開発に関する研究.（日髙庸晴編著）厚生労働科学研究費補助金 エイズ対策研究事業, HIV 感染予防対策の個別施策層を対象にしたインターネットによるモニタリング調査・認知行動理論による予防介入と多職種対人援助職による支援体制構築に関する研究 平成 24 年度 総括・分担研究報告書.
16) Palma, T., Stanley, J.（2002）Effective counseling with lesbian, gay, and bisexual clients. Journal of College Counseling, 5, 74-89.
17) Rankin, S.R.（2003）Campus Climate for Gay, Lesbian, Bisexual, and Transgender People: A National Perspective. New York: National Gay and Lesbian Task Force Policy Institute.
18) 和田 実（2010）大学生の同性愛開示が異性愛友人の行動と同性愛に対する態度に及ぼす影響. 心理学研究, 81(4), 356-363.
19) Zubernis, L., & Snyder, M.（2007）Considerations of additional stressors and developmental issues for gay, lesbian, bisexual, and transgender college students. Journal of College Student Psychotherapy, 22, 75-79.
20) Zubernis, L., Snyder, M., McCoy, V.A.（2011）Counseling lesbian and gay college students through the Lens of Cass's and Chickering's Developmental Models. Journal of LGBT Issues in Counseling, 5, 122-150.

第12章

成人期から老年期のレズビアン，ゲイ，バイセクシュアルの課題

平田俊明

　成人期から老年期にかけてのレズビアン，ゲイ，バイセクシュアル（LGB）は，多くの部分で同じ年代の異性愛者と共通する発達課題をもつ一方で，LGBに特有の課題も多く存在する[4, 12, 17, 18]。本章では，いくつかの事例の提示と考察を通じて，成人期から老年期にかけてのLGBをとりまく課題について述べる。なお，年齢区分については諸説あるが，本章では大まかに20代・30代を成人期，40代・50代を中年期，60代以上を老年期と称している。

I　発達課題を達成することの困難さ

　最初に，成人期から中年期にかけて不適応に陥り抑うつ状態を呈したゲイ男性の事例を提示する。成人期から中年期にかけて不適応に陥るゲイ男性のひとつのパターンを表した事例であると言える[注1]。

事例1　Aさん

1）事例1の概要
　40歳のゲイ男性，会社員。1カ月ほど前から，寝つきがわるい，疲れがとれない，朝なかなか起きられない，意欲が出てこない，仕事に集中できないなどの症状が出現し始めた。自宅近くの心療内科を受診したが「あまり話もきいてくれず薬だけ処方されるという感じ」だったので，筆者の勤める，セクシュアル・マイノリティに理解があることを謳っているクリニック[注2]に転院してきた。諸症状を再確認し抑うつ状態にあると判断し，引き続き抗うつ薬と睡眠薬を処方した。「ストレスがありますか」とたずねると，「仕事をやめようかと

第12章 成人期から老年期のレズビアン，ゲイ，バイセクシュアルの課題 141

思ってるんです」という答えが返ってくる。

何回か面接を重ね，以下のような背景が明らかになった。

今の会社には大学卒業後から17年間勤めている。忙しくて大変ではあったが，入社して間もない頃は「充実していた」。仕事にやりがいを感じ，同期で入社した同僚たちと話も合い，仕事帰りに誘い合って飲みに行ったり，週末は一緒にテニスを楽しんだりした。「学生時代の延長のような感じで楽しかった」とAさんは述べる。が，20代後半頃から，同僚たちがひとりまたひとりと結婚していき，独身のままでいるのはいつの間にかAさんだけになった。職場では自分がゲイであることは誰にも話しておらず，「同僚の結婚式に出席するたびに居心地のわるさ，自分がそこにいることが場違いな感じ」を感じていた。結婚して同僚たちは帰宅が遅くならないように，一緒に夜飲みに出ることもなくなった。同僚たちのプライベートの会話は，家族の話題，子どもの話題が増え，話に加われないでいるAさんに対して「お前も早く結婚しろよ」「いい人を見つけろよ」と同僚たちが言ってくるようになった。職場の居心地がわるくなったとAさんは感じるようになる。「被害的に考えすぎているのはわかってるんですが」と前置きしつつ，「仲間外れにされているような気がするんです」とAさんは述べる。

仕事にも以前ほどやる気を覚えなくなっていると自分で感じていたところ，2カ月前に異動を通達された。正社員が実質3人だけという少人数の部署に配属になった。50代後半の男性上司が，仕事以外のことにいろいろと干渉してくることが非常にストレスだとAさんは述べる。仕事が終わったあと飲みに誘われるが，決まって説教をされる。「結婚して一人前だ」という話をされ，「付き合っている女性はいないのか」などと私生活をあれこれと詮索される。次第に会社に行くのが億劫に感じられるようになった。「出勤して，その上司の顔をみるのも嫌なんです」とAさんは述べる。

ほかのゲイ男性との交友関係や男性と付き合った経験について，筆者がAさんにたずねると，ゲイに対するネガティブなイメージがあり，そのイメージが払拭されるような経験をしていないことがうかがえた。「付き合っている相手がいるのに，どうしてゲイは平気でほかの男とセックスできるのか，その神経がわからない」というような発言がきかれた。時々ハッテン場に行き男性と性的接触をもつことがあるが，ほかのゲイ男性と交友関係を築こうという意思は

あまりないようであった。

　Aさんは高校生のときに，出会い系サイトを介してはじめてほかのゲイ男性と会った。8歳年上の社会人で，最初に会ったときから相手は性的関係を求めてきてAさんも応じた。優しい人だと感じたので，Aさんは恋人として付き合えることも期待して相手と会っていたが，数回会ううちに，「恋人はいない」と言っていた相手に何年も付き合っている男性がいることがわかった。そのことが発覚したあと，相手から急に連絡を絶たれてしまった。住所や仕事についても相手は嘘をついていたようだった。「それはショックなことでしたね」と筆者がAさんに伝えると，「ゲイの世界では，こんなことめずらしくないですよ」という応答が即座に返ってきた。

2）事例1の考察

　エリクソンの発達理論によれば，成人期に成し遂げるべき発達課題は「親密性 intimacy」である[7]。成人期は，親友や恋人との間に親密な関係を結び，長年月にわたるパートナーシップを築く相手と出会い，他者を愛する能力を発揮する時期である，とされる。

　配偶者と呼べるような相手とパートナーシップを築くことだけが親密性を達成する方法ではないだろうが，いくつかの先進諸国と異なり同性とのパートナーシップが公的に認められていない日本において，成人期における親密性の課題は，LGBにとって異性愛者よりも達成困難なものになる。

　Aさんの場合，友人との親密性については，20代のうちは職場の同僚たちとの間で築けていたようだが，ゲイとしての部分を抑圧してきたがために，パートナーと呼べるような相手との親密性を築くことは困難であった。

　中年期以降に重点をおいた発達理論を提唱した Levinson によると，33歳から40歳にかけては"settling down"の時期だとされる[14]。日本語では「家を構える」時期，「腰を据える」時期などの訳語があてられている。結婚をして家庭を築くという，主に異性愛者のライフスタイルを前提として作成された用語である。

　ほかの同僚たちがつぎつぎと結婚し「家を構える」中で，Aさんは，今後どのような他者とどのように親密な関係を築けるかが見えなくなり，孤立に陥ったようであった。

　Aさんは内在化されたホモフォビアを抱えており，「異性愛者的役割葛藤」

が強いようである[9]。高校生時に初めて出会った年上のゲイ男性とのネガティブな体験が，Aさんのアイデンティティ形成に影響を及ぼしているようだと，筆者には感じられた。成人期よりも前の発達課題——青年期におけるアイデンティティ確立の発達課題——に取り組むことがAさんには必要であった。実際の年齢に相当する発達課題よりも前の，未処理の発達課題に取り組むことが，しばしばLGBには必要とされると，Ritterらは述べている[15]。

Aさんとの面接では，Aさんの抱いている，ゲイに対するネガティブなイメージについて取り上げ，ほかのゲイ男性との交友関係を結ぶ方向性を模索していった。が，当事者の知人をつくることへのAさんの抵抗感はかなり強固であった。LGBのサポートグループの情報を提供しても，参加しようとは思えないようであった。

本事例では，たまたま筆者がゲイ当事者であり公にもカミングアウトしていたため，経過中にAさんがそのことを知り，筆者がカミングアウトをしたことが，Aさんの内在化されたホモフォビアを緩めるきっかけとなった。ゲイであることを含めたアイデンティティをポジティブに形成しているセラピスト像が，Aさんにとって，ある種のロールモデルとしての機能を果たしたようである。カミングアウト後，数回の面接を経て，Aさんはサポートグループへ参加するようになり，ほかの当事者との交流を楽しむようになっていった。

Ⅱ　ソーシャル・サポートを得ることの困難さ

続いて，老年期の事例を提示する。老年期のLGBにとって，必要なソーシャル・サポートを得ようとしてもなかなか難しい状況のあることが推察される。

事例2　Bさん

1）事例2の概要

パニック発作様の症状を主訴に来院した60代後半のゲイ男性。40年間勤め上げた会社の事務職を5年前に退職，現在は賃貸のアパートで一人暮らし。一人っ子で，父親はBさんが20代の頃に亡くなり，母親も3年前に脳梗塞で倒れ，身体が不自由になり，一緒に住んでいたBさんが介護を続けた後，1年前に亡くなった。近くに叔父，叔母と従兄弟が住んでいるが，現在行き来はほとんど

ない。

　Bさんはもともと心配性であり心気的でもあったが，半年ほど前，電車に乗っている最中に狭心症の発作を起こし救急搬送されるというエピソードがあってから，電車に乗ることを考えるだけで極度に不安になり動悸と呼吸困難が生じ，パニック発作様の症状を呈するようになった。近医の内科と精神科に通院を開始し，狭心症治療薬と抗うつ薬の内服を開始し症状は改善しつつあるところに，筆者の勤める，セクシュアル・マイノリティに理解があるというクリニックの情報を友人から聞き，「セクシュアリティのことも話したいので」と転院してきた。

　転院して間もなく，親しくしていたゲイの友人が心筋梗塞で急に亡くなり，不安症状が悪化した。自分の今後のことが心配になり，若い頃比較的親しくしていた従弟に「自分が病気になったら面倒をみてもらえないだろうか」とたずねてみたが，まったく相手にしてもらえず，さらに不安症状が増悪した。

　同年代のゲイ・バイセクシュアル男性の友人が数人いて時々一緒に会って食事をしたりもするが，皆，既婚者で家庭をもっているため，「あてにするわけにもいかない」「付き合いにも限度がある」とBさんは感じている。ゲイのサークルやピアサポート的な集まりに参加してみたこともあるが，「参加者はせいぜい40代止まりで，自分ぐらいの年代はいないので」話が合わなかったり居心地のわるさを感じ，継続しての参加には至らない。

　これまで男性と付き合ったことは何度かあるが長続きせず，「40代のときに付き合っていた相手と別れたあとは，もう彼氏をつくるのも無理だろうとあきらめました」と自嘲気味に述べる。

　今のアパートでの独居生活がいつまで続けられるか不安に感じている。介護が必要になったときのために老人ホームへの入居についても調べているが，ゲイである自分が施設での生活になじめるかどうかも心配である。「同性愛に理解のある老人ホームはないんですか」と筆者に質問してくる。

　Bさんの不安を軽減するため，薬物療法を継続しながら，筆者は簡単な認知療法を行い，症状としてのBさんの不安はほぼおさまった。Bさんにとって，「セクシュアル・マイノリティに理解のある」ことを謳っているクリニックに通院すること自体が，ひとつのソーシャル・サポートになっているようであった。年配のLGBのためのリソースの情報を，筆者は積極的に得ようとし，入手し

た際にはBさんに提供しているが，Bさんにとって入手可能なソーシャル・サポートは実際に乏しく，今後さらに年を取っていく中での生活を不安に思うのは無理もないと筆者には感じられる。

2）事例2の考察

Bさんは老年期のゲイ男性であるが，次の事例3のCさんとは異なり，自分に必要な社会的資源を積極的に得ようとする姿勢がある。セクシュアル・マイノリティに理解があるクリニックの情報を得て自ら転院してきたのも，その表れと言える。

老年期のLGBの心理社会的側面について論じる英語の文献では，「ソーシャル・サポート」という用語が頻出する。以下，Bさんの事例を，「ソーシャル・サポート」という観点から論じる。

ソーシャル・サポートは，明確に定義するのが困難な用語であるが，広い意味では「対人関係からもたらされる，手段的・表出的な機能をもった援助」と定義される[11]。提供されるソーシャル・サポートの種類としては，情緒的サポート，道具的サポート，情報的サポートなどがある。

ソーシャル・サポートに関して，老年期の人々がどのような相手をサポート要員（サポートを提供してくれる要員）として認識しているかについて調べた海外の研究では，多くの異性愛男性が「家族」を第一に挙げるのに対して，LGBは「近しい友人」を第一に挙げることが多い[1,6]。60歳以上のLGB数百人を対象に行われた北米の調査では，90％の回答者が「近しい友人」をサポート要員として挙げていた[8]。

異性愛男性では「家族」をサポート要員とみなす割合が高いのに対し，LGBでその割合が低くなる背景には，LGBの場合，原家族（親や同胞）と意図的に距離をおくことによって，自分がLGBであるという事実が知られるのを回避しようとしていたり，あるいは，自分がLGBであるという事実を実際に知った原家族の側がその事実を受け入れようとしない，などの要因が働いていると思われる[13]。

多くのLGBが，原家族 family of origin よりも，「自らが選んだ家族 family of choice」によってソーシャル・サポートを得ている[2,16]。

サポート要員として，友人の次に挙げられることが多い相手は「パートナー」である。上述の北米の調査では，44％の回答者がパートナーをサポート要員と

して挙げていた[8]。さらには，同性パートナーと一緒に暮らしている者のほうが，そうではない者よりも「自らのメンタルヘルスの状態がよい」と答える割合が高かった。

同じく米国で行われた44歳から75歳までの約200名のゲイ男性を対象とした調査では，同性のドメスティック・パートナーがいる者は30.2％，法的に認められた同性の配偶者がいる者は11.9％であり，同性のドメスティック・パートナーや法的な配偶者がいることによって，肯定的な感情が増進され抑うつ症状が軽減され得るという結果が得られている[18]。パートナーがいることにより情緒的サポートが提供され，安定したメンタルヘルスの状態が維持されやすいことがうかがえる。

ソーシャル・サポート要員の条件としては，「自分の性指向を承知していること」がもっとも重要な条件として挙げられていた[8]。自分の性指向を知らない原家族のメンバーがサポート要員になった場合，提供されるサポートへの満足度は必ずしも高くはないことが予想される。

Bさんの場合は，同年代のゲイ・バイセクシュアルの友人たちがソーシャル・サポート要員に——特に情緒面におけるサポート要員に——なっていた。セクシュアル・マイノリティのコミュニティ内のサークルやピアサポート的な集まりは，年齢が障壁となって，Bさんにとってソーシャル・サポートのリソースにはなっていないようだった。

LGBコミュニティ内に存在するエイジズム ageism の問題が海外で議論されることがある[3,4]。エイジズムとは，年齢によって他者を見下したり差別したり排除したりすることであり，中高年のLGBがコミュニティへ参加することを妨げる要因になり得る。

Bさんは老人ホームへの入居も検討し始めているが，ゲイである自分が性指向を隠したままで入居生活になじめるかどうか不安に感じていた。Brotmanらは，高齢者向けの福祉サービスにおいては，一般の福祉サービスよりも，さらにホモフォビアや異性愛主義が頻繁に認められると述べている[3]。上述したように，ソーシャル・サポートへの満足度は，サポート要員が自分の性指向を承知しているかどうかに左右されるという報告があるが，一般の高齢者向け施設において，スタッフが利用者の性指向を認識した上で，利用者にとって満足度の高いケアが提供されることは現状難しいだろう。

III 同性パートナーとの死別の問題

次の事例は，同性パートナーとの死別が問題となっていた事例であるが，1回のみの面接で来談が中断した事例である。援助が必要な状態であっても，内在化されたホモフォビアが強い場合，本人が援助を求めようとしない場合がある。援助希求行動を取ることへのハードルの高さも，LGBにとって大きな課題になり得る

事例3　Cさん

1）事例3の概要

50代後半のゲイ男性[注3, 4]，警備員の仕事をしている。問診票の主訴欄には，「知り合いから勧められて」とのみ記載。

面接時，非常に防衛的な態度で，主訴や来談動機をたずねても「一問一答式」な答えが返ってくるのみで話がふくらまない。話された断片的な内容をつないでいくと，以下のような状況が明らかになった。

Cさんは，25年間一緒に暮らしてきた同性パートナーを半年前に亡くした。パートナーにもCさんにもすでに身寄りはなかったので，葬儀は簡素なものだった。Cさんには友人と呼べる間柄の人もおらず，唯一，パートナーの友人だったバイセクシュアル男性が2人の関係性を知っており，その知人が，引きこもりがちになっているCさんの状態を心配して「とにかく一度は受診するように」と，筆者の勤めるクリニックへの受診を強く勧めてきた。Cさんにはもともと飲酒の習慣があったが，パートナーの死後，酒量がかなり増加している。朝から家で飲酒し仕事にも行けないことが増えている。精神症状についてたずねていくと，睡眠障害も抑うつ症状もあるようだった。

内在化されたホモフォビアが強いようで，待合室で「いかにもホモっぽい」人が複数いたことへの不快感を表明する。「患者もスタッフも若い人ばかりですね，自分ぐらいの年齢の医者はいないんですか」と不満気に述べる。

筆者からは，パートナーを亡くしたつらさへの共感を伝えつつ，「今は悲嘆と呼ばれる時期で気分が落ち込むのも無理もない」こと，「夜眠れないことや飲酒量の増加が気になるので，薬を内服し継続的な通院が必要だと思われる」

ことを説明するも,「知人に言われたので, 1回だけ試しに来てみた」と述べ,次回予約を入れることに対しては強く抵抗を表明する。抗うつ薬と睡眠薬を処方し翌週に予約を入れたが, 来院せず。その後も連絡はない。

2）事例3の考察

25年間連れ添った同性のパートナーを亡くし, Cさんは「公認されない悲嘆 disenfranchised grief」に苦しめられていたのだと推察される。

「公認されない悲嘆」とは, 社会的に正当性が認められない悲嘆のことをいう[5]。すなわち, 大切な相手が亡くなって悲嘆を抱えているにもかかわらず, 残された遺族がそれを表出することも, 支援を求めることも社会的に容認されないような悲嘆のことである。例として, 正式な結婚手続きをしていない恋人が亡くなった場合や, 大切な相手が社会的にスティグマを付与されるような死因で亡くなった場合――エイズなどのスティグマを付与されやすい病気, 自死, 死刑, 中絶などで亡くなった場合――が挙げられる。公認されない悲嘆の場合, いつまでも悲嘆が長引いたりうつ病に移行したりなど, 通常の悲嘆と異なる経過を呈しうる。

同性カップルにとって, パートナーを亡くしたあとの喪失体験は, 公認されない悲嘆を背負うこととイコールになる場合がある。2人の関係性が相手の原家族から認知されていなければ, 病院への見舞いにも行けず死に目にも会えず, 葬儀にも参列できず, 住居が相手名義で所有されていた場合には, 住む所を失う可能性さえある[15]。

面接時, それまで公認されてこなかった悲嘆を「私は認めますよ」という姿勢を, 筆者は精一杯Cさんに示したつもりだったが, 翌週の予約に現れなかったことを考えると, 残念ながらCさんには十分に届かなかったのだろう。

Cさんはソーシャル・サポートがかなり乏しい人であった。Cさんと亡くなったパートナーとの関係性を知る者は上述の知人ひとりのみである。

クローゼットな状態で暮らしている同性カップルの場合, 互いに互いの存在のみが唯一のソーシャル・サポートであるという状況が生じうる。そのようなカップルの片方が亡くなった場合, 残された側が被る打撃は大きい[15]。Cさんにとって, パートナーとの死別は, 対処可能なレベルをはるかに超えたストレスだったと思われる。

Cさんは内在化されたホモフォビアが強く, 援助希求行動をとることが難し

いようであった。Ritterらは，長年自らの性指向を抑圧してきたLGBは，援助を受けることによって自らのセクシュアリティと向き合うことになるのを恐れ，それを回避しようとするため，必要時にもなかなか援助を受けようとしないと述べている[15]。

日高が2003年に行った調査では，心理カウンセリングを受けることに関心があるゲイ・バイセクシュアル男性の割合は全体の62％あまりにのぼっており，カウンセリングへの潜在的なニーズの高さが示されている[10]。その一方で，実際にメンタルヘルスの専門家へアクセスすることに対しては，根強い躊躇感も存在することが自由記述によって示唆されている。

「ゲイであることを話さずに精神科にかかってカウンセリングも受けているが，話して拒絶されないかとても心配だし，話さないでいるのも隠し事をしているようで辛い。」

「カウンセリングを過去に受けたことがあるが，『結婚すれば落ち着きますよ』など同性愛に対する理解がない発言をされて，傷ついた。」

「いろいろ悩みがあっても，まず『ゲイである』という部分で躊躇してしまうので，ゲイに理解のある信頼できるカウンセラー／医療機関があれば行きたい。」

当事者にとって援助希求行動を取ることがいかに困難であるかがうかがえる。

援助希求行動を取ることのハードルの高さは，LGBのメンタルヘルスの低下を招く要因として，およびLGBのメンタルヘルスの改善を阻む要因として，重大な課題のひとつである。

「Cさんは，おそらくこれまでの人生の中で，同性愛がネガティブに語られる場面に遭遇することはあっても，（自らのセクシュアリティを含めて）周囲から認められ肯定された体験が少なく，『周囲に援助を求めても助けは得られない』という認知を頑強に作り上げてしまったのだろう」というのが，面接を終えたときに筆者の受けた印象であった。同時に，「社会に存在するホモフォビアが軽減しない限り，Cさんのようなクライエントがいなくなることはないのだろう」とも筆者は感じた。

Ⅳ　LGB にとっての世代継承性（ジェネラティヴィティ）

　Ritter らは，中年期・老年期の LGB は「見えない存在 invisible」になりがちであると述べ，中高年の LGB の「不可視性 invisibility」に言及している[15]。前述したように，セクシュアル・マイノリティのコミュニティ内に存在するエイジズムによって，コミュニティにおいても，中高年の LGB は不可視の存在にされる可能性がある。

　筆者は 2002 年に訪米し，ニューヨークにある「LGBT コミュニティセンター」を見学したことがある。そこでは，年代別のニーズに合わせたサポートグループがあるのだが，印象に残ったのは，高齢の当事者たちのグループが，10 代の当事者たちのグループと一緒に交流する（テラスで一緒にお茶を飲み歓談する）というプログラムがつくられていたことだった。1970 年代より以前の，同性愛に対する偏見や差別が厳しかった時代を生き延びてきた「先輩の体験談」に，アイデンティティを形成するさなかにある 10 代の当事者たちが耳を傾ける機会が設けられているのである。

　中年期・老年期の人々の体験は，それがどのようなものであれ，若い世代の側に「聴こう」という姿勢があり，中年期・老年期の人々の側に「話そう」という思いが生まれるならば，有益な「智恵」となって伝授されうる。そのことを，エリクソンは「世代継承性 generativity」という言葉で言い表した[7]。「世代継承性」とは，「新しいものを生みだす力，生み出したものを世話し，次世代へとつなぎ継承していく力」のことである[19]。中高年の LGB を「見えない存在」にしてしまうのではなく，次世代へと伝達されるべき貴重な体験を有する，コミュニティの成員として認識することが必要だと思われる。

注 1） 本章で提示する事例は，いずれも筆者が直接に経験した，あるいは間接に見聞きした複数の事例の種々の要素を抽出して創作した事例である。創作事例ではあるが，現実の事例として十分にありうる内容である。抽出した要素については，プライバシー保護のためさらに細部を改変している。

注 2） 筆者が非常勤で勤める「しらかば診療所」は，以下の 3 つを理念として，2007 年に開設されたクリニックである。①セクシュアル・マイノリティの立場に配慮し，安心して利用できる医療サービスを提供する。②セクシュアル・マイノリティの生活を，行政・NGO・医療機関など他の社会資源と協調しながら医療の側面から支援する。③診療活動から得られた知見を当事者および広く社会へと還元する。

注3）本章のタイトルが「LGBの課題」となっているのに，ゲイ男性の事例だけを取り上げている理由は，筆者にとって，成人期以降の事例として充分な臨床経験があるのが，ゲイ男性のクライエントのみであることによる。今後，成人期以降のレズビアンやバイセクシュアルの課題についても臨床的に明らかになっていくことを期待したい。

注4）本稿で提示した事例はいずれもクリニックへ来院した臨床例をもとに創作した，症状や悩みを抱えた事例であり，セクシュアル・マイノリティのコミュニティとの接触をなかなか持てない（持たない）ゲイ男性の事例である。したがって，ゲイ男性集団を代表するような事例ではないと言える。逆に（それゆえに）本稿は，コミュニティとの接触をなかなか持てない（持たない）当事者たちのおかれている状況を把握する一助にもなると思われる。

文　献

1) Beeler, J.A., Rawls, T.W., Herdt, G., et al (1999) The needs of older lesbians and gay men in Chicago. Journal of Gay and Lesbian Social Services, 9(1), 31-49.
2) Berger, R.M., Mallon, D. (1993) Social support networks of gay men. Journal of Sociology and Social Welfare, 20, 155-169.
3) Brotman, S., Ryan, B., Cormier, R. (2003) The health and social service needs of gay and lesbian elders and their families in Canada. The Gerontologist, 43(2), 192-202.
4) Cahill, S., South, K., Spade, J. (2000) Outing Age: Public Policy Issues Affecting Gay, Lesbian, Bisexual and Transgender Elders. National Gay and Lesbian Task Force, 2000. http://www.thetaskforce.org/reports_and_research/outing_age
5) Doka, K.J. (2002) Introduction. In K.J. Doka (ed): Disenfranchised Grief: New Directions, Challenges, and Strategies for Practice, Champaign. IL: Research Press, pp.5-20.
6) Dorfman, R., Walters, K., Burke, P., et al. (1995) Old, sad and alone: The myth of the aging homosexual. Journal of Gerontological Social Work, 24(1/2), 29-44.
7) Erikson, E.H. (1982) The Life Cycle Completed. New York: Norton.（村瀬孝雄・近藤邦夫訳（1989）ライフサイクル—その完結．みすず書房）
8) Grossman, A.H., D'Augelli, A.R., Hershberger, S.L. (2000) Social support networks of lesbian, gay, and bisexual adults 60 years of age and older. Journals of Gerontology Series B: Psychological Sciences, 55(3), 171-179.
9) 日高庸晴（2000）ゲイ・バイセクシュアル男性の異性愛者的役割葛藤と精神的健康に関する研究．思春期学，18(3), 264-272.
10) 日高庸晴（2004）ゲイ・バイセクシュアル男性のHIV感染予防行動と心理・社会的要因に関する研究．平成16年度厚生労働科学研究費補助金エイズ対策研究推進事業（研究成果等普及啓発事業）研究報告書．
11) 稲葉昭英（1992）ソーシャル・サポート研究の展開と問題．家族研究年報，17, 67-78.
12) Kertzner, R.M. (2001) The adult life course and homosexual identity in midlife gay men. Annual Review of Sex Research, 12, 75-92.
13) Kurdek, L.A. (1988) Perceived social support in gays and lesbians in cohabitating relationships. Journal of Personality and Social Psychology, 54(3), 504-509.
14) Levinson, D.J. (1978) The Seasons of a Man's Life. New York: Knopf.（南　博訳（1992）ライフサイクルの心理学（上・下）．講談社）
15) Ritter, K.Y., Terndrup, A.I. (2002) Midlife and later-life issues for sexual minority adults. In K.Y. Ritter, A.I. Terndrup: Handbook of Affirmative Psychotherapy with

Lesbians and Gay Men. New York: Guilford Press, pp.130-145.
16) Weeks, J., Heaphy, B., Donovan, C. (2001) Same-Sex Intimacies: Families of Choice and Other Life Experiments. London: Routledge.
17) Wierzalis, E.A., Barret, B., Pope, M., et al. (2006) Gay men and aging. In D. Kimmel, T. Rose, S. David (eds): Lesbian, Gay, Bisexual, and Transgender Aging. New York: Columbia University Press, pp91-109.
18) Wight, R.G., LeBlanc, A.J., de Vries, B., et al. (2012) Stress and mental health among midlife and older gay-identified men. American Journal of Public Health, 102(3), 503-510.
19) やまだようこ (2000) 喪失と生成のライフストーリー. (やまだようこ編) 人生を物語る―生成のライフストーリー. ミネルヴァ書房, pp.77-108.

第13章

ゲイ／レズビアンのライフサイクルと家族への援助

林　直樹

Ⅰ　はじめに

　手元に1枚のポストカードがある（図1）。それはもともとは『カミングアウト・レターズ』という，ゲイ／レズビアンの青年たちが，親や教師に自身のセクシュアリティについて綴った手紙とそれに対する返事を集めた書籍[8]の，宣伝のために作成されたものである。そこにあしらわれているのは，どこか縁日を思わせる場所でひとりの20代初めくらいの男性が，満面に笑みを浮かべながら，リンゴ飴らしきものを頬張っている写真だが，その脇には次のような言葉が書かれている。「親にだけは言えないと思ってた。」写真とその言葉から受ける印象のギャップも相まって，ぐっと心を引きつけられる印象的なカードである。

　ゲイ／レズビアンの子どもたちが，多くは思春期近くになり自身の性指向を自覚し始めると，他とは異質な自身の存在に強くとまどいを覚えることになる。そしてそれを一番身近な家族との間でどう位置づけていくかということは，その後の人生で表に出たり影に隠れたりしながらも，一貫して重要なテーマとなってくる。ある者は青年期以降家族と距離を置いて，セクシュアリティの問題を家族には知らせまいとする。またある者は自身のセクシュアリティをどこかの時点でカムアウトして，新しい家族との関係を模索しようとする。それに対して家族の側も，あるときは不安にさいなまれ，またあるときは自責的になりながら，本人と関わろうとする（あるいは関わるまいとする）。このようにセクシュアリティの問題はそのまま家族の問題でもある。

　本章では，ゲイ／レズビアンの抱える特徴的な問題を，家族のライフサイク

154　第Ⅱ部　セクシュアル・マイノリティへの心理的支援の実際

図1

ルの中で，ゲイ／レズビアン本人および家族の視点からあらためて捉え直しながら，それぞれへの援助の実際について事例を交えながら考察していきたい。

Ⅱ　家族のライフサイクルとゲイ／レズビアン

　中村は「サラリーマン」を夫あるいは父親にもつわが国の平均的な家族のライフサイクルをジェノグラムで例示しながら，その「家族のストレス」を年代ごとに説き明かしている[6]。ここで示されたのは，ヘテロセクシュアル（異性愛者）同士が結びついた夫婦を核とした家族の典型例であろう。筆者もそれに倣って，子ども世代にゲイ男性を含む家族のライフサイクル[注1]を考えてみたいと思う。それをヘテロセクシュアルの家族のライフサイクルと比較して，本人や家族の受けるストレスにどのような違いがあるのか，明らかにしていきたい。

　ここでは夫婦2人に第1子が女児，第2子が男児である家庭を仮定する。このうち男児がヘテロセクシュアルであるか，ゲイであるかによって，その後のライフサイクルがどう変わっていくかを見ていく。なお一般的なジェノグラムの書き方に準じて，四角は男性，丸が女性，二重の四角がここで中心として語られる男性本人である。なお心理学などでは研究者によって生涯の時期の区切

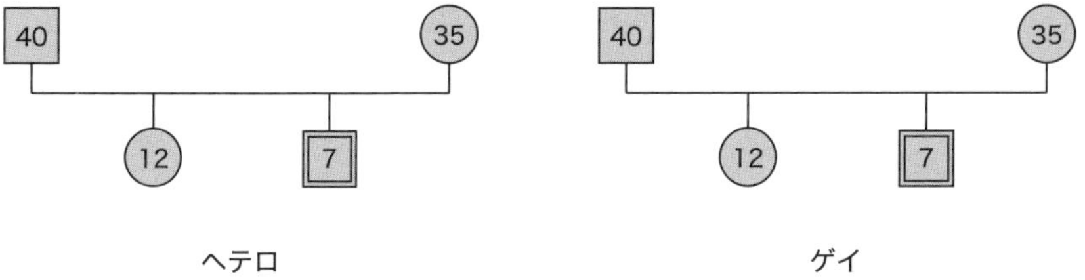

第 13 章　ゲイ／レズビアンのライフサイクルと家族への援助

```
   ヘテロ                    ゲイ
```
図2　幼小児期〜学童期

り方や命名の仕方はさまざまであるが，ここでは常識的に，幼小児期〜学童期を 12 歳くらいまで，思春期〜青年期前期を 12 歳から多くが社会人となる 20 代前半まで，青年期後期をその後 30 代後半までとして，おおむね 40 代, 50 代を中年期と，また 60 代以上を老年期と想定している。

1. 幼小児期〜学童期

図2は男性が幼小児期〜学童期の場合。左が男性がヘテロセクシュアルの場合，右がゲイの場合であるが，この時期の家族構成はもちろん両者とも変わらない。同性に対する性指向は，多くは思春期以降になって性衝動の高まりとともに自覚されるが，それ以前にも生来的にゲイ男性が備えているものであると考えられる。したがって思春期以前にも男性は，漠然とであるが自身の性指向が同性に向かっていることを感じていることが多い。しかし多くは，いずれ変化するもの，解消されうるものと考えていることが多いと思われる。

この時期，幼小児期や学童期の子どもを抱えた親の子育ての不安というのはさまざまであろうが，ゲイの場合には，あまりその子が外で活発に遊ばなかったり，その年頃の男の子が興味をもつものに関心を示さなかったりで，親は心配するかもしれない。それで過度に厳しくあたったり，「男らしさ」を強いてしまう親もあるようである。Green[1] は，特に女の子っぽい男の子の多くが同性愛者か両性愛者になり，性転換者（現在の性同一性障害）になったのは少数であったという報告をしている。

またこの時期，親はいわゆる「働き盛り」の時期であり，家庭に割く時間が少なくなっている。子どもが学童期になると両親共働きとなる家庭も多く，実質子どもたちに関わる時間がどうしても減ってしまう。このことが後年男性のセクシュアリティの「問題」がわかったときに，親たちが自責的になったり，

両親同士が相手を責めることの一因になるようである。

2. 思春期〜青年期前期

　学童期から漠然と感じていた自身の性指向に対する違和感であるが，この頃にはまだ日常に紛れて普段は意識に上ることの少ないものだったと思われる。しかし思春期を迎え，性的衝動や性的な興味関心が高まる中で，それはよりはっきりと本人に意識されるようになってくる。そして自分が周囲の多くの友人たちとは「好きになる」対象が異なること，彼らとは「違う」存在であることを強烈に自覚するようになる。一方でそれを「同性愛」あるいはゲイ／レズビアンとして言葉を当てはめ，同一化するのは，もう少し時間がかかるようである。

　第2章でも述べられているが，日高の研究[3]によると，「同性愛者であることを自覚した年齢」に関する質問項目のうち，「ゲイであることを何となく自覚した」年齢の平均が13.1歳，「『同性愛・ホモセクシュアル』という言葉を知った」が同じく13.8歳，「異性愛者ではないかもしれないと考えた」が15.4歳，そして「ゲイであることをはっきりと自覚した」が17.0歳となっている。つまり何となく自覚してから，はっきりと自覚するまでの間に平均で4年かかっている。この間ゲイ／レズビアンの若者は自分がどういう存在であるかということを強烈に悩むことになる。これが中学生から高校生にかけてのまさに思春期〜青年期前期の時期である。

　もとよりこの時期は，自分がどういう存在であるか，自分はこの先どのように生きていくかなどを深く考える時期でもある。しかしその場合，ヘテロセクシュアルでは多くは自明のことである性指向から，ゲイ／レズビアンは悩まなければいけない。またこの時期の悩みの多くは，通常は同級生や友人などの仲間の中でのピアサポート的な関係や，親や教師などの姿や体験を見聞きすることで解消されていくものであるが，ゲイ／レズビアンの多くではそれが当てはまらない。周囲の友人の多くはヘテロセクシュアルであり，親も基本的にはそうであろう。その中でゲイ／レズビアンの若者たちは，常に注意深くヘテロセクシュアルのふりをしながら，家庭や学校，職場で適応的に振る舞っていることが多い。この際に同性愛者が感じるであろう葛藤のことを日高は「異性愛者的役割葛藤」と名付けている[2]。

　図3は男性が17歳になったときのジェノグラムを並べたものである。5歳

ヘテロ　　　　　　　　　　　　　ゲイ

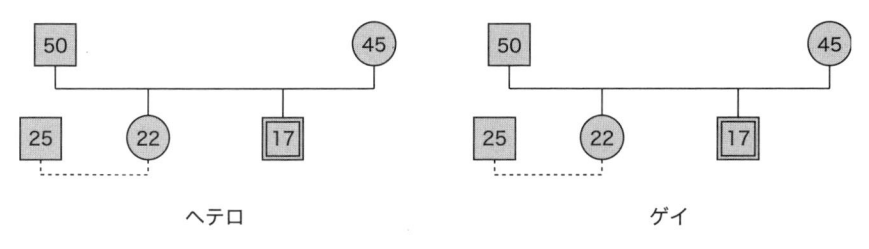

図3　思春期～青年期前期

　上の姉は大学生であるが，サークルで出会った上級生と交際している。姉は彼をすでに両親にも紹介して，卒業を控えて，結婚を含めた将来のことを彼と話し合っている。男性がヘテロセクシュアルであれば，この時期姉の交際をきっかけに，本人の好きな同級生のことなどが，姉と語られ，あるいは家族の話題にも上るかもしれない。しかしゲイであれば，むしろ家族内ではそのような話題は避けるようにするかもしれず，それが家族にやや違和感をもって受け止められているかもしれない。もっともこれは家族によって差があろう。この時期はまだほとんどの親が，男性が性指向について苦しんでいることには気づかない。これは先に述べたように男性が注意深く日々の生活を送っているためでもあるし，またこの時期進学や就職など進路のことに本人を含めた家族の最大の関心が向かいがちで，それに隠されてしまうためもあろう。それにまた，まだ両親ともに仕事を抱えていれば多忙な時期である。
　であるので，この時期男性の周囲に適応的に振る舞おうとする努力が限界を超えて，彼が急に自室にひきこもり学校を休みがちになっても，あるいは急に学校の成績が下がりだしても，親はその理由がよくわからない。本人に尋ねてもはっきりと答えず，親も困惑する。夜遊びやいわゆる「不良グループ」との交際，女性であれば摂食障害や自傷行為など，この時期は多分にそれまでとは逸脱した行動が出やすい時期であるが，その背景に性指向などセクシュアリティの問題があることも比較的多いのではと思われる。

3．青年期後期

　わが国で30代，40代男女の未婚率の上昇が叫ばれるようになって久しい。その背景には，「個」を優先させるようになった価値観並びにライフスタイルの変化や，厳しい経済状況の下結婚して家庭を維持できるような収入を適齢期

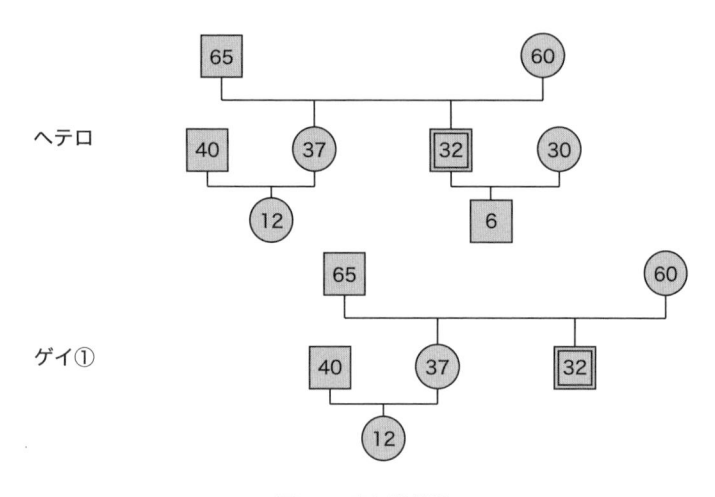

158　第Ⅱ部　セクシュアル・マイノリティへの心理的支援の実際

図4a　青年期後期

　の若者が得られないという社会的状況などがあると思われるが，それでもなおヘテロセクシュアルの場合には，ある程度典型的な青年期後期の家族像というのが，想定できる。
　図4aの上段は図3より15年後，男性が32歳の青年期の終わりにさしかかったときの，ジェノグラムである。男性は20代半ばで職場の後輩の女性と結婚，現在6歳の男児がいる。職場でもそろそろ後輩を指導する立場となり，職業人として，あるいは父親としての自分により自覚的になる頃だと思われる。男性の父親は定年退職後に再就労をし，また母親は趣味のサークル活動に忙しい。両親ともに時おり孫が訪ねてくるのを楽しみにしながら，一方で自分たちの老後を否応なしに意識している頃であろう。そこには将来的な息子夫婦との同居など，ある程度家族に依存した老後のプランも考えられているかもしれない。
　これに対して，この年代のゲイ／レズビアンのジェノグラムを想定しようとすると，なかなか典型例が描きにくいことに気づく。図4aの下段は，男性はまだ「ひとり」である。「ひとり」であるが，自分ではゲイであることを認めて他のゲイやゲイのコミュニティと接触をもっているかもしれないし，あるいは勇気を出して親や姉にも打ち明けているかもしれない。それとは逆にまだ自分でも認めることができず，インターネットなどを介して知り合う相手と性的な関係はもつが，他のゲイとは親密になれず，また周囲には誰にも打ち明けら

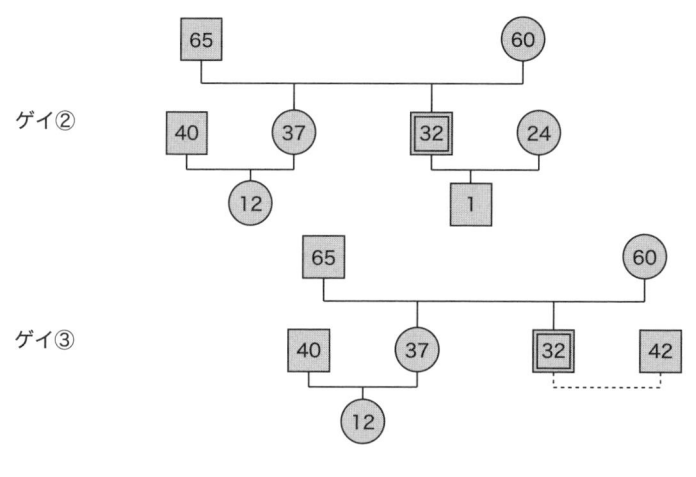

第13章　ゲイ／レズビアンのライフサイクルと家族への援助　159

図4b　青年期後期

れずに孤独であるかもしれない。同じ「ひとり」であっても，多様なあり方が考えられる。

　また青年期後期のこの時期は，周囲からの結婚への圧力が最も強まる時期である。両親は，5歳上の姉の家庭や，男性の友人が結婚した話などをたびたび引き合いに出しながら，「そろそろ孫の顔が見たい」と男性に結婚して家庭をもつことを促す。職場でも，仕事以外の同僚たちとの話は結婚生活や子どもの話になりがちで，ゲイである男性はとけ込めなさ，居心地の悪さを感じることが多い。親戚や上司などが，「見合い話」を持ち込んでくるのもこの頃である。また昇進などの条件として，結婚して家庭をもっていることが，暗黙の了解になっている職場もまだ多いと思われる。このようにゲイ／レズビアン，特にゲイ男性にとってのこの時期は，思春期と並んで精神的なクライシスに見舞われやすい時期と思われる。

　図4bの上段では，ゲイである男性は女性と結婚して，表向きはヘテロセクシュアルとして生きていくことを選択している。妻との間には1歳になる子どももできている。しかしヘテロセクシュアルとしての性行動を完全にとり続けることは困難で，時おり「ハッテン場」と言われる男性同士がセックス目的で出会える場所に通ったり，ネットで他の男性と知り合ったりしている。先行する世代の多くがしたと思われる選択であり，ゲイ／レズビアンの存在が認知さ

れるようになった現在でも，しばしばありうる夫婦の一形態である。何かのきっかけで男性のそのような行動が妻の知るところとなり，妻が非常に混乱して，相談機関に相談を寄せることもある。鍛冶は自らの電話相談での経験から，既婚同性愛者とその配偶者・家族の支援の必要性と，同時にその難しさを指摘している[5]。

　一方図4bの下段では，男性は10歳年上のパートナーを見つけて，実家から離れて一緒に生活をしている。男性は同居していることは家族に伝えても，2人の関係については詳しくは告げず，仕事の「仲間」とだけ伝えている。昨今の離婚率の上昇からもわかるように，パートナーシップの維持というのはヘテロセクシュアルでも難しいことであるが，結婚という制度に守られず，あるいは「かすがい」となる子どももいないゲイ／レズビアンのカップルには一層困難なことと思われる。

　いわゆる「カミングアウト」の問題に直面するのも，この青年期後期と思われる。20代から30代初めにはまだ利いた周囲や自分自身への「ごまかし」が，この頃になると利かなくなってくる。あるいは利かなくなったと感じてしまい，家族との関係や日頃の人間関係での不自由さを一層感じるようになる。その結果，親密な関係の人には自身のセクシュアリティを明らかにしたいという，やむにやまれぬ思いをもつようになる。このように意を決して行うカミングアウトの他に，例えばたまたま本人の隠していたゲイ雑誌が見つかり，問いただされて話してしまうなどの偶発的なカミングアウトも考えられる。

　このカミングアウトは，本人だけではなく，カミングアウトをされる家族にとっても大きな課題となる。特に両親にとって，この時期には老後の問題は現実のものとなっており，カミングアウトをされることで，親がその後の人生の計画を大幅に修正しなければならないことも考えられる。またカミングアウトを受けた親の多くは，その過程で一時的であっても，自分たちの育て方が間違っていたのではと思い自責的になったり，自分たちのやってきたことを否定されたように感じて抑うつ的になるようである。このようにカミングアウトは親にとっても，それまでに培われた人生観や人間観を試される試練の時となる。つまりカミングアウトには単に本人の告白以上に，家族や周囲との関係を新たに構築していくという意味がある。カミングアウトの際の援助の実際については，後で述べる。

図5　中年期

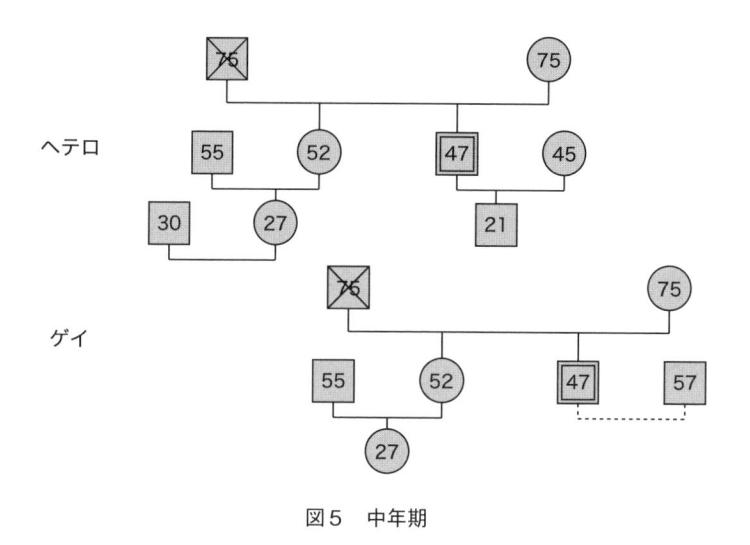

4．中年期

　図5は図4から15年後，男性が40代の中年期となった際のジェノグラムの比較である。父親は75歳で病のため亡くなっている。つまり親しい肉親との別れをすでに経験している。残された母親も70代半ばとなり，親の介護の問題は現在進行形のものとなっている。男性がヘテロセクシュアルの場合には，子どもは思春期から青年期を迎えて，親子の関係はしばらくやや緊張したものとなる。また職場では，管理職の立場となっている者も多く，家庭に職場にと難しい舵取りを迫られている。

　ヘテロセクシュアルの場合には，親世代の衰えや子どもの成長に合わせるように，「中年期」という年齢に見合ったアイデンティティを獲得していく面があると思われるが，ゲイ／レズビアンの場合にはそれが比較的少ない。職業面での経験の積み重ねや社会的立場の変化，あるいはより直接的には肉体的な変化が，それを意識させるかもしれないが，ヘテロセクシュアルよりはどうしても希薄となろう。ゲイ／レズビアンには「中年期」が意識されにくい。またヘテロセクシュアルの場合には，男性夫婦が「おとうさん」「おかあさん」となり，両親がいつの間にか「おじいちゃん」「おばあちゃん」と呼ばれるようになるように，家族内で段階的な立場の移行があり，家族内での力関係の変化がある。

図6　老年期

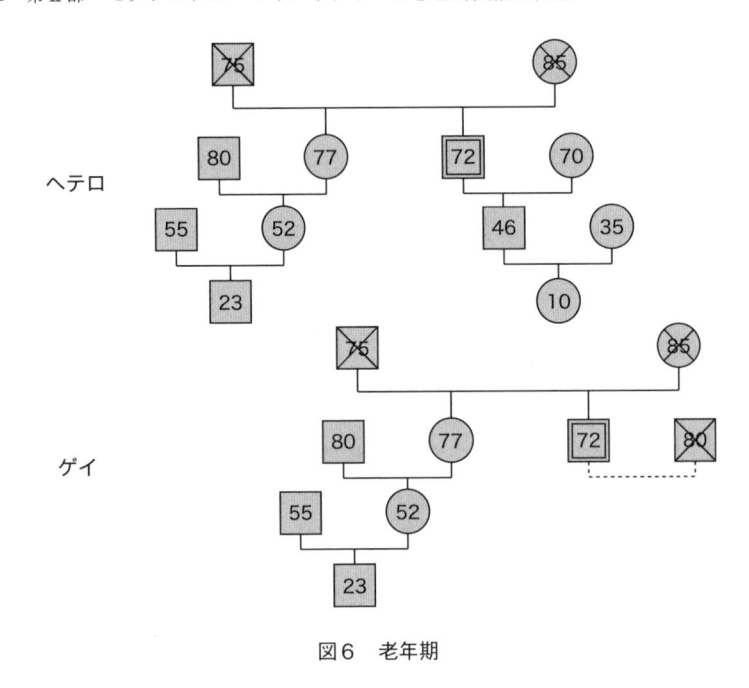

しかしゲイ／レズビアンではそれははっきりしない。親の「老い」を十分に受け止められないうちに，親が亡くなるということもあるだろう。その場合，特にセクシュアリティのことを中心とした親との間で棚上げにされた葛藤が，「喪の仕事」がなかなか進まないという形で，しばらく尾を引くことも考えられる。

5．老年期

　図6はさらに25年後。男性は70代と老年期を迎えている。母親もすでにない。ヘテロセクシュアルの場合には，時おり訪ねてくる孫娘と会うのを楽しみにしながら，夫婦二人の生活を送っている。ライフサイクルとして一巡した形である。一方ゲイの場合には，10歳年上のパートナーはすでに亡くなり，数年前より単身生活となっている。パートナーとの関係が家族の認めるものでない場合，死期にあるパートナーと十分な交流がもてないまま別れざるを得なかったという話を時に聞く。法的整備を含めて，今後の課題であろう。
　また本人の老後の問題も現実のものになっている。すでに代替わりした姉夫婦には多くは頼れず，それまでにゲイ・コミュニティを含めた地域社会で，ど

ういう関係をもってきたかに老後の生活は左右されると思われる。しかしこれはもちろんゲイ／レズビアンに限った問題ではない。今後急速に進んでいく高齢化社会で,「単身者」として老後を生きていく可能性は誰にでもあることである。この点,比較的早くから,ゲイ／レズビアンは「誰と生きていくのか」「人生の目的をどう考え,なにを信じて生きていくのか」[7]ということを考えて,老後の備えをしているのかもしれない。

III　家族への援助の実際

以上,ゲイ／レズビアンのいる家族のライフサイクルを,従来のヘテロセクシュアルであることを前提としたライフサイクルと比較しながら,それぞれの時期（ライフステージ）に家族の中でどのようなことが問題となるかを,詳しく見ていった。そこで今後は,これらライフステージごとの問題を踏まえながら,家族がそのような課題にぶつかったとき,実際にどのような援助ができるのかを例を挙げて示していきたい。

1. カミングアウト

II-3の「青年期後期」の項でも述べたように,20代から30代にかけて,ゲイ／レズビアンの青年は,家族や周囲との人間関係に一層窮屈さを感じるようになり,親密な関係の相手に対しては自身のセクシュアリティを明らかにしたい,明らかにした上で新たに関係を築きたいという切実な思いをもつようになる。これをどのように乗り越えるかは,その後の人生を考えると大きな問題であり,海外では若者に対してカミングアウトの「How to」を説くような,具体的,実用的な書籍も数多い[4, 10]。一方で,これも先述したように,カミングアウトを受けた家族にとってもこれは大きな問題である。特に親たちにとっては,自身の価値観や人生観を試され,またそれまでに描いた老後の人生設計を大幅に修正することにもなりかねない,大きな危機状況となりうる。

以下,筆者らが長年行っている電話相談[注2]の事例から,ひとつ挙げてみる。

2. 事例1：母親への援助

64歳の女性,息子について下記のように語った。

「32歳の息子がいるが，東京で就職していたのを辞めて，去年実家に帰ってきた。職場では人間関係で行き詰まったと言っていた。こちらでアルバイトをしながら就職活動をしているが，なかなかうまくいかない。それでも，家の用事や頼みごとをよくしてくれるので，とても助かっていた。ところが先日私と2人でいるときに，急に改まった口調で『話がある』と。聞けば『自分は同性愛者』『だから一生結婚はしない。そういう自分を受け入れて欲しい』と。仕事を辞めて戻ってきたのも，そのことがあったらしい。もう私はびっくりしちゃって，今まで考えたこともないことだったから。昔から大人しい子だったけれど，まさかそうだとは。でもとても優しくて親思いの子なんです。小さい頃，私と姑がうまくいかなくて，私自身あまり子どもに構う余裕がなかったのがいけなかったか。主人にはこのことは話していない。ひとりで抱えて生きていかなきゃと。私が産んだ子だから，私が支えてやらなきゃ。でも何だか考えたら涙が出て，隠れて泣いているんです。もう普通に笑ったり，何かを楽しんだりはできないんじゃないか。」

　こう述べる母親の話をよく聞いた上で，同性愛について基本的な知識を伝達。ここでは特に同性愛は生物学的な要因が大きいと思われ，親の育て方が「原因」となることはないことを強調して伝えた。また本人が孤独の中で，家族には正直に「本来の自分」を知ってもらいたかったのであろうこと，同性愛者であることがわかっても，もともとの「優しい」「親思いの」本人は変わるわけではないことも併せて強調した。またカミングアウトを受けた家族に向けた小冊子[注3]を郵送して，読んでもらった。その後この母親は，その小冊子をもとに，同じようなゲイ／レズビアンの子どもをもつ親と連絡をとり，さらに経験を分かち合うことができたようで，その後再度感謝の言葉を伝える電話をかけてきている。

　カミングアウトを受けた親は，その直後には否認や怒りなどが中心の混乱を見せるが，それらが一段落すると，自分たちの育て方が間違っていたのではと感じ，あるいはこれまで本人の悩みに気づいてやれなかった自分たちを恥じて，自責的，抑うつ的になったりする。いわゆる「対象喪失」を伴う「悲哀の仕事（グリーフワーク）」の過程を進んでいくと考えられるが，その過程ではカミングアウトを受けた親がなかなか周囲とそれを分かち合っていくことができず，抱え込んでしまうことも多い。特に母親に多いと思われるが，このために「悲

哀の仕事」が先に進まないことも多い。以下はある母親の手記から[9]。

　息子が高校2年生のとき，彼の部屋で見つけた雑誌が元で，彼から「僕は同性愛者だ」と告げられました。頭の中が混乱して，「嘘だ，そんなはずはない」という思いがぐるぐる頭の中を駆けめぐりました。同時に「一時的なものに決まっている，必ず治るときが来る」，「でも治らなかったらどうしよう。世間に対して恥ずかしい」そんな思いが次から次へと湧いてきました。深い穴の中に落っこちていくようで不安でいっぱいでした。
　何日か経って，いくら否定しても彼が同性愛者である事実は変わらないと知ったとき，私が次に思ったことは「息子が女性を愛せないのは私のせいだ。私が傷つけてしまったことで，彼は私を始めとする女性を嫌うようになってしまったんだ」ということでした。
　母親の多くは多かれ少なかれ，子どもに罪悪感を抱くような経験をもっています。ですから，子どもが多くの人と違うと分かったとき，過去に何か原因があるのではないかと考えがちです。妊娠しているとき，出産のとき，そして育てているとき，その中のどこかに過ちがあったのではないかと考えてしまうのです。私も思いが過去へ，過去へと遡りながら，その原因を探っていきました。そして，息子が3歳のときに，彼をひどく傷つけてしまったことを思い出しました。「なぜ，あんなことをしてしまったんだろう」と毎日自分を責めて，眠れない日が続きました。何をしていても，心が晴れず，涙ばかり出ました。息子にも「あなたは，私を恨んでいるんでしょう？」「あなたを産んで，こんなにつらい思いをするなんて思わなかった」などとつらい気持ちをぶつけてしまって言い争いになることもしばしばでした。

　一方で母親の場合は，これらの混乱と抑うつなどを経たあとは，最後は「自分の産んだ子どもだから」という点で本人を受け入れていくことも多いようである。中には母親自身も生き方を見直し，新たな役割や生きがいを見つけて歩き出す人もいる。この手記の母親も福祉系の資格をその後取得し，現在はゲイ／レズビアンを子にもつ親の支援・相談活動を行っている。
　なおゲイ／レズビアンを含むセクシュアル・マイノリティの親や家族の支援を行う団体として，米国ではPFLAG[注4]という団体が1970年代から活動。全国に組織を拡大して，セクシュアル・マイノリティの権利擁護や，セクシュアル・マイノリティに関する啓発活動，あるいは本人や家族との個別の相談やサポートを行っている。また日本でも2006年に「LGBTの家族と友人をつなぐ会」[注5]が神戸で設立。現在は神戸，東京，福岡でのミーティングや講演・

3．事例2：当事者と家族への援助

　事例1で示したようなカミングアウトを受けた親の事例などは，なかなか来談面接が中心の臨床の場面では会うことが少ない。直接相談に行ってもどのように対応されるかという不安が相談者の方に伴うのであろうし，プライベートをどこまで開示するかという問題もあろう。その点このような相談は匿名を原則とした電話相談向きなのであろう。しかしもちろん電話相談ではサポートのあり方や継続性などに限界がある。

　次に示すのは，本人の問題に家族も巻き込んで，相談，援助を進めていった事例である。積極的な「家族療法」を行ったとは言い難いが，家族に来てもらい，協力を得ながら進めていった。事例は個人情報のわからないように修正，あるいは他の事例を合わせたものになっている。

　初診時20歳，女性。4年生看護大学学生。初診時2年生。現役で合格し，入学後は，ここまで単位も落とさずに比較的順調に経過。成績は上位。子どもに関連したボランティア活動を行うサークルにも所属して，多忙ななか活発に活動。父は会社員，母は看護師として病院に勤務。2年生の秋頃から気分が落ち込み，漠然と死にたい気持ちに。学校も遅刻や休みが目立つようになる。地元の精神科クリニックに数回通い，抗うつ剤処方されて服用。一時よりは気分は改善したが，知人から筆者が非常勤で勤務するクリニックのことを聞き，単独で初診となった。なお筆者が勤務するクリニックは，HIV陽性患者やセクシュアル・マイノリティを主な対象とした，内科，精神科，形成外科・皮膚科が中心のクリニックである。

　初診時見た目はスレンダーで，白いブラウス，ジーンズのあっさりした服装。髪も短めだが，目鼻立ちはっきりときれいに化粧をしている。初診時の本人からの聴取では，小学校頃からスカートや赤い持ち物が嫌で，思春期以降は胸にさらし巻いていた。当時のテレビドラマの影響もあって，自分は「性同一性障害」でいずれは手術をすると思っていたという。しかしその後女性にひかれる自分にも気づき，むしろ今は同性愛者で，体のことも仕方ないかなと受け入れていると。その年の夏に，サークルの合宿で，ある女性に惹かれるようになってしまい，その後好きだという気持ちが抑えられずに，秋口になり告白をしたが，

断られてしまった。その後自分は何のために生きているのかと考えるようになり，学校での勉強や，翌年からの実習の準備などにも身が入らなくなり，日中ぼーっとして過ごすように。学校も欠席しがちになった。自室にいて，ぼーっとしたまま，カッターで薄く腕を傷つけて，我に返ることもあったという。

その後通院を開始し，少量の抗うつ剤も服用してもらう。診察ではセクシュアリティについても取り上げたが，その中では特に，本人が性同一性障害ではなくレズビアンであることを再度確認して，その上でどういう生活をしていきたいと思うのかを明確にしていった。その後は徐々に抑うつ感は軽減，学校にも行けるようになり，3年生に進学。この頃レズビアン女性の集まるクラブイベントなどに顔を出すようにもなる。しかしそこで知り合った女性と付き合ったが，2カ月ほどで別れたこと，実習が始まり多忙となったことなどで，また気分は不安定に。イライラとして，周囲の話し声に敏感になり，すぐに涙が出て，夜も眠っているのに大声を上げることがあったと。この時期本人は思いきって自宅で母親にカミングアウト。しかし母親は，実は知っていたが，知らないふりをしていたとあっさりとした返事。これにやや肩すかしをくらったような感じになり，逆に本人は気が楽になったと話す。

その後本人の了解の上で，母にも来院してもらい，本人はおそらく性指向が女性に向くレズビアンなのであろうと説明し，それを踏まえて本人の状態を，「学校のストレスに加えて，自分が今後どう生きていっていいかの大きな問題が一緒になって起こったうつ状態」「これまではどうにか周りに合わせて生きていこうとしてきたが，それに行き詰まってきて，今生き方を模索している最中」と説明。どうにかこの大事な時期を乗り越えられるように，あらためて母親に協力を求めた。母も了解し，母から父には話してみると言う。その後父も母に連れられ，1回診察に同伴。父は寡黙な人物であったが，母にしたと同様の説明に，大きな拒否を見せることなく，受け止めたようであった。この間，本人はやや不安定なときもあったが，無事実習を終えて，4年生後半からは国家試験の勉強が中心の生活に。その後はまったく安定して，試験勉強に励み，無事合格。就職に伴い，通院は終了となった。

両親の理解や，冷静に受け止めようという態度に助けられた事例となっている。もちろんいつもこのようにスムーズに行くわけではなく，まずは家族の動揺や否定的な反応に対応するのが精一杯の時期もあるだろうが，基本的には，

時には人口に占める割合等の統計的なデータも入れながら，ゲイ／レズビアンについての基礎的な知識を伝達していくこと，そしてそれを踏まえた上で本人の辛さがどのようなものであったかを明らかにしていくことが，親との面接ではまず必要になろう。そしてその後は，それを受け止めた上であらためて子どもと関わっていこうとする親の姿勢を支持していくことが，親への援助の中心になるだろう。ただもちろん両親など家族へのアプローチは，本人に了解してもらい，どのように家族に伝えるか確認した上で行うべきものであることは，当然である。

Ⅳ　おわりに

以上，ゲイ／レズビアンの家族に対するアプローチを，まずはジェノグラムの変遷から年代ごとの問題を提示して整理し，その後筆者が関わってきた事例を通して家族に対する援助の実際を見てきた。最近臨床の場面で，自身からゲイ／レズビアンなどのセクシュアル・マイノリティであると名乗る事例は増えていると思われるが，まだその家族が自発的に相談機関に来談するという場合は少ないと思われる。しかしゲイ／レズビアンが今よりももっと可視化してくると，当然そういう場合も増えてくると思われる。またすでに医療機関や相談機関にかかっている人が，そのようなセクシュアリティに関する問題を抱えて，しかしそこにはまだ適切な援助を得られていない場合もありうる。臨床にあたっては，常にそれらセクシュアリティの問題にも sensitive となり，また本人だけでなく，その家族も含めた援助のあり方を考えていくことが今後一層必要になると思われる。

注1）「ライフサイクル」という言葉には誕生から死までの過程や段階という意味の他に，前から受け継ぎ，そして次に引き継いでいく世代の連鎖という意味も含む（第12章 - Ⅳの「LBG にとっての世代継承性（ジェネラティヴィティ）」の節参照）。ゲイ／レズビアンはヘテロセクシュアルと比べて，直接次世代を残すことは少ないかもしれないが，さまざまな形で次世代に関与し次世代のライフサイクルが動き出すのを促すことはできる。さらに今後は自ら子育てに携わるゲイ／レズビアンも増えていくと思われる。
注2）医療・心理・福祉などの分野の仕事や研究に従事するゲイ／レズビアンなどで結成された団体である AGP (http://www.agp-online.jp/) が，1994年より行っている無料電話相談，「AGP こころの相談」。
注3）「家路」。AGP により作成された，カミングアウトを受けた親に向けた小冊子。現在は

在庫なし。なお「AGP こころの相談」は匿名の電話相談であるので，通常はこのような対応はしない。
注4）http://community.pflag.org/
注5）http://lgbt-family.or.jp/

文　献

1) Green, R. (1987) The "Sissy Boy Syndrome" and the Development of Homosexuality. Yale University Press.
2) 日高庸晴（2000）ゲイ・バイセクシュアル男性の異性愛者的役割葛藤と精神的健康に関する研究. 思春期学, 18, 264-272.
3) 日高庸晴・木村博和・市川誠一（2007）ゲイ・バイセクシュアル男性の健康レポート2. （厚生労働科学研究費補助金エイズ対策推進事業）男性同性間のHIV感染対策とその評価に関する研究. http://www.j-msm.com/report/report02/report02_all.pdf
4) Huegel, K. (2003) GLBTQ: The Survival Guide for Queer & Questioning Teens. Free Spirit Publishing Inc.（上田勢子訳（2011）LGBTQ ってなに？―セクシュアル・マイノリティのためのハンドブック. 明石書店）
5) 鍛冶良実（2010）既婚同性愛者とその配偶者・家族の支援. 家族療法研究, 27, 43.
6) 中村伸一（1997）家族のライフサイクル―サラリーマンを夫に持つ家族のストレス. In 中村伸一（1997）家族療法の視点. 金剛出版, pp.63-71.
7) 小倉康嗣（2006）ゲイのエイジング―地道で壮大な生き方の実験. 歴博, 137, 18-23.
8) RYOJI＋砂川秀樹編（2007）カミングアウト・レターズ―子どもと親，生徒と教師の往復書簡. 太郎次郎社エディタス.
9) セクシュアルマイノリティ教職員ネットワーク編著（2003）セクシュアルマイノリティ―同性愛，性同一性障害，インターセックスの当事者が語る人間の多様な性. 明石書店.
10) Signorile, M. (1995) Outing Yourself: How to Come Out as Lesbian or Gay to Your Family, Friends, and Coworkers. Simon & Schuster.

第 14 章

HIV 感染症とゲイ・バイセクシュアル男性への心理臨床

古谷野淳子

　冒頭からはなはだ学術書らしからぬ表現をすることをお許しいただきたい。ゲイ・バイセクシュアル男性たちについて物を書くにあたって，一番言いたいことはこういうことだと思った。

　彼らは皆，自分らしい幸せの形を捜し求めて，ひそかにあがいたり，努力したり，耐えたりしている。それを見つける道のりには，当事者以外には想像のつきにくいさまざまな困難や，重荷になることがある。おそらく対人援助職であろうこの本の読者には，どう援助するかを考える前に，セクシュアル・マイノリティとして生きるとはどのような体験なのか，そのことにより広く関心をもち，より深く想像をめぐらすことをしてほしい。私たちは身近なところにいる彼らのことを，あまりにも知らなすぎたと思う。人と人として，もっと出会わなければ。

I　はじめに

　日本では「昼間の星」的存在であったゲイ・バイセクシュアル男性たちが，少なくとも医療の世界において急速に可視化されるきっかけとなったのはHIV 感染症（AIDS）という疾患であった。1980 年代当初，米国において突如新規感染症として出現し，またたく間にグローバルに取り組むべき脅威として位置づけられたHIV 感染症は，はからずも私たちの生きる社会には，ごく身近なところにゲイ・バイセクシュアル男性がいるのだという事実を医療者らに突きつけることになった。ゲイ・バイセクシュアル男性らが，HIV の登場以前には何の病気にもかからず医療を受けることもなかったというわけでは，も

ちろんない。ただその性指向を医療の現場で容易には明かさなかったということであろう。明かす必要がなかった場合もあるだろうし，必要があっても言い出せなかった場合も少なからずあっただろう。

　HIV感染症は性行為を介して感染するSTD（Sexually Transmitted Diseases：性感染症）のひとつである。感染が判明した際，医師は疫学的な観点から感染経路を同定するための質問をする。「思い当たる相手は同性か異性か」と。そして，患者はこれまでと現在の性的パートナーに自分の感染を知らせ，相手にも検査を促すようにと勧められる。HIV医療に関わるカウンセラーは，配偶者やパートナーにいつどのように告げるかに悩む患者の相談に乗ったり，その後の長い療養過程の中で，患者が性愛という人生の重要な側面をどう生きていくかをカウンセリングの中でともに考えることになったりもする。このように，HIV感染症の治療や支援の場では，その人のセクシュアリティのありようが考慮に入れられることが少なからずある。「ジェンダー・コンシャスな医療」という言葉があるが，HIV感染症に関わると医療者もカウンセラーもおのずから「セクシュアリティ・コンシャス」になっていくようである。

　HIVは，STDに対して無防備な性行為を行えば誰もがかかりうる疾患である。しかし国や地域の社会文化的背景によって，HIV感染症が広がりやすい層がそれぞれの地にあり，わが国におけるそうした層のひとつがゲイ・バイセクシュアル男性たちであることは否めない。国内での日本人の年間新規HIV感染者数のうち，6割から7割を同性間交渉によって感染した男性たちが占める状態が10年以上に渡って続いており[1]，MSM（men who have sex with men：男性とセックスする男性）と称されてエイズ対策の重点的な施策層となっている。

　筆者はHIV感染症の患者や家族を支援するカウンセラーとして，偶然ではあるがゲイ向け商業地域にほど近い病院や保健所に勤務していたため，多くのゲイ・バイセクシュアル男性のクライエントと出会うことになった。本稿の目的は，その経験を通して，ゲイ・バイセクシュアル男性への心理臨床について筆者の中に次第に形を成してきた認識のようなものを，事例を交えて伝えることである。対人援助職，ことに心理臨床家が，HIVのカウンセリングに限らずそれぞれの領域の仕事の中で彼らに出会ったときに，適切な支援を提供するための一助となれば幸いである。なお，文中の事例はこれまで関わった多くの

172　第Ⅱ部　セクシュアル・マイノリティへの心理的支援の実際

ケースの中から，何人かの背景やエピソード，カウンセリングのプロセスを思い起こし，組み合わせて再構成した事例であることをお断りしておく。

Ⅱ　HIV感染症におけるゲイ・バイセクシュアル男性への心理臨床

1．対象の多様性

　HIV感染症は身体疾患である。先に述べた通り，コンドーム使用等STD予防への配慮をしないで性行為を行えば，誰にでも罹患の可能性がある。したがって，HIV感染症の患者としてカウンセラーに出会うゲイ・バイセクシュアル男性患者たちのもともとの精神健康の度合いに関しては，おそらく精神科領域で出会うゲイ・バイセクシュアル男性の患者群よりは幅広く，健康・適応良好群～病理的・不適応群までさまざまである（これは異性愛の患者たちにおいても同様である）。学生相談など学校領域の心理臨床でも，精神健康度において比較的幅広いレベルのゲイ・バイセクシュアル男性に出会う可能性があると推測されるが，HIV領域の心理臨床は対象者が年代的にも幅広く，精神的な発達段階や人生のライフステージという観点からも，多様なゲイ・バイセクシュアル男性たちと向かい合うことになるのが特色である。より砕いて言えば，外見も職業もさまざま，人生を楽しむ術と仲間をたくさんもっている人もいるし，社会とのつながりが極端に乏しい人もいる。それゆえに，HIV領域での心理臨床に従事すると，一人また一人と新たなクライエントと出会うごとに，ゲイ・バイセクシュアル男性に対する自分の中の思いこみが覆され，気づかずにもっていた偏見が少しずつ修正されていく。そして彼らのセクシュアル・マイノリティとしての人生の明暗織り成す様相に触れることによって，新たな理解の層が積み重なっていくような経験をするのである。少なくとも筆者はそうであった。

　一方で，喫緊の問題は等しくHIV感染であっても，自我機能の成熟度も社会的な適応度も個々に異なるゲイ・バイセクシュアル男性への心理的支援においては，ニードに合わせての柔軟な対応が必要になってくる。大まかに言うと，カウンセリングが始まる人の中には，①もともとは比較的落ち着いた生活を営

めていた人が，HIV 感染のショックから立ち上がり病と付き合いながらの新たな生活を受け入れ再適応していくための心理的支援，②セクシュアリティにまつわる葛藤解決や未達成だったアイデンティティの統合を促進するための心理的支援，③精神的な症状や問題行動（抑うつや依存，自傷行為など）を呈している人への治療的介入としての心理療法，などのニーズがある。開始時にある程度のアセスメントは可能だとしても，面接の目的を最初から上記 3 つのいずれかにきっぱり分けて設定できるわけではなく，HIV に適応するためのカウンセリングを重ねるうちに，時に上記②や③の課題が浮かび上がってくる，というのが実情である。あるいは当初カウンセリングは不要と言っていた人が後に HIV の治療上の障害となるような症状化や行動化を呈し，上記③の目的でカウンセラーに再度紹介されてくることもある。カウンセラーの勤務形態や，精神科との連携の有無，あるいは対応する患者数の多さなどによってすべてのニードに応えきれるとは言えないが，それぞれの医療現場で提供できる枠組みに添って，カウンセラーたちはさまざまなアプローチを試行錯誤していると思う。以下に筆者自身の HIV 領域でのゲイ・バイセクシュアル男性の心理臨床の実際を紹介する。

2．心理臨床の実際

1）セクシュアリティへの理解をベースに，告知後の危機からの回復過程を支えた事例

20 代男性の A さんは会社員。微熱と悪寒が続いて受診したところ，医師から HIV の抗体検査を勧められ，陽性（感染していること）を告知された。告知した医師によると，そのときの様子は特に取り乱すこともなく，比較的落ち着いているように見えたとのことであった。受診 2 回目に A さんはカウンセラーに紹介されたが，その日は 20 分ほどの面接の中，感染はうすうす予測していたので告知されてもさほどのショックではなく，おちこんでもいず，まだ実感がないのだと話した。とりあえずは家族にも感染のことは知らせるつもりはないし，検査を勧めるために告げるべき恋人も今はいないので，ひとりで対処していくつもりという。唯一カウンセラーに向けて自発的な質問として投げかけたのは，「もう，子どもはもてないんですね」という言葉だった。感染した人が安全に子どもをもつ手だてもあることを簡単に話した上で，「そのこと

が心配なのですね？」と返すと「長男だし，後継ぎができなくなるのかと思って……」と言う。

　次の面接予約の日は，前回からの間に体調を崩し，急激に身体面での不安が強まったようであった。「もうだめなんじゃないか，僕のこの免疫値から回復する人はいるのか，医師も看護師も明るく励ましてくれるがそれは真実（助からない）を隠しているのではないか。本当のことを聞きたい。もともとそんなに長生きしたいと思っていなかったし，もう助からないのなら仕事もやめた方がよいだろうし」と切迫感を滲ませて訴えた。客観的な身体状況以上に不安を膨らませているAさんの話を一旦受け取り，予後についてAさんが疑う理由を整理し，そういう疑問や治療に対する希望を主治医に伝えてもいいのだと保証した上で，「主治医からはAさんが同性愛と聞いている。そのことでも今，いろいろ困っていることがあるのではないか？」と聞いてみた。Aさんははっと息を飲み，戸惑う表情になったが，すぐに「はい……」と認め，そこからは堰を切ったように感染を知ってからの心中の混乱を語り始めた。同性愛であることを家族はまったく知らず，昨今は時々結婚を勧めてもくる。これまで自分では結婚にも子どもにも興味はなかったし，その話題は避けて通してきたが，今回感染がわかって「（病気のせいで）結婚できないかも」と思ったらものすごく焦りが出てきた。今同性で好きな人はいる。しかし想いは届きそうもなく，今まで付き合った人とも長くは続かなかった。ゲイの友人も少ない。寂しい思いを重ねてきた。同性愛者としての幸せを見つけられそうにないのに，「同性を好きな気持ちを封印して，結婚して家族をもって」という道もHIVによって閉ざされてしまった。告知されたときはあまり感じていなかったのに，今になってそれがどーんと来た，ということであった。そしてその回の終わり際には「こうして女の人にゲイである自分のことを話したのは生まれて初めてで，話せたことが驚きだった」と述べて帰って行ったのだった。

　その後の経過の中で，HIVの治療や身体管理が施され，Aさん自身の疾患理解も進んだことで身体面の不安は軽減されていった。それと並行して続けられた面接では，一人息子として親からの期待を重く感じながら，自分が同性に魅かれることを止めることはできず，言えない秘密を抱えている後ろめたさの反動のように親や職場の人に対して良い子の面ばかりを見せてきたこと。そのために，仕事は一生懸命にするものの「できない」「失敗した」ということを

第14章　HIV感染症とゲイ・バイセクシュアル男性への心理臨床

人に見せられず，つまりは助けを求められず，自分を追い込むような働き方をしてきたこと。本当はそんな日々を支え合えるようなパートナーを見つけたいと願っていたこと，などが語られていった。HIV感染を知って一時的に自分のセクシュアリティそのものへも懐疑的になり，抑うつ的な時期を経たものの，次第にAさんの気持ちは安定していった。やはり同性愛者であることが自然な自分であり，そのありのままの自分がHIVを抱えもって日々をどう生きていくか，というテーマをベースにおいて，家族や仕事，恋愛についての自分の葛藤を率直に見つめるようになったのである。

2）HIVを契機にカウンセリングの機会をもったことでアイデンティティの統合が促進された事例

Bさんは，HIV感染した自分に強い罪悪感をもっていた。都会での専門学校時代にハッテン場に頻繁に行って，そこで感染したのだろうということだった。卒業後故郷に戻り，いくつかの職を転々とし，今はある店でパート勤務している。ふと気になって受けた保健所での抗体検査でHIV感染が判明し，紹介された病院に受診した。しかしなかなか継続通院が安定せず，免疫は下がってきているのに服薬の開始に踏み切れないでいた。カウンセラーにも進んでというよりは受身的に会っているような様子であったが，何度か回を重ねるうちに，ここに至るまでの自分についてぽつぽつと振り返るように話し始めた。決して裕福ではないのに県外の学校にやってくれた父はHIVと知ったら激怒するだろうし，母は心配して苦しむだろう。絶対に言えない。自分の性指向には中学くらいから気づいていたが，まわりに同性愛への肯定的な情報もなく，「自分は世の中にめったにいないような変な人間なのだ」と身が縮むような思いになった。自分を押し殺して過ごした高校時代を経て，家を離れての学生生活で初めて同じ同性愛者に出会えるハッテン場に足を踏み入れ，自分でもどうかと思うくらい繰り返し行くようになった。社会に出てからも，仕事自体には関心がもてたとしても，まわりの恋愛や下ネタの話題に合わせることがストレスで，内心の動揺を決して見せないよう感情を消してその場にいるということをしていた。だから常に緊張していて，どこでも長続きしなかった。仕事が終わると店の正社員試験のためにネットカフェで必死に勉強する日もあるが，いつの間にかハッテン場に足が向いて，名前も仕事も知らない相手とのその場限りの性行為の中で，昼間の緊張と鬱屈を一気に解放する日々が続いていたという。「嘘

と隠しごとだらけみたいな生活」でどこにいても安心できる感じはなく，本当の自分がどこにあるかも自分がどうなりたいのかもわからないし，恋愛とかも正直よくわからないと述べ，居場所のなさとアイデンティティの不確かさを強く感じているようであった。

　Bさんのそれまでの日常は，いわば昼は頭だけ，夜は身体だけで他者と関わっていたようなものだった。しかし面接の中で「そのときどう思っていたか」「そういう瞬間，Aさんの中はどんな感じでいるのか」「そんな風に行動したあとどんな気持ちになるのか」などと尋ねられると，まさに汗だくになりながら自分の内を探し，首をかしげながら言葉にしてみる，ということが繰り返された。そうするうちにAさんは次第に気持ちと行動のつながりを実感するようになり，自分らしさのまとまりを感じることができるようになってきたのである。紆余曲折はありつつも職場の人たちとの交流が増え，ゲイの世界でも「話してみる，相手がどんな人かに関心をもつ」ところからの付き合い方を模索するようになっていった。「悪い行いの罰」と見なしてBさんの中で到底受け入れられるようなものではなかったHIV感染症も，「もし感染を免れたとしても，あのままの生活を続けていたら自分はいつか別な形で壊れていたかも」と思うようになり，気持ちと生活を整えることで服薬開始に一歩近づいたようであった。

3．事例を通して考えられる心理臨床のポイント

1）性指向を踏まえて話し合える関係を早期に作る

　陽性告知後間もない時期のゲイ・バイセクシュアル男性の面接で「今，何が一番心配か」と尋ねると，「私の身体はどうなっていくのか？」といった身体面の不安と同じくらいに，あるいはそれ以上に，「このことを親や職場に知られてしまうのか？　知られたらどうしよう」という不安を訴えられることが多い。彼らが恐れるのはHIV感染症そのものへの偏見差別だけではなく，HIV感染を知られたら，ひいては自分が同（両）性愛者であることまで気づかれてしまうかもしれない，そうなれば，これまでそれを隠すことで成り立たせてきた生活のバランスが一気に崩れ，築き上げた関係や獲得したはずの信頼が損なわれ，家庭や職場という生活の基盤さえ失ってしまうのでは，と恐れるのである。あるいはAさんのように，HIV感染が自分のありのままのセクシュアリティを生きようとした末に押された「失敗」という烙印であるかのように感じ

て，これからどちらの方向を向いて生きればよいかわからなくなる，といったことも起きうる。

　苦しむ人と向き合うとき，われわれ心理臨床家はその苦悩がその人の生きてきたライフストーリーの延長線上にあるものとして，その固有の意味を汲み取ろうと努める。その人がセクシュアル・マイノリティであれば，そのライフストーリーにセクシュアリティのことが何も影響を及ぼしていないということはまずないだろう。それゆえ HIV のカウンセリングでも，クライエントの性指向が開示された状態で行えたなら，HIV 感染に対する本音のところでの心の反応を受けとめることができるだろうし，その後の長期に渡る療養生活の中で起きてくる悩みや迷いについても，その背景を確認しながらより深く話し合えるのは言うまでもない。

　カウンセリング場面で本人が自ら「僕はゲイなんですが……」と切り出すことも珍しくはないが，そうでない場合，A さんのケースのようにカウンセラー側から「あなたが同性愛の方だと聞いています」とさらりと告げることもある。しかし，実は同性愛者であってもあくまで異性愛者であるという立場で受診し続ける人もいるし，同性とセックスをすることがあったとしても自分を同（両）性愛者と自認しているわけではないという人もいる。また，性指向にまつわる話題には触れたくないという気配を強く漂わせる人もいる。要は，カウンセリングでの出会いの最初に同性愛か異性愛か両性愛かをはっきりさせることが大事なのではなく，個別性に富んだセクシュアリティのありように対し，ここがそのことを話しても大丈夫な場であるというサインをカウンセラーがそっと示し続けることが肝要なのだと考える。

2）アイデンティティの形成・統合，再統合をサポートする

　堀田[3]は同性愛者のアイデンティティの形成過程には，自覚から混乱，受容，積極的なコミットメントに至るいくつかの段階があるとする諸研究を概観した上で，その形成過程の途中でアイデンティティの混乱をきたして来談した男子大学生に対して行った面接を通して，治療モデルではなく，同性愛者としてのアイデンティティの受容，さらには積極的なコミットメントの段階への移行をサポートするような心理面接の意義を述べている。HIV 医療の中で出会うクライエントは HIV 感染という切り口でカウンセリングの場に登場するが，HIV 感染症との取り組みの前に，あるいはそれと並行して，このアイデ

ンティティの形成・統合に方向づけた心理的支援がどうしても必要だと考えられるケースが少なからずある。Ｂさんのケースがその一例であった。Ｂさんは思春期に自覚した自分の性指向を肯定的に捉えることができないまま成年期に至り，性衝動を行動に移しているときの自分と，それを切り離して社会適応しようとする自分との乖離が広まるばかりのアイデンティティ拡散状態にあった。その中でHIV感染したことで，もともともっていた罪悪感がさらに強まり自尊心の低下をきたしていたものと思われる。Ｂさん自身は自分への違和感をどこかに感じながらも，それを直視することはできずに日々を送っていたところに，言わばHIV感染症がＢさんをカウンセリングの場に「ひきずり出した」ような形で面接が始まったのである。しかしそのことが結局は，Ｂさんにとって必要だった内的な作業を開始し，進める機会となった。これはＢさんに限ったことではなく，同じようなプロセスを何人かのゲイ・バイセクシュアル男性のクライエントが辿っている。

　HIVにはゲイ・バイセクシュアル男性を自分自身に向かわせる力があるようだ。ある人は，「感染したことで，自分の今までの人生を総ざらいしなければならないような気持ちにかられた」という。その人の場合はHIV感染症という（現時点では）一生付き合っていかなければならない病を抱えたことが内面に向かう作業への動機づけを高めたのだろう。ところが別のある人は，傍目には順風満帆で自分でも人生はうまく回っていると思えていたけれど，HIVに感染したことで初めてカウンセラーと出会ったとき，「なぜかわからないが，感染する前からカウンセリングを受けてみたいと思っていた」と述べた。すべての人がそうだとは言わないが，またその濃淡はあるだろうが，HIV感染の有無によらずゲイ・バイセクシュアル男性の中には，自分のことを安心できる場で話してみたい，見直してみたい，という欲求を意識・無意識のうちにもっている人が多いのではないかと感じることがしばしばある。これはなぜだろうか。

　Ｂさんのような，同性愛者としてのアイデンティティ形成過程の混乱の段階からなかなか抜け出せないでいる人はもとより，それを自力で通過しすでに受容期に至っているゲイ・バイセクシュアル男性であっても，セクシュアル・マイノリティではない人にカミングアウトして存在をしっかり承認されたと感じる体験を欠いている場合には，心理面接が役に立つ可能性があるように思う。

全員に長期的に継続する心理療法が必要という意味ではない。たとえそれが1回限り，あるいはごく短期間のものであっても，中立的な姿勢で十分な関心を払って耳を傾けるカウンセラーに対して，性指向も含めた自己開示をすること，自分の中にある願いや希望，違和感やひっかかりなどを言葉にしてみてそれを受けとめられることは,「私は私として存在していてよいのだ」という内的な感覚をもたらすものである。社会の中で同性愛に対する否定的なニュアンスの刺激に触れ，心が揺らぐこともあるであろうゲイ・バイセクシュアル男性にとっては，この存在を承認される感覚を得ることがことさらに必要なことだと思う。その感覚の積み重ねが，彼らのアイデンティティをより確かなものにし，自分の力で人生の問題解決に向かっていく基盤になるのではないか。HIVに感染しない限りこのようなサポートが得られないという現状があるとしたら，残念なことである。ゲイ・バイセクシュアル男性がそのアイデンティティの形成過程の早期からの各段階において，手を延ばせば届くところに適切なサポートを見つけられるような社会的環境を作っていくことが強く望まれる。

3）セックスを通して全体性を捉える

　ゲイ・バイセクシュアル男性であるクライエントとの間で，セックスのことが話題になることがある。最初は若干話しづらそうな，どう反応されるかとの緊張を含んで筆者の顔色を見つつ話す時期もあるが，いったんその時期を越えてしまうととても積極的に語られるテーマとなるケースもある。もちろん，具体的な性行為の方法について云々というよりは，その人にとってのセックスの意味，相手との関係性，どんなセックスに駆り立てられるか，その後どんな気持ちになるのか，といったことである。話のきっかけは「HIVに感染した（と思われる）ときのセックス」のことであったり，「感染を拡げてはいけないとわかっているけどうまくコントロールできない性衝動」であったりする。コンドームを使えばよかったのだ，これからもコンドームさえ使えばいいのだ，という結論で済む話であればことは簡単である。しかしそれを実践し続けることを期待する以前に解決しなければならない心理的な満たされなさがあることが，時にその人のセックスのありようから垣間見えてくる。

　例えば，STD感染拡大の温床のように言われがちなハッテン場であるが，行くという人に「どんなときに行くのか」と問いかけてみると「単にヤリたくなったとき」という答えもあれば,「付き合えるような誰かと出会いたいから」

「温もりがほしいから」「自分と同じような普通な感じの人が来ていると，何となくほっとするから」「暴力的なセックスをしたくなったとき」「何もかも忘れて，セックスだけの存在になりたくて」「その日セックスができさえすれば，自分がいていいと思えるから」「もうどうなってもいい，自分なんて死んでもいいと思うとき」など，さまざまな意味で一時的にでも何かを満たしたり，守ったりするための機能をもってハッテン場が存在していることが窺える。一方，時々自虐的な性衝動にかられるという同性愛の男性たちに「そのとき何があったら，そうしないでいられると思うか」と問うてみたところ，「○○（母親であったり，付き合っている誰かであったりする）が本当に自分のことを心配してくれている，思っていてくれると感じたら」「自分を丸ごとかかえてくれる感じがあればセックスなんてしなくていい」との答えをもらったこともある。

　北山[4]は，性の問題を臨床心理学的に取り扱う際の注意点として，「どのような話も，象徴的に言うなら性的であり，どのような性の話題も非性的話題（寂しさ，悲しさ，空虚など）を伴いながら，それらを覆い隠すものとなることがある。特に性の臨床では，これさえ解決すれば問題がなくなると主張されるものほど，その他の連動する問題が見逃されやすいことに注意すべき」とし，「性愛活動を動機付けているものは一般に思われているほど愛に関わるものとは限らず，激しい攻撃性や怒りを伴うものが少なくない。また性愛に関わる空想や性生活のあり方は，本人の人間関係一般を強く反映することが多いので，人間理解の重要な情報源である」と述べている。これに基づいて考えると，ひとりのクライエントとしてのゲイ・バイセクシュアル男性に対しても，「ゲイ・バイセクシュアル男性」として括られる人たち全体に対しても，その生（生き方や生活）の全体像の理解なくしては性行動の意味はつかみ得ないと思う。また逆に，性行動について単にHIVやSTDの感染リスクの有無だけを問題にするのでなく，より深いまなざしで読み取っていくことで，彼らが真に求めているもの，解決したいことが理解でき，どのような支援が必要なのかも見えてくるようにも思うのである。その意味で，ゲイ・バイセクシュアル男性への支援に携わる対人援助職は，性について広く柔らかく語り合える存在であることが不可欠であると言えよう。

第14章　HIV 感染症とゲイ・バイセクシュアル男性への心理臨床　181

Ⅲ　心理臨床家に望むこと

　ゲイ・バイセクシュアル男性たちの中に拡がる HIV 感染を食い止めるには，HIV の正しい知識や情報を伝えたり，コンドームを使いやすくするような予防介入も大事だが，それだけでなく，より心理的な側面からの性行動の理解やアプローチが必要なのではないか。そう思うに至り，筆者は日高ら[2]によるゲイ・バイセクシュアル男性対象のインターネット調査研究に参加した。それは，表面化している HIV の問題に直結した事柄のみではなく，個々人の生活や心理状況への関心を前面に打ち出した調査であった。全国から 2,062 人にのぼるゲイ・バイセクシュアル男性の回答が寄せられ，貴重なデータを得ることができた。

　量的な分析の結果は，孤独感の強さや自尊心の低さ，異性愛者を装うことへの葛藤の強さなどがHIVやSTD感染につながるような性行動と関連している，というものであり，調査を行ったわれわれの臨床的な実感からの予測を裏づけるものであった。それに加えて特筆すべきは，膨大な調査項目の最後に設けた自由記述欄に，回答者たちの思いが溢れんばかりに書かれていたことであった。調査実施者に対してこれだけは言いたい，わかってほしい，という声であるとして受け取り，661 人のメッセージをとりまとめて分析した。そこからは，彼らがゲイ・バイセクシュアルであることをどう体験し，どんな思いで生きているか，喜びや誇り，あるいは悲しみや苦悩，将来への不安，差別や偏見に対しての憤り，教育や対人援助職に望むこと，連帯や自助への意志など，さまざまなことへの彼らの率直な考えや心情が読み取れる。その詳細は web 上の報告を参照されたい（http://www.gay-report.jp/2003/index.html）が，ここで筆者が特に取り上げたいのは，人々から正しく関心をもたれたい，存在を認められたい，ことに対人援助職や研究者などからは興味本位でなくニュートラルに，強さも弱さもひっくるめた自分たちの全体像を理解されたい，ステレオタイプでわかられたくない，という彼らの願いが，調査に対する感謝と批判という両面のメッセージを通じて強く伝わってきたことである。テレビなどのメディアに登場する，明るく可愛い，あるいは毒とユーモアのある存在として人気を博しているいわゆる「オネエキャラ」のタレントたちだけを見て好感をもたれる

ことも，HIV感染症の拡大という表面化している現象だけを見てゲイ・バイセクシュアル男性の存在を問題視されることも，私たちのすぐ側に静かに存在する彼らの多くにとっては，「等身大の姿の理解」からは遠く感じられることなのではないだろうか。

ここで本稿冒頭のメッセージに戻りたい。HIV感染症における心理臨床を通じてわかったことは，心理臨床家のひとりである自分がゲイ・バイセクシュアル男性らについてそれまで何ひとつ知らなかったに等しい，という事実である。と同時に，彼らがこの社会で心身ともにより健康に安心して暮らしていけるように，成長過程のいろいろなタイミングで，必要な支援とつながれる仕組みをもっと作っていかなくてはならないと考えるのである。そのことが，彼らのHIV感染症罹患のリスクを減じることにもつながると思ってもいる。

特に心理臨床に携わる方々には，その専門性を生かした支援のあり方を考えるにあたって，クライエントとして目の前に現れる人を待つだけでなく，いろいろな生き方を体現するゲイ・バイセクシュアル男性の日常の姿により多く出会ってほしい（それが書物を通じてでもよいと思う）。そうすることで，多様なセクシュアリティを生きる人たちがありのままの姿で辿れるような健康な発達のモデルを見定めることができたならば，臨床家としての間口は豊かに開いていくのではないだろうか。

参考文献

1) 厚生労働省エイズ動向委員会（〜2013）エイズ発生動向年報.
2) 日高庸晴（2004）ゲイ・バイセクシュアル男性のHIV感染予防行動と心理・社会的要因に関する研究. 平成16年度厚生労働科学研究費補助金エイズ対策研究推進事業（研究成果等普及啓発事業）研究報告書.
3) 堀田香織（1998）男子大学生の同性愛アイデンティティ形成. 学生相談研究, 19(1), 13-21.
4) 北山 修（2008）性愛と性同一性をめぐる「運動」. 臨床心理学, 8(3), 323-329.

第15章

性同一性障害の精神療法

針間克己

I 治療者の基本的態度

　性同一性障害の精神療法において特殊な態度が必要とされることはないが，注意すべきいくつかのことがある。
　まず，中立性，非指示的態度の保持が挙げられる。性同一性障害者の治療にあたっては，治療者の中立性，非指示的態度を阻害する多くの要素がある。
　例えば，治療者自身のジェンダー観，男女観である。「男らしさ，女らしさは社会が押しつけることなのだから，無理に男になろう，女になろうなどと思わなくていい」との考えや，逆に「男のくせに女になろうとはなんと女々しいやつだ」などと思い，その考えが意識的ないしは無意識的に治療態度へと現れることがある。あるいは，MTFの性別適合手術は文字通りの意味で，男性治療者に去勢不安を与え，「男がペニスをとるとは恐ろしい」等の否定的感情を抱かせうる。
　性同一性障害者の希少性やその容貌等は，治療者に差別心，偏見，好奇心，好意等のさまざまな感情を惹起させるかもしれない。また，性同一性障害者は，人生のさまざまな局面での決断や選択を迫られる(家族等へのカミングアウト，職場での性役割，戸籍の名前の変更，戸籍の性別の変更，ホルモン療法や性別適合手術をすべきか等)。そこでは，治療者は具体的指示を与えたいと思うかもしれない。しかし，治療場面では治療者は中立的態度，非指示的態度を保持し，患者自身による意志決定に決断を委ねるべきである。つまり，いかなる性役割をするか，人生の選択をいかにするかは，患者自身の責任において自己決定されるべきものという明確な意識が患者，治療者双方に必要なのである。

ただし，後述するように患者は性同一性障害やその治療法に関する十分な知識が欠如したままホルモン療法や性別適合手術などの治療を求めたり，あるいは不安，焦燥，怒りといった混乱した精神状態において，十分な現実検討をしないまま早急に何らかの行動を起こそうとすることがある。患者の意志決定が，正確な知識に基づき，意志決定の結果を冷静に十分吟味したものとなるように，治療者は中立的態度を保持しながらも，同時にまた，判断材料となるための正確な医療情報の提供と現実検討を促す心理療法的関与も必要である。

次に受容的共感的態度が要求される。これまで誰にも打ち明けられなかった思い，あるいは打ち明けても受け止められなかった思い，そういった強い思いをもって，診察場面に現れる性同一性障害者も多い。そういった場合，話した内容を治療者に受け止めてもらえるということは，苦悩の軽減や自尊感情の回復に大きな意味をもちうるのである。

治療者自身の問題で性同一性障害者に対して何らかの陰性感情が強く働き，受容的共感的態度が保持できない場合は，性同一性障害の治療者としては不適切であり，治療を行うべきではないだろう。

また，治療者の陥りやすい危険性として自らの内なる万能感，無力感に気づかないことがある。万能感とは患者が新しい人生を得るプロセスに影響を及ぼすことから来る，権力意識，支配感である。無力感とは心理療法だけでは治療が終わらず，ホルモン療法，性別適合手術が行われる場合の治療者の敗北感である。この万能感あるいは無力感が内に湧き出ていないか，治療者は留意する必要がある。

II　治療目標

性同一性障害の「治療目標」とは具体的には何を指すのか。一般に考えられやすい目標として，「ジェンダー・アイデンティティを身体的性別に一致させる」がある。しかし実際には，この治療目標に基づいて治療がなされることは現在ではない。その理由は，第一にこれまで試されたさまざまな精神分析的方法や行動療法的方法といった精神療法的手法では，成人においてジェンダー・アイデンティティの変更は困難であることが示されてきたことである。第二に患者自身はそのような自己のアイデンティティを変更させる治療は望まず，治療へ

の導入，継続が困難なことである。第三に，そもそも人格の根幹をなすとも言えるジェンダー・アイデンティティの変更を促すようなことが，医療倫理的にも妥当ではないからである。

　実際に治療目標として設定されるのは，ジェンダー・アイデンティティが身体的性別と不一致なことより生ずる，患者の苦悩，不安，葛藤などを減弱させ，現実世界においてその生活・生命の質（QOL）を向上させることである。また，ホルモン療法，性別適合手術等の治療を行う場合，その前段階の準備として，またはホルモン療法施行中および性別適合手術実施前後の精神的諸変化への対応も，広い意味での治療目的となりえよう。

III　診断と評価

　身体治療にあたっては，その前段階として，精神科医による診断と評価が行われる。第一に，性同一性障害か否かの診断であり，次にホルモン療法・手術療法の身体的治療が適用となるか否かが評価される。

　性別違和を訴えて医療機関を受診する者は，必ずしも性同一性障害者に限定されるとは限らない。いったい自分自身が何者であるか混乱し定まらない者もおり，第8章-IIIの鑑別診断の項で既述したように同性愛者や，異性装者などが受診することもある。慎重な面接で患者を把握し，適切な診断をする必要がある。また，この診断は患者が自分自身が何者であるかというアイデンティティを確立する点で治療上も重要である。

　性同一性障害と診断したのちに，個々の患者の具体的状態を評価する。医療上の治療方法の選択は，患者自身が自己決定権を有するが，同時に医療行為を行う側もどの治療方法が適応となるかを判断する必要があり，そのためには個別の状態把握が必要だからである。この評価は患者がホルモン療法等の身体的治療を求める場合は，主にRLE（実生活経験）の実施および医療情報の提供を通じて行われる。

　RLEとは性同一性障害者が自己のジェンダー・アイデンティティと一致した性役割で，実際に社会生活を過ごすことを試みさせ，そこで生じるさまざまな問題をどう捉え，どう対処するかを評価するものである。ジェンダー・アイデンティティと一致する性役割で過ごすと職場，学校，家族，友人関係等でさ

まざまな社会生活上の問題や心理的葛藤が生ずる。そこで生ずる問題にいかに対応し，適応するかを評価することで，身体的治療の対象となるか否かを検討するのである。RLEにおいて望む性役割での生活が困難であるならば，身体的変化を伴う治療の効果に疑問が残り，その選択はいっそう慎重になるべきだろう。

また，性同一性障害者の中には，ホルモン療法や性別適合手術に非現実的な期待をし，それらの治療方法が魔術的に患者の抱える問題をすべて解決すると信ずる者もいる。それらの者に対して，それらの治療法の限界を十分理解させる必要がある。その上で，それらの治療方法を行った場合にどのようなことが起きうるかを可能な限り想定させ，その対応を吟味検討させ，その検討が現実的か否かを評価しなければならない。

このようにRLEの実施や，医療情報の提供を行った上で，個々の患者がどのような治療方法を望むかを把握し，望んだ治療法を実施した場合に，その治療が患者の社会生活上・精神生活上の質の向上につながり，患者の苦悩・葛藤を減弱せしめるのかを検討する必要がある。

Ⅳ ジェンダー・アイデンティティおよびアイデンティティの確立

性同一性障害とはジェンダー・アイデンティティと身体的性別が不一致な状態を指すが，来院する者がすべてジェンダー・アイデンティティを確立しているわけではない。「自分の性別がよくわからない」「自分は女性ではないが，男性としての確信もない」などとあいまいなまま受診する者もいる。あるいはジェンダー・アイデンティティは確立していても，「身体の性別とは反対の性別だと感じる自分は何者なのだろうか」とアイデンティティが不安定な者も多い。

そういった場合，ジェンダー・アイデンティティおよびアイデンティティの確立を精神療法で目指すことになる。

しかしながら，「自分は何者であるのか」というのは，ある意味哲学的な問いでもあり，その答えを見出すことは容易なことではない。

哲学的問いの答えを追求することは，筆者の手に負えるところではなく，臨床上の実践としても現実的ではない。そこで実際には筆者は3つの観点から，

アイデンティティを扱うようにしている。「時間的連続性」,「フィット感」,「自分の座標を知る」である。

　「時間的連続性」とは，自分自身の過去，現在，未来がつながっているという感覚である。性同一性障害者の場合,過去の辛い経験にはふたを閉じ,なかったかのようにする。未来に対しては，将来の展望が見出せない。その結果，現在の自分が，過去と未来から切り離された存在となる者も多い。アイデンティティとは自己の時間的連続性でもあるので，これではアイデンティティが確立できない。そこで，過去と未来が現在とつながるように働きかける。具体的には，過去に対しては自分史の聴取である。自分史とは，当事者が生まれて現在に至るまでの詳しい生活歴・病歴である。これを十分に聞いていくことで，辛いことも含めて過去の経験のすべてが現在の自分につながっているという感覚を呼び起こす。未来に対しては，具体的な将来プランの検討である。漠然としていた将来を，社会的な性別移行や身体的治療も含めて，現実的に検討していくことで，未来が具体的なものとなり，現在とつながったものとなっていく。このようにして，「時間的連続性」の獲得を目指す。

　「フィット感」とは，自分らしくいられる，という感覚である。性別違和といってもそのタイプや程度は人さまざまである。自分はどのような性別でいれば，どのような人生を過ごせば，自分らしくいられるのか，それは人それぞれなのである。また「こうなりたい」と頭の中で思うのと，実際にしてみるのでも違いがある。前述したRLEなどで,実際に望みの性別で暮らしたりする中で，自分らしくいられる状態はどこなのか，探っていくのを援助する。

　「自分の座標を知る」とは，自己のセクシュアリティのありようを知るということである。性同一性障害者では，典型的な男性，女性ではないため，自己と似たような者がまわりにはいず，まるで大海をひとりさまようがごとく，孤独を感じる者もいる。また，性同一性障害であっても，そのありようはさまざまなため，例えば性同一性障害を扱ったテレビなど見ても，「自分とは違う」と感じることもある。しかしながら，似たようなタイプの人がどこかにいることもまた事実である。診療においては，いろいろなセクシュアリティの人に会うことを，勧めることもある。すなわち，性同一性障害やセクシュアル・マイノリティの人の集まりなどに行き，さまざまな人と接する中で，自分がどのようなセクシュアリティなのかがわかってくるのである。

「セクシュアリティは星の数ほどある」という言葉があるが，この言葉を借りるとすれば，その満天の星空の中，自分という星はどの星座にあるのか知るということである。

V　自尊感情の向上

　性同一性障害を抱えることにより，自己をマイノリティであると意識し，自らに対して差別や偏見といったマイナスの感情をもち（「内在化されたトランスフォビア」という），自尊感情が低下している者もいる。

　自尊感情の低下は，QOL の低下だけでなく，抑うつや不安感といった症状も引き起こしやすく，妥当な自尊感情への回復を図ることが望ましい。

　自尊感情の回復には，前述したアイデンティティの確立とも密接な関係があると思われる。すなわち，自分自身が何者であるかを確立することは，自分自身を認めることでもある。

　アイデンティティの確立に加えて，自尊感情の回復には，他者から承認される経験の蓄積も必要であろう。「他者」としての治療者は，受容的に話を聞くことで，性同一性障害者のありようを認め，その回復に寄与することができる。また，性同一性障害者にとって，話をして受容されるという経験は，診察室の中の治療者との1対1の関係にとどまるものではない。秘密として抱えていた話をし，それが受け止められるという経験は，次にまた他の誰かに話そうという自信につながるのである。そういった自信をもった者へ，診察以外の場での家族，友人，職場などへのカミングアウトを援助し，他者からの承認の経験を蓄積させていく。そういった中で，自尊感情は回復していくのだと思われる。

VI　カミングアウトの援助

　前述したように，カミングアウトして，他者から自分のありようを承認されていくことは，自尊感情の回復に役立つとともに，望みの性別で暮らすことの第一歩となる。誰に，どのような形でカミングアウトするかの相談に乗ることも治療者の重要な役割のひとつである。

　ただし，性同一性障害者のカミングアウトには2種類あることに留意する必

要がある。

ひとつはこれから望みの性別で暮らすためのカミングアウトである。

例えば，MTFにおいて，まだ男性として生活している者が，「自分は性同一性障害で」などとカミングアウトし，女性として生活することの理解を周りに求める場合である。職場や学校などの社会生活で性別移行していく場合には，せざるを得ないものである。周囲の理解を得られれば，性別移行が現実的なものとなる。十分な理解が得られない場合は，医師からの診断書や説明が理解の助けとなることもある。

いっぽう，過去の身体的性別を明かすカミングアウトもある。例えば，FTMにおいて，すでに男性として暮らしている者が，「実は自分はもともとは女性でした」などと告白する場合である。過去の性別を明らかにすることで，隠し事がなくなり，より濃厚な人間関係が得られやすくなることもあるが，「あの人は本当は女性だったんだ」などと，周囲の偏見や無理解を生じる場合もある。そのため，過去を明らかにするカミングアウトは，性同一性障害者の個々により，すべきかどうかの考え方は異なり，治療者も周囲の状況等も考慮して，そのメリット，デメリットを慎重に検討していくべきであろう。

Ⅶ　随伴する精神症状への治療

性同一性障害は，抑うつ，摂食障害，アルコール依存，不眠等の精神症状を伴うことがある。性別違和から派生する，二次的な症状としてこれらの精神症状が出現する場合には，性別違和に焦点を当てた対応で，これらの症状は軽減していく。すなわち，上述したような，アイデンティティの確立や自尊感情の回復，あるいは実際の社会的性役割の移行や身体治療の実施により，性別違和は緩和され，抑うつ不安といった随伴精神症状も改善していく。

しかし，性別違和の二次症状としてではなく，精神症状が併発している者もいる。この場合，性別違和への対応と同時に，あるいは性別違和への対応に先立って，これらの精神症状への治療を薬物療法等も用い，行う必要がある。

またホルモン治療や手術療法といった身体治療を行っている場合には，それらが精神症状に影響を与えている場合もあり，注意が必要である。具体的には，MTFにおいて黄体ホルモンを使用している場合には，抑うつ状態を呈するこ

とがある。また，精巣切除や卵巣切除といった，性腺の切除を行った後，ホルモン療法を行っていない場合にも，易疲労感や抑うつ状態を呈することがある。こういった場合には，適切なホルモン療法を実施する必要がある。

VIII 家族面接

　性同一性障害者の両親は，性同一性障害を医学的疾患と捉えず，非倫理的，不道徳的な行為と捉え，性同一性障害者の子どもに対して非難したり親子関係を悪化させる者がいる。あるいは，その原因を自己の養育方法にあったと捉え，自責的になる者もいる。しかし，両親は，性同一性障害者の支援者となりうる有力な候補である。いたずらに親子関係を悪化させたり自責的にならないように，性同一性障害が医学的疾患であり，その原因としては，生物学的異常の存在が推定されることを理解させる必要がある。

　性同一性障害者の中にはすでに結婚している者もいる。性同一性障害であることを配偶者が知った上での結婚であれば大きな問題はないと思われるが，結婚後に知った場合には関係が悪化し，離婚へと至る可能性もある。離婚を前提にしていても，配偶者への面接および医学的説明は，配偶者の将来の精神生活へ利益をもたらすと思われる。

　性同一性障害者が子どもを有している場合もある。子どもがある程度理解できる年齢であれば，親である性同一性障害者と相談の上，理解可能な範囲で医学的説明をすべきであろう。

　家族への対応に関しては，第17章にて詳細を述べる。

IX パートナー面接

　性同一性障害者のパートナーは多くの場合，患者の性同一性障害に関して十分な理解をしている。しかし，ホルモン療法や性別適合手術等の身体的治療を行う場合，その身体的変化に伴い，二者関係が変化することもありうる。身体的治療の前には，パートナーも同席させて，将来の二者関係に起こりうる変化を想定，検討させるのが望ましい。

　また，戸籍変更後に結婚し，生殖医療を用いて子どもを望む者もいる。この

場合にも，可能な生殖医療と，その後の法的親子関係の現状を説明しておくことが望ましい。

X 社会，法的諸問題への対応

性同一性障害者は社会生活上のさまざまな場面で困難を有する。治療者が性同一性障害者に関する守秘義務を遵守すべきなのは言うまでもないが，患者からの要請がある場合には，職場や学校等の社会生活上の関係者に医学的説明や助言を行うべきである。また，学校や職場での処遇をめぐる問題や，戸籍の名前，性別の変更の申請時等で，患者より診断書や意見書を求められることも多い。

XI 自助グループ等の情報提供

わが国でもさまざまな性同一性障害者やセクシュアル・マイノリティの自助グループが活動を行っている。共通する経験を有する自助グループへの参加は精神的サポートにおいて有用と思われる。参加するか否かは患者自身が決定することであるが，自助グループの存在を伝えることは意味のあることであろう。またインターネットにおいても，性同一性障害に関する意見・情報の交換・集積がなされており，正確な情報のあるホームページ等の紹介も有用であろう。

第16章

思春期の性同一性障害の学校現場における対応

針間克己

Ⅰ　はじめに

　近年，性同一性障害の社会的認知は進み，性同一性障害を主訴として受診する者は，増えているように感じられる。中高生ら思春期の若者が受診することも珍しくない。しかしながら，これら主訴としての「性同一性障害」のすべてが性同一性障害と診断されるものでもない。性別違和がある場合に，すぐに「性同一性障害」という診断名に結び付けられる傾向にあるのが現状である。また，筆者は，中学や高校の教員らに，性同一性障害についての講演を行う機会も多いが，教育現場においても，性別違和を抱える生徒は稀ではなく，学校としては，どのように対応すべきか苦慮しているとも聞く。本稿では，思春期における性別違和について論じ，医療機関にどのような場合に受診させるべきか，教師や親の対応について考えていきたい。

Ⅱ　思春期における性別違和

　人生のそれぞれのステージで，性別違和は起こりうるが，特に思春期は，性別違和に関する多くの問題が生じる時期である。ここではまず，思春期における性別違和のいくつかの側面を見てみることにする。

1．思春期は体が変化する時期である

　思春期が始まるまでは，男性と女性の違いは「おちんちんがあるかないか」く

らいのことであり，それすらも，普段は服を着ている限りはわからない。しかし，思春期が始まると，男女の体の違いははっきりしたものになっていく。男性はひげが生え，声変わりをし，骨格ががっしりし，ペニスが大きくなり，射精もするようになる。女性は乳房が膨らみ，体が丸みを帯び，骨盤が発育し，生理が始まる。

このように自分の体が変化していくことに，性別違和を感じることがある。自分の体を嫌悪したり，変化が進まないように無理なことをしたりすることがある。男性であれば，生えてくるひげやすね毛を抜いたり，低くなった声を発したくなくて，無口になったりする。女性であれば，胸のふくらみが目立たないように猫背になったり，筋力トレーニングをしたり，生理が来ないように減量目的で食事量を減らしたりする。また自分の裸や体型を見せたくなくて，身体検査や旅行の大風呂入浴や，水着になるプールを避けたりする。

また自分の体の変化だけでなく，友人たちの体が男らしく，女らしく変化することで，男女の違いをはっきりと意識させられて，自分が取り残されたと感じたり，仲間から外れた気持ちとなり，性別違和を抱くこともある。

2．思春期は学校でも男女の違いがはっきりする

小学校生活では，男女の区別がはっきりする場面はそれほど多くはない。しかし，中学校からは，学校生活で男女の違いがはっきりする。

第一に制服である。性別違和があると，セーラー服や学ランを着ることに強い嫌悪感をもつことが多い。そのためジャージで通学したりして，あえて着崩した制服の着方をすることもある。その結果，教師から強くしかられたり，不良のレッテルを張られたりして，結果的に不登校になるケースも珍しくはない。

ほかにも，列，体育，座席，部活などさまざまな場面で男女の区別が強くなる。そのような一つひとつの区別に性別違和を感じ，本来は勉強やスポーツが好きな人でも，学校生活が苦痛となることも多い。

性別違和があると，高校では制服をないところを選ぶ人もいる。また，中学や高校生活は苦痛であったが，男女差のゆるい大学生活は比較的楽しめた，という話もよく聞くケースである。

3．思春期は恋愛感情が強くなる

思春期は恋愛感情が強くなる時期でもある。同性を好きになる場合，この頃

にははっきりと自分が同性が好きであることを意識するようになる。一般に異性を好きになる人が多い世の中で，同性を好きになる場合は肩身の狭い思いをしたり，自分自身に偏見を感じたりすることもある。すなわち，「女性の自分が女性を好きになるなんておかしいのではないだろうか」と悩んだりする。あるいは，友達の会話で本心がばれないように，好きでもない異性を好きだといってみたり，無理して異性と付き合ったりすることもある。

そういった結果，友達の会話の中で疎外感を味わったり，無理に付き合うことで自己嫌悪が高まったりする。さらには，そういった自分の感情を全部押し殺そうとして，自分が自分でないような感覚へとなっていくこともある。

また本来は同性愛者なのに，「自分が女性を好きになるのは，自分の心が男性だからではないか」といった具合に，性別違和の問題として本人が捉えていることもある。

4．思春期はアイデンティティがまだ不確実である

思春期というのはアイデンティティ，つまり「自分が何者であるか」が作られている最中であり，それは性別のアイデンティティに関しても同じである。すなわち，「自分の心の性別は男性だ」「自分の心の性別は女性だ」と思っていても，それが揺らいだり変わったりする可能性がまだ大きい時期だということである。性同一性障害という診断基準を満たさない者でも，思春期に，大人の体へと変わっていく自分を受け止めきれず，自分の身体に嫌悪感をもつケースは少なくはない。

また，前述したように，ゲイ，レズビアンといった同性愛の人が，同性を好きになる自分の気持ちが十分に理解できずに，「自分は性同一性障害ではないか」と思ってしまうケースもある。

近年，性同一性障害に関する多くの報道や情報があふれた結果，ちょっとした性別違和があるだけで「自分は性同一性障害だ。治療を受けて戸籍も変えたい」と思う人が増えている印象もある。

思春期のアイデンティティの不安定さを考えると，早急に結論付けるのではなく，アイデンティティが固まるのを慎重に見ていく必要がある。

Ⅲ　どのようなときに医療機関を受診させるべきか

　ここからは，どのようなときに医療機関を受診させるべきかについて述べる。ただ，それについて論じる前に，留意すべきことは，医療機関に受診させさえすればよいわけではないことだ。医学的疾患の多くのものは，早期発見・早期治療により，疾患の悪化を防ぐことができる。しかし，性別違和に関しては，早めに医療機関を受診させさえすればよいわけではない。本人の心の準備が伴わないうちに医療機関を受診させれば，「病気扱いされた」と，逆に心を傷つけるかもしれない。あるいは，自分の問題を親や教師が向き合ってくれずに，医療機関に問題を回された，と感じるかもしれない。また，自分の中でとどめておきたい悩みが，医療機関という他者へと伝わっていくことに不安を覚えるかもしれない。

　このようなことを考えると，医療機関に相談することが必ずしも常にベストの選択とは限らない。しかしながら，医療機関を受診させた方がいい場合もある。筆者の考える条件のいくつかを挙げていく。

1．本人が希望する

　本人が医療機関受診を希望する場合には，その希望に沿い，医療機関を受診させることが望ましい。筆者のクリニックに中高生が受診する場合，自ら希望して受診することが多い。性別違和を訴え，受診する中高生のすべてが，性同一性障害の診断基準を満たすわけではないが，本人に受診動機がある場合には，受診により，本人の苦悩の軽減に役立っていると感じる。とにかく自分の話を聞いてもらいたかった，自分の性別違和が専門家から見てどう見えるのか知りたい，今後のことを考える上で医学的情報を知りたい，などその受診動機はさまざまである。どのような動機であれ，本人自らが希望する場合は，本人のアイデンティティ形成や，今後のことを考えていく上で，医療機関受診は有用と思われる。

2．自傷行為などの他の症状が出現している

　思春期に性別違和がある場合，自殺念慮や自傷行為といった自殺関連事象が伴う場合がある。

性同一性障害者1,138名に対して筆者が行った自殺関連事象の調査[1]では，自殺念慮は62.0%，自殺企図は10.8%，自傷行為は16.1%，過量服薬は7.9%にその経験があった。自殺関連事象の経験は思春期にピークを迎えていた。思春期に自殺関連事象がピークを迎える理由としては，典型的な性役割とは異なる行動をとることや同性への性指向をもつことによるいじめ，社会や家族からの孤立感，思春期に日々変化していく身体への違和，失恋により性同一性障害であるという現実をつきつけられること，世間の抱く性同一性障害者に対する偏見や誤ったイメージを自らももつ「内在化されたトランスフォビア」，将来への絶望感などがある。

また自殺関連事象だけでなく，抑うつ，不安感，摂食障害，飲酒・薬物依存などが伴うこともある。これも自殺関連事象と同じ，思春期における性別違和がその要因として考えられる。

性別違和を周囲に言えず，SOSサインとして，これらの症状が出ている場合もあれば，周囲に言っても十分の理解が得られず，これらの症状が出ていることもある。こういった状態の場合には，周囲の親や教師は，その苦悩を受け止めるとともに，医療機関を受診し症状の軽減を図っていくことが望ましい。

3．不登校や学校での不適応がみられる

性別違和により，不登校や学校での不適応がみられる場合がある。前述したように，学校生活は，制服，着替え，体育，水着，部活など男女分けされる機会が多く，友人関係も同性，異性を強く意識したものとなり，性別違和があると学校生活での適応が困難になることも多い。このような場合，筆者としては，まず学校で本人の希望をよく聞き，できるだけその希望に沿った形で，適宜，柔軟に対応していただけたらと思う。学校レベルでの対応が十分で適当なものであれば，それにより適応しながら学校生活を送れるようになることも多い。

ただ，反対の性別の制服の着用，反対の性別のトイレの使用など，学校だけの判断ではなかなか対応できない場合があるのも事実である。このようなときは，医療機関を受診することで，医学的診断・意見として，「性同一性障害により望みの性別の制服着用が望ましい」などの診断書が出されることにより，学校側の対応が可能になることもある。その結果，欠席傾向のみられた生徒がまた出席できるようになるのは，筆者の受診者の中でもよくあるケースである。

Ⅳ 親・教師に望むこと

最後に，親・教師に筆者が望むこと，および学校生活での具体的対応について述べる。

1．セクシュアル・マイノリティの存在を意識する

性別違和を抱える人や，恋愛の対象が同性である同性愛者は人口の数パーセントにいると推定されている。すなわちクラスに40人生徒がいれば，1人セクシュアル・マイノリティがいても不思議ではないという計算になる。教師や親が，同性愛者や性別違和を抱える者をバカにしたり，悪口を言ったりしていれば，実は身近にいるそういった生徒は，傷つき悩みを深めるであろう。逆に理解のある教師や親が近くにいれば，いずれ悩みを相談できる相手と思われるかもしれない。いま目の前にはっきりとした形では，セクシュアル・マイノリティの人の存在に気がついていなくても，実は身近にいることを忘れずに日々過ごしていただきたい。そのような大人が身近にいれば，セクシュアル・マイノリティの若者が，いたずらに自己を否定したり，苦悩を深めることなく，自分自身に向き合っていく助けとなるだろう。

2．悩みを打ち明けられたら，まっすぐに受け止める

性別違和があることを打ち明けることは，「カミングアウト」と言って，本人には勇気のいることである。多くの場合，打ち明ける相手を信用しているからこそ，打ち明けるのである。打ち明けられたら，「自分は専門家ではないから」と，困るかもしれない。しかし，専門家としての助言がほしくて打ち明けているのではないのである。親として，教師として，打ち明けるのだから，親として，あるいは教師として受け止めればよいのである。話をきちんと聞かずにそらしたり，自分はわからないからとすぐ医療機関に紹介しようとせずに，まっすぐと，ゆっくりと話を聞いてあげてほしい。多くの場合，話を十分に聞いてもらえたということだけで，違和感のかなりの部分が和らぎ，今後についても現実的に考えていく助けになるのである。

その上で，上述したような理由から医療機関受診が望ましい場合には，本人

とも相談した上で，医療機関の受診を勧めるのがよいであろう。

3．学校生活での具体的対応

性別違和を抱える生徒が学校生活を送る上で，いくつかの具体的対応策を記す。これらは，マニュアル化すべきものでなく，いずれも生徒と相談の上で決めていくべきことではあるが，対応のヒントとして記すことにする。

- 制服：男子制服や女子制服の着用を嫌悪することがある。望みの性別での制服着用が困難な場合は，スカートからズボンへの変更，ジャージ着用，制服らしく見えるシャツ・ズボンの着用などが望ましい。
- 水着：水着着用も嫌悪することが多い。水泳の代わりに他の陸上での運動への切り替え，あるいは指定の水着ではなくラッシュガードやウェットスーツタイプの水着であれば，着用が容易になることもある。
- 更衣室：更衣室は男女いずれにおいても問題になることがあるので，個室（空き部屋等の活用）での更衣が望ましい。
- トイレ：トイレも男女いずれの使用も問題になりやすいので，職員用トイレの使用を許可するなどの対応が望まれる。
- 健康診断：健康診断は最初や最後など時間をずらして受けることが望ましい。
- 宿泊行事：修学旅行等の宿泊行事では，誰と同室になるか，と入浴が問題になる。部屋については，気の合った友達と同室にする，養護の先生などと同室するなどの対応が考えられ，入浴に関しては，大風呂だけでなく，部屋にも風呂があることが望ましい。

V　おわりに

思春期は二次性徴が進展するだけでなく，勉強やスポーツに励み，友情をはぐくんでいく，人間の成長に大事な時期である。性別違和により，その貴重な青春時代が，苦悩によってのみ塗りつぶされていくことがないように，親や教師の温かい対応を望む。

文　献

1）針間克己・石丸径一郎（2010）性同一性障害と自殺．精神科治療学，25(2), 245-251.

第17章
性同一性障害者の家族への対応

針間克己

Ⅰ　はじめに

　性同一性障害は，心理的・社会的なインパクトが強く，当事者のみでなく，その家族にも大きな影響を与える。家族の反応はさまざまであるが，否定的な反応の場合，性同一性障害を抱える当事者の苦悩はより深いものとなる。それゆえ，家族への面接は，家族そのもののためであると同時に当事者のため，と二重の意味をもつ。家族としては，両親，配偶者，子ども，兄弟姉妹などがあるが，本章では，配偶者，子ども，兄弟姉妹に関しては簡潔に述べ，さまざまな問題が生じやすい両親への診察場面における対応について主として記す。

Ⅱ　配偶者への面接

　筆者の調べでは，MTFの10.3％に初診時に配偶者がいて，8.6％に離婚歴がある。FTMでは，0.7％に配偶者がいて，2.4％に離婚歴がある。FTMの夫と診察室で会った経験はないが，MTFの妻が診察に同席することはよく経験するところである。
　来院する妻は，夫の性同一性障害に対しては，強く否定的な態度である者は少ない。否定的な者は来院することなく，離婚へと進むと思われる。ただ来院する者も，全面的に理解がある場合だけでなく，理解と否定的感情の葛藤状態にある者もいる。つまり，配偶者として夫の性同一性障害を理解し支えていこうという気持ちがある一方で，夫が女性化していくということに異性愛者の妻

は拒否感を同時にもつ者もいる。また，夫が女性化していくことが，妻の女性異性愛者としてのアイデンティティに混乱をもたらすこともある。

面接にあたっては，妻の苦悩を傾聴し，医学的事実を伝えはするが，今後の夫婦関係をどうしていくかに関しては，意見は述べないようにしている。婚姻の継続か離婚かという選択は，医師が意見を挟む領域ではなく，夫婦にゆだねるべきだという思いからである。

Ⅲ　子どもへの面接

筆者の調べでは，MTF の 12.6％，FTM の 1.4％に子どもがいる。未成年の子どもがいて，性別を移行する身体治療を望む場合には，子どもにも直接会って話を聞くようにしている。受診の前に親子で十分に話し合われていることが多く，子どもとの面接時に子どもから親の性別移行への反対や不安が述べられることはまれである。

Ⅳ　兄弟姉妹への面接

兄弟姉妹に対しては，特に診察を行っていない。兄弟姉妹は比較的理解があることが多い。十分な理解が得られない場合も，心理的な距離をもち，積極的には関与してこない場合が多い。

Ⅴ　両親への面接

両親は，その子どもである当事者の年齢や症状，両親自身の価値観などにより，さまざまな反応を示す。その反応の代表例のいくつかを記し，その面接時の留意点を述べる。

1．幼少の性同一性障害類似行動への過剰な反応

近年，性同一性障害が世間に広く知られるようになった結果，幼少児のちょっとした非典型的な性別行動を「性同一性障害ではないか」と親が受診させるケースを体験するようになった。例えば，化粧をしたがる男の子や，男ことばを使

う女の子などにおいてである。この場合，幼少期は，典型的ではないさまざまな性別行動をとることはまれではないことを伝える。また，子どもの性同一性障害の診断基準を満たす者においても，大人になっても，そのまま性同一性障害となる者はそれほど多くないことを伝える。その上で過剰に反応することなく，子どもの成長を見守っていくように話をする。

2．性別移行や治療を両親が先回りしてお膳立てしようとする

小学校高学年や，中学生の子どもから性同一性障害だとカムアウト（告白）された場合に，理解のある親は，子どもを支援しようと，子どもの意思を飛び越えて，性別移行や治療を先回りしてお膳立てしようとする場合がある。すなわち，両親が学校と交渉し，制服や性別の扱いの変更を求めたり，医療機関を受診させたりする。子ども本人が望んでいる場合には，そういった対応でもよいが，子ども本人が望んでいない場合もある。

つまり漠然とした性別違和はあったとしても，ジェンダー・アイデンティティは十分に固まっていない場合や，特に制服の変更など周囲から注目を集めるようなことは望んでない場合だ。このような場合，先走った親の行動は，子どもの苦悩を増やす結果となったり，自分自身の試行錯誤や熟考の中で，アイデンティティが成長していく機会を奪うことにもなりかねない。面接時，親の先走りの危惧を感じたならば，まずは子どもの考えを十分に理解し尊重できるように，親子でじっくり話し合いをするように促していくようにしている。

3．自分のせいで子どもが性同一性障害になったと自分を責める

特に母親は，子どもの性同一性障害を自分のせいだと感じ自分を責めることがある。性同一性障害の原因論には，先天的な原因論と後天的な原因論があるが，そのいずれにしても，母親は自分を責めることになりやすい。

すなわち，先天的な原因と考えれば，「性同一性障害のある子どもを産んでしまった」と，自分を責める。

あるいは後天的な原因と考えれば，「自分の育て方が悪かったので子どもが性同一性障害になった」と，自分を責める。

その対処としては，性同一性障害の原因論について質問されたら丁寧に説明することが必要である。まず，100％の先天的原因ないしは後天的原因という

ものはなく，性同一性障害のジェンダー・アイデンティティ形成は先天的要因と後天的要因が絡み合っていると想定されていること。また先天的要因といっても，妊娠中の病気や服薬といった，単一で明確なものではないこと。後天的要因といっても，親の養育だけでなく，社会環境，友人との人間関係などさまざまな要因が絡むことなどを説明する。また，そもそも子どもの性同一性障害に対し，不幸な障害であると全面的にネガティブなものとして捉えるのではなく，多様なセクシュアリティのひとつとして捉える視点もあることも伝えるようにしている。そうすることで，母親の抱く不適切な罪悪感が減弱するように努めていく。

4．子どもは性同一性障害ではないと否定する

医師が，性同一性障害という診断を出したとしても，「自分の子どもは，こういった男（女）らしいところがあるので，性同一性障害ではない」と，否定する親もいる。現在の子どもの状態から，否定する理由を挙げる場合もあれば，過去の生育歴上のエピソードを挙げて，否定する場合もある。

子ども本人だけから話を聞き診断した場合，その後に親から診断を疑わせるエピソードがもたらされる，ということは確かにある。例えば，FTMが「子どもの頃からずっと男子とサッカーや野球をして遊んでいた」と話していても，親が「ままごと遊びもよくしていた」と述べたりする。このようにならないためにも，確定診断を出す前に，親との面接を行い，生育歴の情報を聞いておくことが望ましい。その上で，疑問に思えることは，本人に詳しく聞くようにする。

また一方の親の見方と，もう一方の親の見方が異なることがある。例えば，父親が診断を否定的に捉えていても，母親は「自分は前からそうではないかと思っていた」と述べたりする。それゆえ，診断を否定する親がいる場合には，本人やほかの家族のメンバーもまじえ，話し合うようにする。

診断においては，たとえ過去において非典型的なエピソードがあったとしても，現在継続的に性別違和があれば，性同一性障害と診断されることを説明する。しかし，それでも子どもが性同一性障害であることを受け入れられない場合もある。そういった場合には，ほかの精神科医の意見を聞きに行くことや，時間の経過の中で受け入れられることを待つことが必要である。

5．自分の子どもを失うような喪失感をもつ

　子どもが性同一性障害であることを知ると，その子どもを失ったような喪失感を抱く者もいる。男の子として，あるいは女の子として育てた過去の思い出が否定され，結婚して子どもを産んでくれるというこれまでの夢を打ち消されたと感じるのである。

　実際には，子どもは失われることはなく，今後も生き続けるわけであるし，これまでの思い出が失われるわけでもない。戸籍を変更し結婚する者もいる。自己のジェンダー・アイデンティティに沿って生きることは，子どもが本来の自分らしさを取り戻すことであり，より幸せになるための，新たな成長と見ることもできるのである。

　こういったことを面接で説明はするが，医師が一方的に伝えるよりも，親子の会話を促す中で，子どもの言葉を通じて，親が理解していくことが，よりいっそう望ましいと思われる。

6．身体治療や性別移行に対して強い不安をもつ

　子どもが性同一性障害であることに理解をもつ親であっても，ホルモン療法や外科的手術といった身体治療や，社会的な性別移行に関しては，強い不安をもつ場合がある。

　身体治療は，医療行為である以上，確かに一定のリスクはあるが，インターネット等での不正確な情報により過剰に危険視している場合もある。例えば，「ホルモン療法をやっているFTMの寿命は40歳」というまったく医学的根拠のない情報がインターネット上で広く流布したりしているからである。その対応は，当然ながら医学的に正確な情報を伝えるということであるが，精神科医としては限度もあるので，身体治療を担当する医師からも十分な説明を受けるように促している。

　社会的な性別移行への不安は「性別を変えたら，仕事がなくなり生活ができなくなるのでは」などといったものである。実際に就労に困難を抱える場合もあるが，望みの性別で働いてる人も多くいることを伝えている。また，身体治療に当たっては，RLE（実生活経験）といって，望みの性別で一定期間，生活をして，適応してやっていけることを確認したのちに，実際の治療に進むこと

を説明している。

7. 精神科医に対して怒りをぶつける

　子どもが，性同一性障害であることや，身体治療を望んでいることは，親の内面にさまざまな感情をもたらす。その感情への反応として，怒りが現れることがある。その怒りは，子どもに直接向けられることもあれば，社会に向けられることもある。また，子どもの主治医の精神科医に向けられることもある。

　「性同一性障害と診断するからその気になったのだ」「自分は親なのだから子どものことは自分のほうが詳しく知っている」「話を聞いただけで，どうして診断できる」「精神科医なら，なぜ心のほうを治そうとしない」などと述べ，精神科医に怒りをぶつける。疑問に対しては説明するが，いくら話をしても了解されることなく，議論が平行線をたどることも多い。

　そのような場合，筆者は，子どものことを心配する親の心情に焦点を絞るようにし，まずは，子どもの苦悩の軽減をはかるという目標が共有できるように努めている。実際には，1回の面接で怒りが落ち着くとは限らず，子どもとの話し合いや，時間の経過，他の精神科医の受診などを通じて，徐々に落ち着いていく場合もある。

Ⅵ　おわりに

　両親への対応を中心に，性同一性障害の家族面接について述べた。これまで語られることの少なかった問題だが，性同一性障害の家族は，本人と同様，時には本人以上の苦悩を有する。面接に当たっては，その家族の思いを真摯に受け止めていくことが，肝要なことだと思われる。

第Ⅲ部

心理職の訓練と果たすべき役割

第18章

心理職へのセクシュアル・マイノリティに関する教育・訓練

葛西真記子

I 心理職への教育・訓練の必要性

　LGBTのメンタルヘルスに関する多くの研究で、抑うつ傾向、不安傾向、依存症傾向、自殺企図・未遂との関連が示されており [10, 20, 32]、心理的な援助ができれば、これらの問題に少しでも対応できると思われる。現在、LGBTへの治療や相談を行っている病院等は多少存在するが、大学院などの心理臨床家の教育・訓練機関においてLGBTについての教育が行われているところはほとんどないのが現状である。これは、米国においても同様で、特に10年以上前に大学院を修了した者の場合、LGBTに関連する教育や訓練を受けたことがない者がほとんどであり [12]、LGBTのクライエントを担当する準備ができていないと感じており、LGBTに関する臨床家の自己意識や知識が低いと感じている [11, 34]。米国においては、米国心理学会 [4] や米国カウンセリング学会 [1] はLGBTに対する心理職の知識のなさや、偏見・差別をもって接することは倫理に反するということを明確に示している。日本では、臨床心理士の倫理規定の中に特にLGBTクライエントに言及している箇所はなく、さまざまな多様性についても自覚が薄いような印象を受ける [27]。

　つまり、現状では、効果的にLGBTについて対応できる自信がない心理職が多いということになる。AGP (Association of Gay Professionals) による同性愛に関する調査でも、日本全国の精神科およびカウンセリング機関の約8割の専門家が実際にLGBTのクライエントに対して診療やカウンセリングを行ったと回答しているが、専門教育の中でLGBTについて教わる機会は「な

かった」と回答した者が7割であった[13]。そして先にも述べたように，現在でもLGBTについての教育・訓練を行っている臨床心理士養成指定大学院がほとんどなく，対応したいと思っている心理職は多いが，どうしていいかわからない，効果的に対応できるかどうかわからないと思っているということになる。

　LGBTについての印象に関するデータでも，桐原[22]はLGBに対して異性愛者が抱くイメージを調査し，大学生・大学院生125名から，同性愛に対して女性よりも男性の方が極端なイメージを抱いている，親しみやすいと感じていないなどの回答を得た。岡橋[28]の調査においても，臨床心理学を学んでいる大学院生のうち，30歳以上で教職経験のある者が，30歳未満で教職経験のない者よりLGBに対して否定的であるが，全体的には肯定的であること，しかし，身近な存在にLGB当事者がいると想定した場合は，80％以上の者が嫌悪感をもっているという結果となった。つまり，表面的にはLGBに対して肯定的であるが，実際は心理職を目指す大学院生でも否定感を抱いており，正確な知識をもっていないということが明らかとなった。性同一性障害については，久保[23]が教育系・心理系・医療系の大学生・大学院生と社会人を対象に調査を行ったが，社会人の方が男女二分法の考え方をもっており，性同一性障害にもあわれみや否定的な考えをもっており，性同一性障害の要因を親の養育によるものだと捉え，性同一性障害に対して不幸なイメージをもっていることが明らかとなった。つまり，年齢が若く，また学生である者の方が，LGBTに対して肯定的に捉えているが，全体として，やはり正確な知識が不足していることがわかる。

II　LGBTへのカウンセリングに必要な能力

　心理職を目指している者も，心理職についている者も，LGBT当事者，関係者に関わりたいと思っているが，実際のところ，どのようなことに注意して，どのように関わったらいいのかわからないというのが現状であろう。前述したようにそれは米国でも同様で，米国心理学会特別専門委員会から提出された報告書[5,33]において適切な心理療法的対応についてがまとめられ，成人への心理療法，小児・青年への心理療法のあり方，倫理的問題が示されている。また大

学院や大学院修了後のすべてのプログラムにおいて，LGBT に対する肯定的でかつエビデンスに基づいた介入を習得できるトレーニングを提供すべきであると述べられている。

　現在の日本においては，心理職，訓練者への教育・トレーニングについて，具体的にどのような内容を教育・訓練するのがいいのか，またどのような内容が必要なのかがわからないという現状が推測できるので，LGBT 当事者や関係者へのカウンセリングに必要な能力 competency に関する米国の基準を紹介したいと思う。まず，Logan & Barret [25] によって LGBT のクライエントへのカウンセリングに必要な能力として提案され，後に ALGBTIC（Association for Lesbian, Gay, Bisexual, and Transgender Issues in Counseling）[7] から LGBQQIA（Lesbian, Gay, Bisexual, Queer, Questioning[注]，Intersex, and Ally）へのカウンセリングに必要な能力としてその一覧が出された。トランスジェンダーについては，トランスジェンダーへのカウンセリングに必要な能力として別に作成されている [6]。

　ALGBTIC によって提案された一覧の構成は，①はじめに，② LGBQQ とのカウンセリングに必要な能力，③「アライ ally」とのカウンセリングに必要な能力，④性分化疾患患者 intersex とのカウンセリングに必要な能力，⑤参考文献，参考資料等，⑥付録となっている。そして，③において，カウンセラー自身が「アライ」として関わる場合と，「アライ」として関わっている者へカウンセリングをする場合とに分けられている。ここでは，紙面の都合上，②の LGBQQ とのカウンセリングに必要な能力の一部を紹介する。

・成長と発達：能力のあるカウンセラーは，情緒的指向（affectional orientation：性的だけでなく，情緒的に好きになる指向）やジェンダー・アイデンティティ／ジェンダーの表現の発達には，生物学的，家庭的，文化的，社会経済的，心理的要因が影響を与えることを理解している。（全19項目）
・社会的・文化的多様性：能力のあるカウンセラーは，LGBQQ クライエントに対して適切な言葉を使用することが重要であると理解しており，ある特定のラベリング（例えばゲイやクイア）が，肯定的で正しい意味で用いられるためには，その使われる文脈を考慮する必要性があることを理解している。（全12項目）

・援助関係：能力のあるカウンセラーは，情緒的指向は個々人で異なり，LGBQQ の中でも異なるサブグループ間で，さらに多様性があることを認識し，さらに，LGBQQ の情緒的指向は生涯にわたって変化する可能性のあることを認識している。（全18項目）
・集団での関わり：能力のあるカウンセラーは，LGBQQ メンバーは偏見，差別，抑圧を経験していても，十分に機能し健康な人生を送ることのできるレジリエンスをもっていることを理解している。（全21項目）
・専門家としての方向性と倫理：能力のあるカウンセラーは，倫理的葛藤に直面したときに，LGBQQ クライエントのニーズに配慮した倫理的問題解決方法を活用することができる。（全13項目）
・キャリア発達と生涯発達：能力のあるカウンセラーは，LGBQQ クライエントが「アイデンティティの受容」ならびに「仕事に対する満足」の両方を促進するようなキャリア選択ができるような支援をする。（全12項目）
・アセスメント：能力のあるカウンセラーは，情緒的アイデンティティ（affectional identity：セクシュアル・アイデンティティとも異なり，性的ではなく対象を好きなる気持ちのアイデンティティのこと），ジェンダー・アイデンティティ，他の関連するアイデンティティ（人種，民族，階級，能力，年齢など）が LGBQQ クライエントにとって主訴であることもあれば，そうでないこともあることを認識している。また，種々のアイデンティティに関連する抑圧体験が主訴に影響を与えているかもしれないということも認識している。（全17項目）
・研究とプログラム評価：能力のあるカウンセラーは，カウンセリング分野において，LGBQQ クライエントやコミュニティを病理化してきた社会的歴史があることに気づいている（例えば，「障害」としての同性愛研究，情緒的指向やジェンダー・アイデンティティを「変える」ことができると「証明」しようとした研究など）。（全9項目）

そして，ALBGTIC は，これらの項目が心理職の教育・養成機関において，カリキュラムの中に採用されるべきであるとしている。さらに，マイノリティに特化した講義・演習においてだけでなく，すべての講義・演習においても取り入れられるべきであるとしている。それによって心理職に就く者が誰しも，LGBT 当事者とその関係者に対して心理サービスを提供できる能力が身に付く

ようになる。日本においても，これらの項目を参照しながら，現在の日本のプログラムが，心理職に対してこれらの内容をどの程度，教育・訓練できているか見直すことができるだろう。

III 実践プログラムの紹介

1．米国のプログラム

米国心理学会の中のカウンセリング心理学部門（Division 17）には，LGBT分科会が存在するが，臨床心理学部門（Division 12）には，LGBTに関連する分科会はない。カウンセリング心理学分野は，これまで多文化・異文化マイノリティや，LGBTにも重点をおいており，大学院の教育・訓練カリキュラムの中にもマイノリティへの支援に関する内容を含めることを必須としてきた[8]。また，効果的な訓練方法に関する研究も多数発表されてきた[9, 11, 26, 35]。それらの中で共通して強調されているのは，カウンセラーなどの心理職が自分自身の内にある異性愛主義に気づき，LGBTに関する正確な知識を習得し，効果的なスキルを訓練することである。

1）異性愛主義

LGBT当事者のクライエントはさまざまな問題をもって来談するが，セクシュアリティに関する内容をカウンセラーに告げるかどうかは，カウンセラー次第である。つまり，カウンセラーがいかにLGBT当事者のクライエントが安全だと感じるような雰囲気を作れるかが重要である。そのためにはカウンセラー自身のLGBTに対する偏見・差別意識，異性愛主義に気づく必要があり，いかに自分自身の考え方，感じ方がカウンセリングに影響しているかを実感することが大切である。これは「異性愛主義heterosexismの気づき」と呼ばれている。

異性愛主義の定義は，「セクシュアル・マイノリティのグループの者にとって不利益となる無自覚な考えで，すべての人は異性愛であるとの前提に立って，セクシュアル・マイノリティの存在が明らかになると，それは異常であり，差別的な扱いを受けて当然であると思うこと」[15]である。つまり，自分自身の考え方，感じ方，発言内容等が知らないうちに異性愛を前提としたものになっ

ていないか，それ以外が異常で，普通でないものとみなしていないかということに自覚的であるのが異性愛主義の気づきである。臨床現場でよくあることであるが，クライエントが自分自身の性指向について何も言及していないうちに，異性愛を前提として話を進めていくというのも異性愛主義である。あるいは，「同性愛・両性愛の性指向については何とも思ってない，そういう人がいてもいいと思う」とたいしたことではないように扱うという態度の場合，一見，性指向に受容的であるように見えるが，それは，LGBTの当事者が日々体験している社会での生きにくさや内面化されたホモフォビアを理解していないということにもなる。

　異性愛主義への気づきは，多くのLGBTに関する教育・訓練で一番初めに扱われる内容である[26]。なぜなら，LGBTに関する知識をただ学習するだけでは，それは机上のものとなり，自分とは異なった，違う対象として認識され（当事者が訓練を受ける側であっても，他のマイノリティに対する気づきがない場合もある），自分自身とどのように関連するのか実感をもって取り組むことにならないからである。演習やワークショップ等を通して，能動的に自分自身のものの見方に気づくことが有効である[9]。

　例えば，Cannonら[9]は，大学院新入生への2日間のオリエンテーションにおいて，自分自身や他者をさまざまな文脈の中で理解するためのエクササイズとして，全員で輪になりいくつかの質問に対して，自分に当てはまれば輪の中心へ進んでいくというものを行っている。質問には，文化的，民族的，社会階級的，障害に関することに加えて，LGBTに関することが含まれている。例えば，「私の親は移民のファーストジェネレーションである」「車椅子に乗った人や障害のある人がいるレストランで食事をしたことがある」「ゲイ・プライドパレードに参加したことがある」などである。

　次に，「同性愛偏見 homoprejudice」[25]についてロールプレイを行う。同性愛偏見は「非異性愛者は，病気で不道徳で，異性愛の人より劣っているという考え」のことであるが，ロールプレイで，上の学年の院生が同性愛偏見をもった質問をつぎつぎと新入生にするというものである。その後，そのときに新入生がどのように感じたかを教員を交えてディスカッションをする。同性愛偏見をもった質問とは，例えば，先週末についてのロールプレイで，「週末は誰とデートしていたの？ 彼氏はどんな人？」と女子学生に聞くというものである。つ

ぎつぎにこのような質問をされるとどのような気持ちになるのか，普段自分自身も知らないうちにそのような質問をしているかもしれないことに気づくというエクササイズである。

これらのエクササイズを行うときには，安全な雰囲気が重要であり，学生が防衛的にならないように，誰もが異性愛主義であり，同性愛に対する偏見をもっていること，それをもっているのはしかたがないことであるが，今，それに気づくことが大切であることを示し，先輩や教員自身も自分が気づいた自分自身の異性愛主義や偏見について自己開示することも役立つ。

2）正確な知識

LGBTに関連する正確な知識の中で重要なのは，セクシュアル・アイデンティティの発達に関するものであろう[26]。これについては本書の他の章でも言及されているので，ここでは発達段階については述べないが，異性愛者のセクシュアル・アイデンティティの発達と違い，性的なことに興味・関心をもち始める時期には，それをすぐに肯定的に受け入れることが困難であるという事実が重要である。多くの場合，周りからは，異性愛主義を押し付けられ，それ以外は異常であり，変であるというメッセージを受け取り，自分と同じように感じて，それを分かち合う友人や家族が周りにいないのである。知らないうちに同性愛に対する嫌悪を内在化しており，自分の性指向を肯定的に受け入れることが困難な場合もある。

正確な知識を習得するためには，さまざまな著書（例えばJohnson[17]）を紹介したり，短編ビデオを上映したりする。そして，それらについての意見や感想を出し合い教員を交えてディスカッションするのである。ディスカッションされる内容としては，例えば，「なぜ異性愛者である多数派は，自分自身の偏見について自覚し認識を新たにする必要があるのだろうか」「社会的に構造化された現実とはなんだろうか。またその現実はなぜ強制力があるのか」等である[17]。これらの話し合いを通して，LGBTに関して得た正確な知識が自分の思想，感じ方，感情と合わさって，自分のものとなっていくのである。

また，知識（資源，倫理規定や法律など）は時代とともに変化するものであり，アンテナを張り，情報を得て，学びの姿勢を継続して持ち続けることも大切である。特に地域でのLGBT当事者団体，支援団体，さまざまな資源に関する情報，知識は重要である。

3）スキル

　一般的なカウンセリングや心理療法に関するスキルの訓練や教育には，ロールプレイやスーパーバイズが有効であるのと同様に，LGBT当事者や関係者とのカウンセリングや心理療法にも，ロールプレイやスーパーバイズが有効である。米国にはLGBTに関するシナリオを使っての話し合いを行う訓練機関もある。そのひとつを紹介したいと思う。Walker & Prince[35]は，同性愛，両性愛，トランスジェンダーのクライエントとのカウンセリング過程のシナリオを提示している。レズビアンのクライエントのシナリオでは，カウンセラーとの間に起こる宗教的価値観の葛藤を扱っている。敬虔なクリスチャンである訓練中のカウンセラーが，言葉では「同性愛を認めている」と言いながら，非言語的には閉ざされた，不快な印象を表出しており，スーパーバイザーがクライエントのセクシュアル・アイデンティティの発達段階も考慮しつつ，このクライエントには肯定的でサポーティブなカウンセラーが必要であると判断し，カウンセラーを変更したというシナリオである。スーパーバイザーはカウンセラーに，個人的に宗教的信念をもつことはかまわないが，それをクライエントに押し付けないようにしないといけないと伝え，そのためにLGBTに関するさらなる知識を獲得するために文献を読むこと，LGBTに肯定的なさまざまな団体，研修会等に参加することを勧め，先に紹介したようなLGBTに関する事柄に能力のあるカウンセラーとはどのようなものであるかを理解するように指示している。

　自分自身の性指向に気づき始めた同性愛のクライエントは，それまでの人生で知らないうちに内在化されている異性愛主義やホモフォビアによって，同性間のパートナーシップに対して否定的な見方をもっていることが多いので，Langdridge[24]が示唆するように，LGBT肯定的なカウンセラーは，クライエントの否定的な意見や考え方には直接的に直面化し，セクシュアル・アイデンティティに関する肯定的な考え方を後押しする必要がある。Rossら[31]は，内在化されたホモフォビアやカミングアウトには，グループに参加してもらった中で介入を行うことが効果的であることも示している。

　Walker & Prince[35]の示すシナリオでは，カミングアウトしたいとの相談に訪れたクライエントに対して，LGBTに関する資源（支援団体やウェブサイトなど）の紹介や，グループの紹介，カミングアウトしたい理由の明確化，カミ

ングアウトした場合にどうなるかについての検討（カミングアウトする相手ごとにどうなるかを考え，もしうまくいかなかった場合のプランも考える）などを話し合う必要性が示されている。セクシュアル・アイデンティティの発達段階や，カミングアウトについては特に他の当事者の個人的な話が役に立つので，集団心理療法やグループでの関わりが重要である。そのためには，集団心理療法のスキルも必要であるし，もし自分でできなければ，そのような場の情報をもち，クライエントに紹介するという選択肢もある。

　トランスジェンダーのクライエントと接する場合には，ホルモン治療や性別適合手術に関する医学的な知識も必要である。しかし，性別違和感をもって来談するクライエントが，誰しも性別適合手術などの身体的治療を受けたいと思っているとは限らないので，性急にそれを勧めたり，紹介したりする必要はないが，現在，日本や海外で受けられる医学的治療にはどのようなものがあるのか，その副作用も含めて知っておくことは大切である。Walker & Prince[35]の示すシナリオでは，初めは抑うつや自殺企図等を主訴として来談したクライエントが，面接の過程で，これまで常にもっていた性別違和感について話し始めた場合に，どのように対応したらよいかについて述べられている。面接の中での呼び名の変更，医学的治療の選択肢についての探索，サポートグループの紹介，性同一性障害やトランスジェンダーの人々の自叙伝や著書の紹介等を行い，異なる性別として生き始めることで遭遇するさまざまな経験についてや，誰にカミングアウトするか・しないかについて話し合っていくのである。

　社会一般では，同性愛か異性愛かの二者択一的な考え方が多く，両性愛者の場合は，同性愛のグループからも異性愛のグループからも認められないことも多い[16, 21]。また，Hunter[16]は，両性愛者は，女性・男性に対して同等に魅力を感じるわけではなく，情緒的魅力と性的魅力を感じる性別が異なったり，両性愛の女性・男性によってその度合いが異なる場合が多いことを述べている。両性愛者個人個人によってセクシュアリティのありようはそれぞれ異なるので，カウンセリングではそのことに注意する必要がある。パートナー間でも異なることがあり，その対応は複雑になるのである。Walker & Prince[35]の示すシナリオでは，両性愛のクライエントが，同性のパートナーがいたときは，同性愛のグループに受け入れられていたが，そのパートナーと別れて異性のパートナーができると，グループからは裏切り者のように扱われ，同時に家族から

は受け入れられるようになったというケースについて述べられている。喪失感,拒絶体験,受容体験等,複雑な過程の中で,自分の存在が性指向という基準によってのみ評価されていないか,ありのままの自分が受け入れられていないのではないか,という点について話し合い,支持的に関わる必要がある。これらの問題は,両性愛特有のものであることを理解することが大切である。

以上のことをまとめると,心理職が効果的にLGBTの人々に対応するためには,①ホモフォビアがどのように影響するかということを認識し,理解している,②内在化されたホモフォビアをもっているクライエントを援助する,③クライエントが性指向に関することを話したいと思っていると決めつけない,④LGBTの人々への資源について知識をもっている,ということが必要である。

2. 日本のプログラム

日本国内でLGBTのクライエントへの心理的支援に関するトレーニング・プログラムを行っている臨床心理士養成課程大学院はほとんどないが,著者らは臨床心理士を目指す大学院生を対象に「LGB Sensitiveカウンセラー養成プログラム」を開発し,2006年より実施している[19]。プログラムの事前事後調査では,プログラムを受けた大学院生は知識が増え,LGBクライエントを対象としたカウンセリングを行う自信がついたという効果を示すこともできた。このプログラムは,特にLGBのクライエントに関する知識や情報を提供し,肯定的な態度を育成することを目的としている。2008年以降には,「LGBT Sensitiveなカウンセラー養成プログラム」ということで,トランスジェンダーのクライエントに関する内容も入れることとなった。ここでは,LGBのプログラムを紹介する。

このプログラムは,多文化 multicultural 理解を促進する他のプログラムを参考にして構成されたもので[29],気づき,知識,スキルの3つの側面からなっている。米国の大学院で教科書として頻繁に使用されている著書[30]や米国心理学会から出されているLGBに対するバイアス[2],倫理規定[3]なども参考にすると同時に,日本でのLGBを取り巻く状況や歴史的出来事を含有している。

全5回からなるプログラムの1回目は,異性愛主義とホモフォビアが自己や他者への見方,偏見にいかに影響しているかについての気づきを参加型の

アクティビティを取り入れて促し，LGB 当事者のゲストスピーカーからの体験談を語ってもらう。参加者からの質問もできるだけ不安や恥を感じさせないように行えるように注意を払う。2回目，3回目はLGB に関する知識を習得するためにさまざまな用語の説明と同性愛をテーマとした短編映画の上映（上映できない場合は，LGB 関連映画のタイトルの紹介やLGB 当事者の自叙伝の紹介等）を行い，LGB に関する歴史的出来事，LGB コミュニティの成り立ち，メンタルヘルスに関する情報，ホモフォビア・憎悪犯罪（ヘイトクライム），LGB の権利等についての説明を行う。4回目，5回目はカウンセリングの実践に関するスキルの習得を目的として，倫理的な問題，LGB にサポーティブなカウンセラーの応答例の提示を行い，実際の相談場面を設定し，ロールプレイを行う。

これまでにこのプログラムは1回約1時間半から2時間で，全5回を毎週の形式で行う方法と，集中的に2日間で行う方法などで実践されてきた。そのどちらにおいても，参加者の感想やアンケート[18]から，自分自身の価値観やこれまで気づいていなかった偏見や差別意識への気づきがあり，今後，LGB に関する知識の適用や擁護，アセスメント，LGB クライエントとの良好な関係性の形成などの側面でLGB に肯定的なカウンセリングを行えるという自己効力感が上がっていた[19]。同時に，実践に対する不安も明らかとなったが，それは，新たな学習への動機づけにもなっていた。Heppner ら[14]も述べているように，自分と異なる他者（多様性 diversity）に関する学習のためには，動機づけが重要であり，筆者もプログラムを行う前にはできるだけ，大学院生の視界に入るところにLGBT に関するポスターを掲示したり，カミングアウトしている当事者との個人的な接触がもてるように工夫している。動機づけがあると，学習意欲も増し，プログラムにも積極的に参加するようになるのである。

上記のプログラムとは別にトランスジェンダー，性同一性障害に関するワークショップやプログラムの需要も，「性同一性障害取り扱い特例法」が施行されてから増加し，また文部科学省からの人権教育の中のひとつにセクシュアル・マイノリティが含まれてから，大学・大学院等の教育機関で，性同一性障害についての講義も行われるようになっている。特に医療機関では，「性同一性障害に関する診断と治療のガイドライン」が日本精神神経学会によって作成されてから，認知度の高まった分野である。

Ⅳ　今後の方向性

　心理職に従事している人と話しているときに，たまに，「LGBTのクライエントには会ったことがない」という発言や，「今思えば，あのクライエントは，LGBTであったかもしれない」という発言を聞くことがある。「会ったことがない」という人は，LGBTのクライエントが自分に自己開示できない理由を考えるべきであり，無意識のうちに異性愛主義を押しつけていないかを内省し，安全で肯定的な雰囲気を作るよう心がける必要があるだろう。「今思えば，あのクライエントは……」という人は，自分には何が足りなかったのか，どのような知識やスキルが必要なのかについて考え，それを習得するために研修会等に参加する必要があるだろう。

　また，LGBTのクライエントへの臨床実践を行ったり，研究・訓練を行っている者は，今後，多くの心理職が，LGBTに関する知識をもち，肯定的な態度や気持ちをもち，行動をとれるように，LGBTの「アライ」になれるように，さらに教育・訓練を広めていく必要がある。

注）クエスチョニング：今現在のところ，自分自身のジェンダー，セクシュアリティ，ジェンダー・アイデンティティについて疑問をもっている人のこと。

引用文献

1) American Counseling Association (2005) ACA Code of Ethics. Alexandria, VA: Author.
2) American Psychological Association (1998) Appropriate therapeutic responses to sexual orientation in the proceedings of the American Psychological Association, Incorporated, for legislative year 1997. American Psychologist, 53, 882-939.
3) American Psychological Association (2002) Ethical principles of psychologists and code of conduct. American Psychologist, 57, 1060-1073.
4) American Psychological Association, Division 44/Committee on Lesbian, Gay, and Bisexual Concerns Joint Task Force on Guidelines for Psychotherapy With Lesbian, Gay, and Bisexual Clients (2000) Guidelines for psychotherapy with lesbian, gay, and bisexual clients. American Psychologist, 55, 1440-1451.
5) American Psychological Association, Task Force on Appropriate Therapeutic Responses to Sexual Orientation (2009) Report of the APA Task Force on Appropriate Therapeutic Responses to Sexual Orientation. Washington, DC: American Psychological Association.
6) Association for Lesbian, Gay, Bisexual, and Transgender Issues in Counseling

第18章　心理職へのセクシュアル・マイノリティに関する教育・訓練　219

Transgender Committee (2010) American Counseling Association competencies for counseling with transgender clients. Journal of LGBT Issues in Counseling, 4, 135-159.
7) Association for Lesbian, Gay, Bisexual, and Transgender Issues in Counseling LGBQQIA Competencies Taskforce (2013) Association for Lesbian, Gay, Bisexual, and Transgender Issues in Counseling competencies for counseling with lesbian, gay, bisexual, queer, questioning, intersex and ally individuals. Journal of LGBT Issues in Counseling, 7, 2-43.
8) Bieschke, K.J., Perez, R.M., & DeBord, K.A. (2007) Handbook of Counseling and Psychotherapy with Lesbian, Gay, Bisexual, and Transgender Clients, second edition. American Psychological Association.
9) Cannon E., Wiggins, M., Poulsen, S., et al. (2012) Addressing heterosexist privilege during orientation: One program's experience. Journal of LGBT Issues in Counseling, 6, 3-17.
10) Cochran, S.D., Sullivan, J.G., & Mays, V.M. (2003) Prevalence of mental disorders, psychological distress, and mental health services use among lesbian, gay, and bisexual adults in the United States. Journal of Counseling and Clinical Psychology, 71, 53-61.
11) Dillon, R.F., Worthigton, R., Savoy, H.B., et al. (2004) On becoming allies: A qualitative study of lesbian-, gay-, and bisexual-affirmative counselor training. Counselor Education & Supervision, 43, 162-178.
12) Eubanks-Carter, C., Burckell, L.A., & Goldfriend, M.R. (2005) Enhancing therapeutic effectiveness with lesbian, gay, and bisexual clients. Clinical Psychology: Science and Practice, 12, 1-18.
13) ゲイ・カウンセリング・ネットワーク (GCN) (1998) 同性愛に関するアンケート調査 AGP.
14) Heppner, P.P., Leong, F.T., Gerstain, L.H. (2008) Counseling within a changing world: Meeting the psychological needs of societies and the world. Biennial Review of Counseling Psychology, 1, 231-258.
15) Herek, G.M., Gillis, J.R., & Cogan, J.C. (2009) Internalized stigma among sexual minority adults: Insights from a social psychological perspective. Journal of Counseling Psychology, 56(1), 32-43.
16) Hunter, S. (2007) Coming out and disclosures: LGBT persons across the life span. Binghamton, NY: The Haworth Press.
17) Johnson, A.G. (2005) Privilege, Power, and Difference, 2nd ed. NY: McGraw-Hill.
18) 葛西真記子 (2011) 同性愛・両性愛肯定的カウンセリング自己効力感尺度日本版 (LGB-CSIJ) 作成の試み．鳴門教育大学研究紀要，26, 76-87.
19) 葛西真記子・岡橋陽子 (2011) LGB Sensitive カウンセラー養成プログラムの実践．心理臨床学研究，29(3), 257-268.
20) 河口和也 (2000) 同性愛とピア・カウンセリングアカーの電話相談の経験から．臨床心理学研究，37(4), 70-73.
21) Keppel, B. (2006) Affirmative psychotherapy with older bisexual women and men. Journal of Bisexuality, 6, 88-104.
22) 桐原奈津・坂西友秀 (2003) セクシャル・マイノリティに対するセクシャル・マジョリティの態度とカミング・アウトへの反応．埼玉大学紀要（教育学部）　教育科学，52(1), 55-80.
23) 久保祐三 (2009) 多様な性のあり方と性同一性障害に関する意識調査—性のグラデーションという観点から．鳴門教育大学大学院学校教育研究科修士論文.
24) Langdridge, D. (2007) Gay affirmative therapy: A theoretical framework and defence.

Journal of Gay and Lesbian Psychotherapy, 11, 27-43.
25) Logan, C. & Barrett, R. (2005) Counseling competencies for sexual minority clients. Journal of LGBT Issues in Counseling, 1, 3-22.
26) Matthews, R.C. (2007) Affirmative lesbian, gay, and bisexual counseling with all clients. In P.M. Perez, K.A. DeBord, & K.J. Bieschke (Eds.) Handbook of Counseling and Psychotherapy with Lesbian, Gay, and Bisexual Clients. Washington DC: American Psychological Association.
27) 日本臨床心理士会 (2009) 一般社団法人日本臨床心理士会倫理綱領. 日本臨床心理士会.
28) 岡橋陽子 (2006) セクシュアル・マイノリティに対する意識変容を目指す訓練プログラムの効果—心理療法家を目指す者を対象に. 鳴門教育大学大学院学校教育研究科修士論文.
29) Pederson, P. (2000) A Handbook for Developing Multicultural Awareness, Third edition. American Counseling Association.
30) Perez, P.M., DeBord, K.A., & Bieschke, K.J. (2007) Handbook of Counseling and Psychotherapy with Lesbian, Gay, and Bisexual Clients. Washington DC: American Psychological Association.
31) Ross, L.E., Doctor, F., Dimito, A., et al. (2007) Can talking about oppression reduce depression? Midified CBT group treatment for LGBT people with depression. Journal of Gay and Lesbian Social Services, 19, 1-15.
32) Rutter, P.A. (2008) A suicide protective and risk factors for sexual minority youth: Applying the cumulative factor model. Journal of LGBT issues in Counseling, 2, 81-92.
33) 佐々木掌子・平田俊明・金城理枝, 他 (2012) アメリカ心理学会 (APA) 特別専門委員会における『性指向に関する適切な心理療法的対応』の報告書要約. 心理臨床学研究, 30(5), 763-773.
34) Sherry, A., Whilde, N., & Patton, J. (2005) Gay, lesbian, and bisexual training competencies in American Psychological Association accredited programs. Psychotherapy: Theory, Research, Practice, and Training, 42, 116-120.
35) Walker, A.J., & Prince, T. (2010) Training considerations and suggested counseling interventions for LGBT individuals. Journal of LGBT Issues in Counseling, 4, 2-17.

第19章

性同一性障害：心理職の果たす役割

石丸径一郎

I　診断と治療のガイドラインにおける心理職

　日本では，1997年に性同一性障害に関する診断と治療のガイドライン（第1版）[2]が答申され，正式な手続きに則った臨床が始まった。性同一性障害は，精神・身体の双方に関連するだけでなく，当事者の生活の多岐にわたって影響を及ぼす状態である。ガイドライン第1版の当初より，複数の診療科や，心理職を含めたチーム医療としての対応が求められており，心理職は性同一性障害のケアにおいて重要な役割を果たすべきと考えられる。
　本節では，最新版である診断と治療のガイドライン（第4版）[3]に基づき，心理職が果たすべき役割について述べる。

1．医療チームにおける心理職

　性同一性障害の診断と治療において，心理職の医療チームにおける位置づけは，ガイドラインに次のように記載されている。「②性同一性障害は，社会生活のあらゆる側面に深く関わる問題であることから，医療チームには，上記診療科医師の他に，心理関係の専門家，ソーシャルワーカーなどの参加が望ましい」。またガイドラインでは，心理職の定義について次のように述べている。「注：ここでいう心理関係の専門家は，大学または大学院において心理関連領域を専攻した者，あるいは医療チームにおいて性同一性障害の治療に関して同等以上の経験と力量をもつと認められた者とする」。
　性別は，人間の社会生活の多くの場面に関わってくる。他の多くの身体疾患

や精神疾患と比較して，性同一性障害は，生物学的な側面だけでなく，心理社会的な側面に関わる割合が非常に大きくなる。心理社会的な側面からのアセスメントとケアを専門とする心理職の役割は重要である。また，医学という視点とは別の視点をもつ養成課程でトレーニングを受けた専門職がチームに入ることは，チームメンバーの多様性を確保し，当事者の生活状況やニーズの見落としを防ぐことにつながる。

しかし，このようにガイドラインに明記されているにもかかわらず，性同一性障害の医療チームにおける心理職の数は非常に少ない。日本では他の先進諸国と異なり，さまざまな経緯から心理職の国家資格化がなされておらず，多様な経歴や背景をもつ人々が心理職として働いている状況がある。このためガイドラインにおける心理職の定義も，かなり幅広いものとなっており，これによって心理職の専門性や重要性が低く感じられている可能性もある。また，国家資格化が実現していないことと関連して，現状では，心理職が行う仕事の中で，保険点数の付くものが非常に少なく，医療機関にとって経営的な負担となっていることも，この領域での心理職の少なさにつながっている。今後，心理職の国家資格化と，それに伴う医療現場での心理職の位置づけ，保険点数としての裏づけが確立すれば，状況は多少変わっていくかもしれない。

2．診断における心理職の役割

ガイドラインは診断と治療の2つの手順を概説している。ここでは，診断における心理職の役割について述べる。性同一性障害の診断のプロセスにおいても心理職は役割を担うはずだが，ガイドラインの診断の部分には心理職についての記載がない。これには，おそらく先に述べた制度的な問題がある。欧米諸国と違って，日本では心理職には診断ができず，すなわち診断書やそれに類する効力のある文書を出せないという法律上の制限がある。

しかし，実際の医療現場では，診断の材料や補助となる心理アセスメントを，さまざまな形で心理職が行っている。性同一性障害の中核的な特徴である性別違和をどのようにもち，生活の中にどのように現れているかといった具体的な様子や，身体と反対の性別としての性同一性の確立の様態，確信の強さや迷いのなさといった点については，精神科医よりも面接時間を長く取れる心理職の方が，より詳細に聴き取れるだろう。また，心理職は，過去の養育歴・生活史・性行動歴

についても詳細な聴き取りを行い，診断のための材料を提供することができる。家族，パートナー，関係者との面接を行い，さらに情報を得ることもある。

　除外診断や併存疾患，考慮すべき状況に関するアセスメントについても，心理職は大きな役割を担う。性同一性障害の臨床において，しばしばみられる心理的な併存疾患・問題には，自閉症スペクトラム障害，知的障害，うつ病，双極性障害，統合失調症，パニック障害，PTSD，境界性パーソナリティ障害，アルコール依存，摂食障害，リストカット，自殺念慮，精神疾患をもつ家族メンバーなどが挙げられる。それぞれ，心理面接による聴き取りによってチェックする他に，特に知的障害に関しては知能検査を行う。

　医療機関においては，保険点数の関係から，ロールシャッハテスト，バウムテスト，主題統覚検査（TAT）などの投影法心理検査が行われることも多い。しかしセラピスト側・クライエント側双方の負担に比して，有益な情報が得られると感じたことは少ない。文章完成法（SCT）に関しては，投影法の中でも言語化レベルが高いものであり，どんな世界観をもっているか，どんな生活をしているかについて多くのことを知ることができ，特に口の重いクライエントの場合には，アセスメントの糸口としてとても有用である。

　性別違和のアセスメントのためのツールとして，ユトレヒト性別違和スケール（Utrecht Gender Dysphoria Scale: UGDS）を紹介する。このスケールは，性同一性障害の主要な症状である性別違和感を測定するために，Cohen-Kettenis & van Goozen[1]によって作成され，信頼性と妥当性が確認された自記式質問紙尺度である。32項目の中から，因子分析的に1因子12項目が選び出された。FTM（女性から男性へ）用とMTF（男性から女性へ）用との2種類があり，それぞれ12項目から成り立っている。回答選択肢は，5件法であり，逆転項目を反転させたのちの合計点を尺度得点とする。高い信頼性を示し，性同一性障害当事者とそうでない者をよく弁別することができる。日本語版は，原著者の許可を取り，筆者により翻訳された（表1）。暫定的にはFTM用で45/46，MTF用で35/36のカットオフ値を使用するのがよいと考えられる。このスケールのみで診断を行うべきではなく，あくまで補助的な参考資料とすべきである。

3．治療における心理職の役割

　ガイドラインの「精神科領域の治療」セクションにおいて，「治療に携わる

表1　日本語版 UGDS の項目

回答選択肢は，1：まったくあてはまらない，2：あまりあてはまらない，3：どちらともいえない，4：ややあてはまる，5：とてもあてはまる

MTF 用
1. もし男性として生きていかなければならないならば，私の人生には意味がない。
2. 誰かが私を男性扱いするたびに，私は傷つく。
3. 男性と呼ばれると，私は悲しい。
4. 私は体が男性なので不幸だ。
5. 私はずっと男性であると考えると落ち込む。
6. 私は男性なので，自分のことが嫌いだ。
7. 私はいつでもどこでも，男性として行動した時は不快である。
8. 女性になれなければ私の人生に意味はない。
9. 私は，立って小便をすることが嫌いだ。
10. 男性的に見えるので，あごひげが生えるのが不満だ。
11. 私は，勃起するのが嫌いだ。
12. 男性として生きるくらいなら死んだ方がいい。

FTM 用
1. 私は，男性のように行動したいと思う。
2. 誰かが私を女性扱いするたびに，私は傷つく。
3. 私は女性として生きていきたい。（R）
4. 私は，ずっと男性として扱われたい。
5. 女性としての人生よりも，男性としての人生の方が私にとっては魅力的だ。
6. 女性として行動しなければならないので，私は不幸だ。
7. 女性として生きるのは，私にとって良いことだ。（R）
8. 鏡で自分の裸を見る時，気分がいい。（R）
9. 私は，女性として性的な関係を持ちたい。（R）
10. 女性であることを思い出させられるので，月経が嫌いだ。
11. 私は，胸があるのが嫌だ。
12. 男性に生まれたら良かったのにと思う。

※（R）は逆転項目

者は，性同一性障害の診断・治療に十分な理解と関心を有する精神科医，心理関係の専門家が中心となる」とされている。ガイドラインでは，診断に関しては心理職について触れていないが，治療には心理職が中心的に携わることが明記されているということである。

　ガイドラインにおける精神科領域の治療は，①精神的サポート（現病歴の聴取と共感および支持），②カムアウトの検討，③実生活経験（RLE），④精神的安定の確認という4つの項目を実施することになっている。いずれについても，精神科医よりも長い面接時間が取れる心理職の果たす役割は大きい。

「精神的サポート」については，共感的・支持的な面接によるラポールの形成，本人の希望・治療目標（どのくらいの期間で，どのように，どの程度までを目指すか）の明確化，もし迷いがあるなら傾聴し動機づけと進む方向を整理するなどの作業を行っていく。

「カムアウトの検討」に関しては，本人がカムアウトする領域として代表的なものに，職場，家庭，友人，学生なら学校が挙げられる。その他に，ボランティア活動，地域の活動，宗教的活動などの場をもっている当事者もいる。典型的には，親へのカムアウトが大きな山場になる。すんなりと理解する親もいるが，ショックを受ける親もいる。それでも数カ月から1年程度で，徐々に理解していくことが多い印象である。職場へのカムアウトもさまざまである。家族経営などの小規模な職場では，適応して働けるかどうかは，社長などトップの理解次第となる。一方，大企業では，すでに性同一性障害当事者に対応をした前例があることが多く，コンプライアンスや人権擁護の観点から，通称名使用，更衣室・トイレの配慮など，積極的に対応している事例が目立つ。また，就職活動においては，面接時にカムアウトするか，それとも採用が決定してからカムアウトするかで迷うことが多いが，これも一長一短があり，就職先の状況によっても大きく異なってくる。友人へのカムアウトは，相手との親密さによって大きく異なる。カムアウトが前提となっている関係，サポート資源として，同じ性同一性障害やトランスジェンダー当事者との交流の有無も押さえておくべきである。

「実生活経験（RLE）」は，順調に進む人と，なかなか踏み出せない人とで個人差が大きい印象がある。カムアウトをする際の周囲への説明が上手な者や，また多少嫌なことを言われたり変な目で見られたりということを気にしないでいられる者は，RLEをどんどん進めていけるようである。RLEを行う中で，理解されなかったり誹謗中傷されたりして落ち込むという事態も時々起きるので，サポートしていくことが重要である。さらに，パス度（外見，声，振る舞い等が望みの性別として通用する＝パスする度合）の高い当事者の場合は，身体治療前であっても，カムアウトせずに望みの性別として働いたり通学したりすることがある。この状況は，便宜的に「ノンカム」と呼んでいる。この場合，身体の性別が周囲に知られないように，気を遣ったり，つじつまを合わせたりすることに窮屈さを感じることもある。

「精神的安定の確認」としては，身体治療に耐えうる精神的安定性や適応力

をもっていることを確認する。当事者たちの中には，非常に高い社会的スキルをもち，ほとんど精神的な不安定さを見せずに，周囲の人を惹きつけ，活躍している人たちも多くみられる。一方で，性同一性障害ではない人と同様に，多様な人生を生きる中で，多少の落ち込みや過酷な環境を経験することもある。心理職としては，性同一性障害が関わる部分とそうでない部分の双方について，必要な場合には，本人が環境に適応し，精神的に安定していくことを目指して介入していくことも必要になる。

　精神科領域の治療の効果が確認できれば，身体的治療への移行のための意見書の作成を行うことになる。意見書の作成についてガイドラインでは，「精神科領域の治療に携わる者として規定した治療者〔上記4-1)-(1)の精神科医あるいは心理関係の専門家〕が意見書を作成する。そのうち少なくとも1人は精神科医（原則として診断に関わった精神科医）でなければならない。1人は心理関係の専門家が代行することもできる」と記載されている。したがって，必要な2通の意見書は，精神科医が1通，心理職が1通を担当するということが可能である。しかし，身体的治療に移行する際には，別に性同一性障害であるという診断書も2通が必要であり，こちらは心理職が診断することができず，精神科医2名でなければならない。このため，たまたま2名の精神科医が性同一性障害の診断をした後に，精神科領域の治療をそのうちの1名の精神科医と心理職が担当した場合に，心理職が意見書を書くということが可能である。このようなケースは稀であるため，心理職が意見書を書くことはほとんどないようである。実質的には，精神科医の補助として，心理職が意見書作成の一部に携わることはある。身体的治療への移行のため医療チームに送られる書類の中には，身体的性別の診断に関する資料もあるため，心理職も性染色体検査，性ホルモン検査について，結果を理解できるようにしておくのがよい。

　身体的治療の施行後についてガイドラインでは，「精神科医あるいは心理関係の専門家は，ホルモン療法や乳房切除術，性別適合手術など身体的治療の施行後においても継続的に面接を行い，精神的サポートと新しい生活におけるQOLの向上に向けて援助する」と記載されている。性別適合手術まで終えた当事者たちは，その後も精神科や相談機関に通い続けることは少ない。それでも，性別が直接関わらないような生活上の問題や，心理社会的な問題に関して心理療法を希望する当事者もいる。生まれたときの性別と違う性別で生活して

いるという背景情報を踏まえた上で，通常の心理療法を提供する必要がある。

II　心理職の専門性を活かすために

　筆者は 2001 年頃より現在まで 12 年間ほど，精神科クリニックにおいて心理職として性同一性障害当事者たちに関わっている。本節では，ガイドラインから離れ，経験に基づいて，心理職に何ができるのかということを述べてみたい。

　数百名の性同一性障害当事者たちの性別移行の様子を聞いて感じるのは，社会適応の個人差の大きさである。親や友人たちへのカムアウトで理解を得られるかどうかは千差万別である。もちろんこれは相手の要因もある。しかし，アルバイトや正社員になるための就職活動の結果も人によってかなり違う印象を受ける。1, 2 社受けてすんなりと決まっていく人と，何十社受けても本人談では「性別のことがネックで落とされる」という人もいる。もちろん，職場で働き始めてからの居心地の良さもかなり個人差がある。

　このような社会適応の個人差について，当事者たちの間で根強く信じられているのは「パス度」の影響である。望みの性別で無理なく通用するような恵まれた容姿をもっている当事者なら，社会適応が良いはずだという説である。これは確かに一理あるが，どう見ても女性にしか見えない非常に美しい MTF が，まったく自分に自信がもてずひきこもっている例や，逆に多くの人が「元男の人だな」と気づくような体格・顔をもつ MTF でも，要領の良さ，段取りや説明のうまさ，笑顔，人当たりの良さ等で周囲から非常に好かれ，円滑な社会生活を送っている例など，「パス度」説の例外を数多く見てきた。ホルモン療法によって胸が大きくなっている MTF の人が，会社にうまく説明できず，結局胸を押さえて平らに見せるためのインナーを着用して，男性として会社勤めしているというような例もあった。

　このような経験から考えるのは，確かにパス度は高い方が良いだろうが，社会適応に必要なことはそれだけではないということである。望みの性別に見えなくても，社会的スキルや，物事の楽観的な捉え方，自信といったことで，かなり円滑に，性別移行後の生活を送れると考えられる。そこで筆者は，心理職の専門技術のひとつである認知行動療法が，性同一性障害当事者の苦痛軽減や社会適応向上のために有用ではないかと考えている。

表2　性同一性障害当事者にみられがちな自分を苦しめる認知・思考リスト

・街ですれ違う人たちは，自分のことを汚い女装（／オトコオンナ）が歩いているという目で見る。
・自分は性別のことがあるので，人事や面接担当は嫌がるはずだし，就職面接は落ち続けるはずだ。
・自分の肩幅は女性にしては広すぎる。
・声が低いので，絶対にパスできない
・性同一性障害になってしまったことで，親や親戚に迷惑をかけている
・恋人が自分のもとを去っていったのは，自分が男の体を持っていなかったからだ
・性同一性障害を理解してくれる人なんて，世間にはとても少ない
・自分に恋人ができたり，家族を持ったりすることができるはずがない

　認知行動療法の中でも，認知療法は，例えばコップに半分水が入っているといった，どっちつかずの曖昧な状況をどのように捉えるか（「まだ半分も残っている」／「もう半分しかない」）で，その後の気分が変わるという理論である。性同一性障害の当事者は，変な目で見られているのかそうでもないのか，カムアウトした相手は完全に理解してくれているのかそれとも複雑な心境なのかといった，どっちつかずの曖昧な状況に常にさらされている。これを楽観的に受け取るか，悲観的に受け取るかで，彼（女）らの社会適応は大きく異なってくるだろう。

　認知療法では，自動思考と呼ばれる，出来事に対して瞬間的に頭に浮かぶ思考に焦点を当てる。自分を苦しめるような自動思考が浮かびやすい人に対しては，これを新たな思考に変更していくことで，苦痛の軽減と社会適応の向上が図れる。表2に性同一性障害当事者にみられがちな自分を苦しめる認知・思考リストを挙げてみた。心理職は，このような思考に焦点を当てて，本人とともにその妥当性を検討していくことで，本人の自信や社会適応を向上させていくというサポートができるはずである。

引用文献

1) Cohen-Kettenis, P.T., & van Goozen, S.H.M. (1997) Sex reassignment of adolescent transsexuals: A follow-up study. Journal of the American Academy of Child and Adolescent Psychiatry, 36, 263-271.
2) 日本精神神経学会・性同一性障害に関する特別委員会（1997）性同一性障害に関する答申と提言．精神神経学雑誌，99(7), 533-540.
3) 日本精神神経学会・性同一性障害に関する委員会（2012）性同一性障害に関する診断と治療のガイドライン（第4版）．精神神経学雑誌，114(11), 1250-1266.

第20章

心理職のセクシュアリティについての価値観がセラピーに及ぼす影響

松髙由佳

Ⅰ　はじめに

セラピーに影響を及ぼす援助職側の要因にはさまざまなものがあると考えられるが、ここでは心理臨床における援助者のセクシュアリティに対する価値観が、クライエントとのセラピーにどのように影響を及ぼす可能性があるのかについて、主に性指向のトピックスに焦点を当てて検討する。そして、クライエントとの関係づくりを行っていく上で、私たちがどのような点に留意していけばよいのか、考えたい。

Ⅱ　クライエントのニーズと相談への不安

セクシュアル・マイノリティの当事者の中には心理相談のニーズがあり、なおかつ自らのセクシュアリティを打ち明けて悩みを相談することが必要と感じているが、一般の相談機関に行くことに相当の不安を感じる場合がある。そこには、相談に行った先で自らのセクシュアリティを明らかにしたとき、どのように反応されるのかが不安である、という当事者の思いがあると考えられる。異性愛以外の性指向は病気ではないと精神医学の領域で認定されてから30年以上が経過したが、一般的にわが国の社会ではいまだ周囲からの理解のなさや偏見などの影響があると考えられ、上記のような当事者の不安は想像に難くない。

このようなことは、学術的な研究結果としても明らかになっている。日本でゲイ・バイセクシュアル男性を対象に大規模な調査を行った研究[4]では、「心理

カウンセリングを受けることに関心がある」と回答した割合は，約6割に上った。回答の傾向として地域差はなく，特に若年層で高い値がみられた。そして，「心理カウンセリングを受けることに関心がある」と回答した人のうち，8割が「自分のセクシュアリティを話そうと思っている」と回答した一方，「心理カウンセラーに会って話ができる医療機関の心当たりがある」と回答したのはそのうちの2割弱と，低い値であった。このことから，当事者が性指向を明らかにして心理カウンセリングを受けることができる相談機関などの情報がもっと広く行き渡る必要性が高いこと，また，実際に相談があったときに十分に対応ができるよう，私たち心理職が準備態勢を整えておくことが必要と考えられる。

III セラピー場面で起こりうる具体的問題

　それでは，心理職の価値観に関連して，具体的に臨床場面でどのような問題が生じうるだろうか。このことについて考えるにあたり，セラピー場面でクライエントが自分のセクシュアリティを表明していない場合と，表明している場合とに分けて考えていく。先述のようにクライエントは自分のセクシュアリティについて明かしたとき心理職からどのような反応をされるか不安に思っていることも多いため，心理職との間に信頼関係が充分に築かれたとクライエントが感じた時点で，ようやくセクシュアリティのことを明らかにできる場合も少なくないと考えられるからである。

1．クライエントが性指向のことを表明していない場合

　この場合に問題になりやすいことは，主に心理職が異性愛である場合に想定される。異性愛の心理職は，一般的に社会に浸透している異性愛前提の価値観を内在化しており，そのことを自覚するのは難しい。そのため，クライエントのセクシュアリティいかんにかかわらず，セラピー場面でも無意識のうちに異性愛のみを前提とした言葉を端々に使用してしまうことがある（恋愛のことを"異性関係"と言う，クライエントの恋人や好きな人の話題が出た際，相手が異性であることを前提として応答するなど）。LGBクライエントがセクシュアリティをまだ表明していない場合，そういった心理職の対応を受けたクライエントは，どう感じるだろうか。おそらく，性指向のことを心理職に話すことが

必要だと思っていたとしても，打ち明ける気持ちにはあまりなれない，あるいは，自分の存在そのものをセラピー場面で否定されるような傷つきや，がっかりする感情を抱くこともあるだろう。海外の調査結果によると，同性愛のクライエントは異性愛のクライエントと比較して，これまでに会ったことのあるセラピストの数が多く，その背景としてセラピストが同性愛に肯定的であるかどうかをさまざまな方法で選別 pre-screening し来談する傾向が関係するという[6]。また，LGB のクライエントは異性愛中心的な見方を示す心理職を避ける傾向にあることが明らかとなっており，心理職の不適切な反応によるセラピー場面での傷つきを避けるために，LGB のクライエントは LGB の心理職を探したほうがよいと提言する研究さえある[1]。

つまり，LGB クライエントはセラピー場面で（特に異性愛の）心理職が性指向のことを含め適切に自分のことを理解してくれるのかどうか，社会的な偏見による傷つきやプレッシャーを心理職の反応からも再度感じるようなことにならないのかどうかを，気にしながら相談場面に訪れていることも少なくないと考えられる。クライエントに無用な傷つきやプレッシャーを感じさせることのないよう，心理職には，常日頃から性に関して中立的な態度で，たとえば異性愛を前提とした言葉を使わないなどの配慮を実際に行っていくことが求められる。

ただ，そういった言葉の使い方などの表面上のことにとどまらず，私たち援助職にとってはセクシュアリティに関する自分の価値観をよく吟味し，把握しておくことが大切なことである。Corey ら[2] は，援助職の価値観を専門的関係から切り離して考えることはほぼ不可能なことで，援助職は自らの価値観を把握し，それをクライエントに押し付けないようにすることが大切だと述べている。彼らは，クライエントとの間に価値観の不一致が生じやすいテーマのひとつとして，クライエントが同性愛である場合を挙げ，援助職自身の価値観がLGB クライエントの援助をする上で妨げになると感じた場合には，限界を自覚し，別の相談窓口へリファーすることが適切である，としている（しかしながら，情報に限りがあり適切なリファー先が見つからない，見つかっても遠方すぎて利用できない，といった場合には，自分の価値観をクライエントに押し付けないように最大限の努力をしながら関わっていくほかはない，とも述べている）。

2．クライエントが性指向のことを話した後の段階

クライエントが性指向について打ち明ける，という場面を迎えるにあたっては，クライエントは一か八かの気持ちでそれを心理職に打ち明けている可能性がある（相手の心理職がLGBに肯定的だとあらかじめわかっている場合以外は）。このような場面を迎えたということは，それなりに信頼関係ができてきている，クライエントが心理職のことを信頼して話していると考えられるため，是非ともその「信頼感」を大事にしていきたい。

さて，クライエントが同性愛であることがわかった後に，しばしば聞かれる心理職の声として「自分はその分野の相談を受けた経験がないし詳しくない。責任をもってお引き受けできないので，適切な他の相談窓口にリファーするべきだと考える」というものがある。先ほども述べたように，リファーという選択肢は倫理的に適切な側面がある一方で，相手が同性愛というだけで，過剰にケースが難しいのではないかと警戒したり，「自分には無理だ」と充分に検討することなく決めつけてしまう，あるいは潜在的なホモフォビアのために関わりを終わらせたくなる，といった反応が生じうるため，注意が必要である。この背景として，心理職は専門家であってもホモフォビックな社会の影響を自覚しないままに受けている，ということが考えられる。セラピー場面でクライエントが同性愛であることを知ったとき，LGBの人に出会ったことがない心理職には驚きの感情や動揺が生じることが明らかとなっている[14]。また，残念ながら現状，日本ではセクシュアリティの教育を受ける機会は少ないため，心理職が性指向に関する知識をあまり持っていない，ということが実際にある[8]。

しかし，心理職が「わからない！」「どうしよう……」と思ったり，多少驚いてしまったとしても，「私はそういうことはわからないから，他をあたってほしい」と，すぐに丸投げするような形でリファーしてしまうと，せっかく心理職との間で築かれたクライエントの中の信頼感が台無しになってしまう。したがって，心理職の経験等にかかわらず，クライエントのセクシュアリティにまつわることを，その人の大切な一側面として関心をもって聴き，知ろうとしていくことがまず，できればと思う。そうすれば，結果的にはどこか別の相談窓口につなぐことになったとしても，クライエントとの信頼感を大切にすることができ，それがクライエントの中でその後活かされていくこともあるだろう。先述のCoreyら[2]は，価値観の不一致があるというだけではただちにリファーする理由にはならないこと，リファーを焦らないこと，どのよ

うなことから他の専門家へのリファーが必要だと思うのかをじっくり考えてから，決断を下すことを推奨している。

　また，「結婚すれば治りますよ」（こういった考えも異性愛中心の価値観を反映したものである）などと明らかに誤った，あるいは否定的な反応をするのが不適切であるのは言うまでもないが，もうひとつ問題になるのは，一見肯定的な「無関心」という心理職の態度である。これは，たとえば当事者が自分は同性愛であると打ち明けたとき，目の前の相手が「あ，私そういうの全然大丈夫だから」とか，「同性愛は異常ではありませんよ」などと言ったものの，その後セクシュアリティのことには一切触れようとしない，というものである。このような態度は一見受容的なようだが，当事者からするとせっかく心理職との信頼関係を信じて思い切ってカムアウトしたのに「流された感」があり，辛い傷つきにつながるという声も聞かれる。それは，カミングアウトされた心理職の中に一瞬生じた葛藤（わからなさや戸惑いのような感情）を，また一瞬のうちに回避するという意味あいがあるためかもしれない。

　基本的には，クライエントが性指向を明かしている場合，性指向に関する適切な情報や異性愛以外のセクシュアリティに対するポジティブなメッセージを発信しつつ，クライエントが自分自身のセクシュアリティを位置づけていくプロセスを支えるよう傾聴していくことが大切である。しかし，当事者の中でもそのプロセスはさまざま，性指向に関する感じ方もさまざまであるため，クライエントの状態に即してこちらの対応を考えることも必要である。

　ここまで本稿では，クライエントが自分自身のセクシュアリティを，ある程度定まった形で認識しているケースについて述べてきたような表現になったが，ケースによっては「自分は同性愛かもしれないが，よくわからない（あるいは，自らのセクシュアリティを受け入れることに迷いや抵抗感がある）」といった悩みが語られることもある。その背景として内在化されたホモフォビアがある場合も多く，心理職のほうがクライエントの受け入れ状態に先んじて同性愛に肯定的な態度を強く押し出す形になると，クライエントに「自分のセクシュアリティを早く受け入れなければならない」といった負担感や不安を与えることがある。結果として，相談が早期に中断したり，クライエントが自分のセクシュアリティを自分のペースで探索していくことを妨げてしまうといった影響が生じる可能性がある。つまり，心理職がセクシュアリティの多様性に肯定的な態

度を有していることは良いことだが，実際に会っているクライエントの歩みに寄り添う形で，決め付けない，心理職が先走りしないように心がけたい。

Ⅳ 実証的研究から考えられること
　　――クリニカル・バイアス

　先ほど，心理職は専門家であっても社会のホモフォビアの影響を自覚しないまま受けていると述べたが，実際にホモフォビアやステレオタイプが心理職の同性愛者への態度に関連しているのだろうか。このような問いに対しては，以下のような研究が挙げられる。品川と兒玉[12]および品川[13]は，男性同性愛者への心理職の態度や臨床的判断について実験法を基に検討し，前者の研究結果では，心理職は表立っては差別偏見を抱かずにクライエントに接しているようでも，潜在的には同性愛のクライエントに対し回避的な態度である可能性を示唆した。また，後者の研究では，男性クライエントが異性愛である場合に比べ同性愛である場合に，心理職のネガティブな反応がみられ，心理職側の要因として，ホモフォビアが関連することを明らかにした。具体的には，ホモフォビアの強い心理職は異性愛より同性愛のクライエントの心理社会的機能を低いと判定していた。同様の結果は，海外の先行研究[3]でも得られている。また，男性の心理職を対象とした研究では，男性性役割葛藤が強い場合に，同性愛のクライエントに対しネガティブなアセスメントをすることが明らかとなっている[15]。男性性役割葛藤とは，伝統的な男性性役割に固執することで生じるストレスである[11]。そのため，男性性役割葛藤が強い男性心理職において，伝統的な性役割の価値観に当てはまらない同性愛者に対し，ネガティブな反応が生じたと考えられる。

　このような現象は「クリニカル・バイアス」と呼ばれる。クリニカル・バイアスとは，クライエントが所属する特定のマイノリティ集団に対して臨床家が抱く偏見などの影響で生じる，臨床的判断や態度の歪みのことである[14]。心理職のクライエントへの反応には，逆転移 counter-transference と呼ばれるものがあるが，これはもともと精神分析療法において，患者の治療者に対する態度，感情，考え，特にその転移 transference に対して生ずる治療者の無意識的な反応（態度，感情，考えなど）のことを指す。しかし，現在までに研究者たちによってさまざまな概念の広がりをみせ，広義の逆転移として，社会的・文化的

な要因によるものを含めた，クライエントに対する心理臨床家のすべての心理的反応を意味する場合がある[10]。一方，クリニカル・バイアスは，特に心理職の社会的マイノリティの人々に対する，差別的反応の結果として生じる臨床的判断，態度の歪みを表す用語で[7]，この点で逆転移とは異なるものと区別される。クリニカル・バイアスは，セクシュアル・マイノリティだけではなく，ひろく社会的マイノリティの人々へのカウンセリングに関連する重要な研究領域である。そして，特にセクシュアリティに関するクリニカル・バイアスは単にクライエント側の要因のみで生じるのではなく，むしろ心理職の価値観や偏見との相互作用で生じることが強調されている[9]。

　クライエント-心理職の関係性で生じてくる逆転移の問題であれば，心理職自身が経過を自己点検し気づく，あるいは，スーパービジョン等の機会を活用し客観的に捉えられ，心理職が気づき修正をするということは多くの場合可能である。しかし，クリニカル・バイアスの問題については，日本の現状ではスーパーバイザーもスーパーバイジーも，セクシュアリティに関しては似たような社会文化的背景の影響を受けていると思われるため，例えばホモフォビアが臨床的判断や態度に悪影響を与えていたとしても，スーパーバイザーもそのことに気づきにくいという難しさがあるのではないだろうか。

　日本ではクリニカル・バイアスの問題を扱った研究は欧米に比べ大変少ないが，私たち援助職がより適切に役割を果たしていけるようになるためにも，今後日本でも，クリニカル・バイアスという概念の認識の広がりや，研究の発展が期待される。

V　心理職の価値観の問題にどう取り組むか

　心理職は，基本的にはクライエントの個性や望むあり方を尊重するという教育を受けている。それにもかかわらず，先述のようなバイアス的反応が生じてしまうのであるから，価値観や偏見の問題は大変難しい課題である。まずは，心理職が自らの内にある価値観や，クリニカル・バイアスの可能性について自覚しておくことが必要不可欠ではないだろうか。心理職は自らの性役割態度やホモフォビア，性に関する価値観について，普段から意識しておくことが必要である。また，そういった要因がクライエントと関わる際にどのような影響を及ぼす可能性があるか，ということについて知っておく必要がある。自らの価

値観を把握するには，セクシュアリティに関連する映画を鑑賞したり文献を読む機会をもつ，また，報道（ニュース）に対してもアンテナを張り，社会的文脈の中でどのようにセクシュアリティが扱われているのかをキャッチし，それらに対して自分なりに考える，あるいは，身近な人と話し合ってみる，といったことがヒントになると思う。

　社会心理学的な知見によると，偏見の問題はそれが抑制されるべきだという教育や，単なる知識の獲得によって完全に解消されるとはいえず，社会的構造の影響もあり，偏見の解消は大変困難であるとされる[5]。しかし，長期的に偏見を解消するための情報に触れる機会をもつ努力を続けることで，結果的には偏見に影響された否定的態度を低減させることにつながる，という。また，偏見をあまりもっていないような人でも，社会的マイノリティである相手に接する際には，"偏見がかった態度にみられないよう行動せねば"という緊張が生じ，それが相手と関わる際の心理的負担となり，回避的態度につながることがある。このようなことは，セクシュアル・マイノリティのクライエントに関わる心理職にも生じる可能性がある。

　こういった心理的負担を解消するには，実際に関わる経験を積むしかない，という見解がある[16]。しかし，現実には同性愛のクライエントとの関わりを意図的に作り出すのは困難である。したがって，上述のような課題に対処するには，心理職の間で，クリニカル・バイアス研究やセクシュアリティに関する心理臨床学的研究から得られた知見が発表され，臨床実践にとって有用な知識や経験を共有できる機会が今後継続されていくこと，また，心理職が積極的にその機会に臨むことが必要ではないだろうか。

　ただし，（繰り返しになるが）心理職がセクシュアリティに関する価値観を把握し，知識や経験を深めておくことは重要ではあるが，実際にクライエントに対峙する際には，それらをステレオタイプ的に当てはめてクライエントをみるのではなく，目の前のクライエントをひとりの個人として理解しようとする姿勢が同時に必要である。

Ⅵ　おわりに

　以上，心理職の価値観がセラピー場面に及ぼす影響について検討した。ここ

で取り上げた場面や例は氷山の一角のようなもので,例えば,カミングアウトについて,パートナーシップについて,セックスについて,私たちはどのような価値観を有し,それらがどのようにセラピーに影響するのかなど,実際に生じうる課題は,具体的レベルでみるともっと多岐にわたることと思う。本稿が,セラピー場面でのセクシュアリティにまつわる価値観の問題について,議論や意見交換が活発になるひとつのきっかけになれば,幸いである。

引用文献

1) Burckell, L.A., Goldfried, M.R. (2006) Therapist qualities preferred by sexual-minority individuals. Psychother Theor Res Pract Train, 43, 32-49.
2) Corey, M.S., Corey, G. (1998) Becoming a Helper. Brooks/Cole Publishing Company. (下山晴彦監訳, 堀越勝・堀越あゆみ訳 (2004) 心理援助の専門職になるために—臨床心理士・カウンセラー・PSW を目指す人の基本テキスト. 金剛出版)
3) Hayes, J.A., Erkis, A.J. (2000) Therapist homophobia, client sexual orientation, and source of client HIV infection as predictors of therapist reactions to client with HIV. J Couns Psychol, 47, 71-78.
4) 日高庸晴 (2005) ゲイ・バイセクシュアル男性の健康レポート. (厚生労働省エイズ対策研究事業)男性同性間の HIV 感染予防対策とその推進に関する研究「研究報告書」概要版.
5) 上瀬由美子 (2002) ステレオタイプの社会心理学—偏見の解消に向けて. サイエンス社.
6) Liddle, B.J. (1997) Gay and lesbian clients' selection of therapists and utilization of therapy. Psychotherap, 34, 11-18.
7) Lopez, S.R. (1989) Patient variables biases in clinical judgment: Conceptual overview and methodological consideration. Psychol Bull, 106, 184-203.
8) Matsutaka, Y., Uchino, T., Kihara, N., et al. (2014) Knowledge about sexual orientation among student counselors: A survey in Japan. Internatl J Psychol Counsel (in press).
9) Mintz, L.B., O'Neil, J.M. (1990) Gender roles, sex, and process of psychotherapy. J Couns Dev, 68, 381-387.
10) 小此木啓吾 (1993) 逆転移. (加藤正明・保崎秀夫, 他編) 新版精神医学事典. 弘文堂.
11) O'Neil, J.M., Helmes, B., Gable, R., et al. (1986) Gender role conflict scale: College men's fear of femininity. Sex Rol, 14, 335-350.
12) 品川由佳・兒玉憲一 (2005) 男性同性愛者に対する男性臨床心理士のクリニカル・バイアスの予備的検討. 日本エイズ学会誌, 7, 43-48.
13) 品川由佳 (2006) 男性同性愛者に対するカウンセラーのクリニカル・バイアスとジェンダー関連要因との関係—実験法によるカウンセラー反応の検討. 広島大学教育学研究科紀要第三部 (教育人間科学関連分野), 55, 297-306.
14) 品川由佳 (2012) セクシュアリティに関する心理療法家のクリニカル・バイアス. (深田博己監修, 岡本祐子・兒玉憲一編) 心理学研究の新世紀4 臨床心理学. ミネルヴァ書房.
15) Wisch, A.F., Mahalik, J.R. (1999) Clinical bias in male therapists: Influence of client gender roles and therapist gender role conflict. J Couns Psychol, 46, 51-60.
16) 山内隆久 (1996) 偏見解消の心理. ナカニシヤ出版.

あとがき

　平田俊明先生は，私が敬愛する古くからの友人である。昔のことなので記憶はあいまいであるが，確か1990年代の半ば，AGPの集まりで知り合った。AGPはLGBの支援を行う医療福祉専門家の団体であり，1990年代の初めに平田先生が立ち上げたものである。当時私は，精神科医になって数年目のかけだしで，右も左もわからず，その日その日をなんとなく過ごしていた。一方で，同世代の平田先生は，精力的に団体を立ち上げ，けん引しており，その姿がまぶしくもあり，深く感銘を受けた。その後，私は性同一性障害を専門とするようになり，同性愛のメンタルヘルスを専門とする平田先生とは，いわば業界のお隣さんと言うべき存在となり，学会や，テレビなどで，ご一緒させていただく機会も得た。年齢を重ねても平田先生のエネルギーは衰えることを知らず，接するたびに力をいただくと同時に，教えてもらうこと大であった。さらに，数年前からは私のクリニックでも一緒に仕事をしてもらえるようになった。開業医として，目の前の診療にのみ忙殺されがちな私にとって，短い時間でも平田先生との会話は，視野を広げ思索を深める，貴重な機会である。

　このたび，その平田先生と共編で，本書を発行することになった。同性愛や性同一性障害を扱った本はそれなりにあるが，心理的支援に焦点を絞ったものは本邦では少ないものだと思われる。同性愛，性同一性障害それぞれに理由がある。同性愛は，かつて精神疾患であったのちに，精神疾患リストから外れたという歴史的経緯がある。そのため，そのメンタルヘルスについて論じることは，精神疾患との関連性を想起させるのでは，と専門家の間でためらいがあるのではなかろうか。しかし，メンタルヘルスは精神疾患のあるなしとは関係なく，すべての人間がケアすべき課題である。まして偏見の根強い同性愛者にとってはなおさらのことだと思われる。つい最近も，元水泳選手の金メダリスト，イアン・ソープが自分は同性愛者だとカミングアウトしたというニュースがあった。私はそのニュースを聞いて正直驚いた。ソープが同性愛者だったから驚いたのではない。それをオープンにできずに悩んでいたことに対してだ。ソープの住むオーストラリアは，LGBTの盛大なパレードが開かれるなど，世

界的にも同性愛に理解がある国である。そのオーストラリアにおいてすら，同性愛をオープンにすることは容易なことではないのである。そのストレスの結果，ソープはアルコール依存や抑うつに苦しみ，入退院を繰り返していたという。社会の偏見のもたらすメンタルヘルスへの悪影響はそれほど強いのであろう。

性同一性障害への心理的支援に焦点を絞った書籍が少ないのは，「性別適合手術」や「戸籍の性別変更」といった，身体治療や法的問題に注意が向かいがちだからである。もちろん，身体治療や法的問題も重要ではあるが，心理的側面も同様に重要である。特に最近では性同一性障害概念が広がりを見せており，必ずしも身体治療を求めず性別違和を訴える者も増えているので，なおさらである。

本書の同性愛，LGBに関する章の執筆陣は，平田先生を中心に，現場の第一線で取り組んでおられる先生がたに担当していただけた。いずれも空疎な理論に走ることなく，実際の経験に裏付けされた，リアルな言葉で書かれた論文である。

性同一性障害は一章を石丸径一郎先生にお願いした。石丸先生とも古くからの付き合いで，やはり1990年代後半，AGPで知り合った。当時，石丸先生はまだ学生の身分であったが，LGBTへの深い関心と学識をすでに備えていた。その後経験を積まれ，現在は大学で講師として活躍される姿を見るのは友人・先輩としてとてもうれしく思っている。

性同一性障害の残りの章は私一人で書かせていただいた。何人かで分担した方がよりよいものができたとも思うが，自分自身で書きたいこともたまっていたので，わがままを通させてもらった。「トランスジェンダー」としてではなく，もっぱら「性同一性障害」として論じたことは批判を受けるかもしれない。「トランスジェンダー」と「性同一性障害」の概念の関係性は，本書の中でも詳しく論じたが，平たく言えば，「トランスジェンダー」のほうが幅広く，疾患でないものも含むのに対し，「性同一性障害」はより狭く，疾患であるものを指す。「トランスジェンダーで，メンタルヘルスが悪く，心理的支援を要するものは性同一性障害となる」，というロジックで性同一性障害という言葉に統一したが，厳密には「性同一性障害には当てはまらないが心理的支援を要するトランスジェンダー」という人もいるであろう。そのあたりの議論が欠如したことは

ご容赦いただきたい。

　最後になるが，本書では同性愛と性同一性障害，あるいはLGBTをまとめて一冊の本で論じた。同性愛と性同一性障害は，共通な部分もあるし，違う部分もある。両者をともに知ることがセクシュアリティに対する複眼的視座をもたらし，その理解が広がりと深みをもつことになると信じる。本書が，メンタルヘルスに関わる人々の手元におかれ，日本の多様なセクシュアリティをもつ人々の支援の一助になれば幸いである。

　2014年7月

針間克己

索引

あ・か行

あずなひの罪　47, 81
アセクシュアル（無性愛）　17, 27
アライ ally　121, 136, 209
異性愛→ヘテロセクシュアル
　　―者的役割葛藤　131, 142, 156
　　―主義 heterosexism　113, 120, 131, 133, 211
異性装障害 transvestic disorder　95
色　75
エイジズム ageism　146
援助希求行動　148
解離性障害　57
カミングアウト（カムアウト）　110, 114, 118, 128, 160, 163, 188, 197, 201, 224, 225
クリニカル・バイアス　234
ゲイ　17, 27
ゲイ，レズビアンのアイデンティティ形成のモデル　32
嫌悪療法　28, 29, 63, 84
公認されない悲嘆 disenfranchised grief　148

さ行

ジェンダー　83
ジェンダー・アイデンティティ（心理的性別／性同一性）　16, 17, 83, 186
ジェンダー・ロール（社会的性役割／性役割）　17, 83
自我違和性（異質性）同性愛　46, 66, 88
自己決定　20, 36
自己女性化性愛 autogynephilia　96
自殺企図　67, 99, 112, 196
自殺念慮　67, 99, 196
自尊感情　50, 188
実生活経験（RLE）　86, 98, 185, 203, 224, 225

指定されたジェンダー　101, 102, 103, 104
社会的性役割→ジェンダー・ロール
衆道　76
情緒的アイデンティティ　210
情緒的指向　209
身体的性別　16
親密性　142
心理的性別→ジェンダー・アイデンティティ
ストーンウォール暴動　65
性嗜好　18
性指向　17, 27, 29, 98, 105
　　―アイデンティティ　29
聖娼　43
性的虐待　55, 57, 60
性転換症 transsexual/transsexualism　85, 105
性同一性→ジェンダー・アイデンティティ
性同一性障害　86
　　―の概念，診断基準　94
　　―者の性別の取り扱いの特例に関する法律（特例法）　90, 97, 217
性の権利宣言　15, 23
性分化疾患　16, 19, 85, 87
性別違和　89, 100, 192
性別適合手術　85, 93
性役割→ジェンダー・ロール
セクシュアリティ　15, 23
セクシュアル・アイデンティティ　15, 127, 134, 213
　　―の発達　109, 110, 115, 213
セクシュアル・ライツ　23
世代継承性 generativity　150
憎悪犯罪→ヘイトクライム
ソーシャル・サポート　145

た・な行

体験し，または表出するジェンダー　101, 103, 104

索　引

脱病理化　60, 105
男色　76
罪　79
同性愛→ホモセクシュアル，ゲイ，レズビアン
　―偏見 homoprejudice　212
ドメスティック・パートナー　146
トラウマ　26, 55, 57, 58, 114
トランスジェンダー　17, 86
内在化されたトランスフォビア　99, 188, 196
内在化されたホモフォビア　27, 35, 74, 111, 130, 134, 142
二次的精神症状　20, 21, 189
日本書紀　46
能力 competency　126, 209

は・ま行

バイセクシュアル（両性愛）　17, 27
ハッテン場　131, 141, 159, 175, 179
日高庸晴　33, 34, 35, 36, 68, 109, 110, 111, 124, 149, 156, 181
プラトン Platon　16, 39
フロイト Freud, S.　62, 63
米国心理学会　28, 137
米国精神医学会　66
ヘイトクライム（憎悪犯罪）　55, 217
ヘテロセクシュアル（異性愛）　17, 27
変質学説　80
変態　73
ホモセクシュアル（同性愛）　17, 27
ホモフォビア　27, 35, 74, 111, 130, 134, 142, 234
マイノリティ・グループ・アイデンティティ　32
マイノリティ・ストレス　69
魔女狩り　44
自らが選んだ家族 family of choice　145

南方熊楠　77
無性愛→アセクシュアル

や・ら・わ行

ユトレヒト性別違和スケール　223
ライフイベント　34
両性愛→バイセクシュアル
両性役割服装転換症 dual-role transvestism　95
レズビアン　17, 27

A～Z

Benjamin, H.　85
Cass, V.C.　32, 34, 109, 110, 116, 117, 128, 130, 133, 134
conversion therapy　28
Diamond, M.　19, 87
FTM（female to male）　58, 93, 97, 98, 199, 200, 224
gender incongruence　103
gynandromorphophilia　96
Krafft-Ebing　62, 74
LGBT　3
LGB　3
Money, J.　83, 85, 87
MSM（men who have sex with men）　31, 171
MTF（male to female）　93, 97, 98, 99, 183, 189, 199, 200, 224, 227
Prince, V.　86
PTSD　56, 57
questioning　209
reparative therapy　28
RLE（real life experience）→実生活経験
STD（Sexually Transmitted Diseases）　171
Sullivan, H.S.　63
Troiden, S.S.　32, 109, 110, 115, 116

編著者略歴

針間克己（はりま・かつき）
1990年東京大学医学部医学科卒業，1996年東京大学医学部大学院博士課程修了。医学博士。日本性科学学会理事。性同一性障害研究会理事。日本精神神経学会「性同一性障害に関する委員会」委員。The World Professional Association for Transgender Health（WPATH）会員。2008年，千代田区神田小川町3-24-1にて，はりまメンタルクリニック開院。
著書『性非行少年の心理療法』（有斐閣，2001年），『一人ひとりの性を大切にして生きる——インターセックス，性同一性障害，同性愛，性暴力への視点』（少年写真新聞社，2003年），『Q & A 性同一性障害と戸籍』（緑風出版，共著，2007年），『私たちの仲間——結合双生児と多様な身体の未来』（緑風出版，訳，2004年）等多数。

平田俊明（ひらた・としあき）
1990年米国シアトル大学人文学部文学科卒業（心理学専攻），1991年上智大学外国語学部英語学科卒業，1999年千葉大学医学部医学科卒業，1999年神戸大学医学部精神神経科学講座入局，2002～2010年淀川キリスト教病院精神神経科（附属クリニック こころの診療科）勤務，2006～2010年京都文教大学臨床心理学部臨床心理学科専任講師を経て，平（たいら）カウンセリングルームにて臨床心理士として勤務，しらかば診療所，はりまメンタルクリニック等にて精神科医（非常勤）として勤務。
著書『「ハートをつなごう」LGBT BOOK』（太田出版，共著，2010年），『セックス・カウンセリング入門 改訂第2版』（金原出版，分担執筆，2005年），『医療・看護スタッフのためのLGBTIサポートブック』（メディカ出版，分担執筆，2007年），『死を育てる』（ナカニシヤ出版，分担執筆，2012年）等。

執筆者略歴

石丸径一郎（いしまる・けいいちろう）
1999年東京大学教育学部教育心理学コース卒業。2006年同大学院教育学研究科臨床心理学コース修了。博士（教育学）。臨床心理士。GID（性同一性障害）学会理事。日本性科学会副幹事長。国立精神・神経センター勤務を経て，2011年より東京大学大学院教育学研究科講師。
著書『同性愛者における他者からの拒絶と受容：ダイアリー法と質問紙によるマルチメソッド・アプローチ』（ミネルヴァ書房，2008年）『臨床心理学研究法シリーズ第5巻 調査研究の方法』（新曜社，2011年）

葛西真記子（かさい・まきこ）
1990年大阪大学大学院人間科学研究科博士前期課程修了。1997年 University of Missouri, Columbia カウンセリング心理学博士課程修了（Ph.D.取得）。1997年より鳴門教育大学にて教鞭をとる。現在鳴門教育大学大学院臨床心理士養成コース教授。臨床心理士。
著書『International Handbook of Cross-cultural Counseling: Cultural assumptions and practices worldwide』（Sage Publications, Inc., 共著，2009年），『Reproductive Justice: A Global Concern』（Praeger, 共著，2012年），『ポスト・コフートの精神分析システム理論』（誠信書房，共著，2013年）

古谷野淳子(こやの・じゅんこ)
1978年早稲田大学第一文学部心理学科卒業，1996年より大阪府・大阪市・京都府のHIV派遣カウンセラーとして勤務した後，2008年より新潟大学医歯学総合病院勤務。臨床心理士。
著書『がんとエイズの心理臨床』(創元社，共著，2013年)

柘植道子(つげ・みちこ)
2005年Temple大学カウンセリング心理学博士課程修了，博士(カウンセリング心理学)。米国の大学カウンセリングセンターカウンセラー，一橋大学常勤講師，北里大学准教授として勤務，心理支援のほか講義「ジェンダーと心理学」「ジェンダーとセクシュアリティの心理学」等を担当。現在，一橋大学学生支援センター障害学生支援室特任准教授。
著書『ジェンダーの心理学ハンドブック』(ナカニシヤ出版，分担執筆，2008年)

林　直樹(はやし・なおき)
1989年岡山大学医学部卒業。川崎医科大学附属川崎病院，(財)江原積善会積善病院勤務を経て，1993年より東京武蔵野病院勤務。現在第一診療部(精神科)部長。

松髙由佳(まつたか・ゆか)
2007年広島大学大学院教育学研究科心理学専攻博士課程後期修了。博士(心理学)。同大学保健管理センター，同大学院教育学研究科附属心理臨床教育研究センター助教を経て，2012年より広島文教女子大学人間科学部心理学科講師。臨床心理士。
著書『心理学研究の新世紀4　臨床心理学』(ミネルヴァ書房，分担執筆，2012年)

セクシュアル・マイノリティへの心理的支援
――同性愛，性同一性障害を理解する――

ISBN978-4-7533-1077-7

編著者
針間克己
平田俊明

2014年8月28日　第1刷
2021年3月 4日　第3刷

印刷・製本　（株）太平印刷社

発行所　（株）岩崎学術出版社　〒101-0062　東京都千代田区神田駿河台3-6-1
発行者　杉田　啓三
電話 03（5577）6817　FAX 03（5577）6837
Ⓒ2014　岩崎学術出版社
乱丁・落丁本はおとりかえいたします　検印省略

思春期の意味に向き合う
成長を支える治療や支援のために

水島広子著

思春期患者と接する基本は「思春期という『役割の変化』」の意味をふまえたものであってほしい。思春期を支える際の基本姿勢をわかりやすく示す。　四六判 200 頁 本体 2,000 円

実践入門 思春期の心理療法
こころの発達を促すために

細澤　仁著

思春期の心は移ろいやすく捉え難く，心理療法には思春期固有の難しさがある。その困難を味わい，心理療法的に扱っていくための実践のヒント。　四六判並製 192 頁 本体 2,000 円

サイコドラマの技法
基礎・理論・実践

高良　聖著

著者の，長年のグループ臨床の経験を総括した，「ことば」を越えた「アクション」を自分の臨床芸域に加えるためのガイドブック。
A 5 判 208 頁 本体 3,300 円

迷わず学ぶ
認知行動療法ブックガイド

下山晴彦，林潤一郎編

CBT の理論と技法を体系的に学べるよう良書を選択し，テーマと学習段階に応じて紹介する。自分に一番必要な書籍に出会えるガイドブック。　A 5 判並製 200 頁 本体 2,200 円

子どものこころが育つ心理教育授業のつくり方
スクールカウンセラーと教師が協働する実践マニュアル

下山晴彦監修
松丸未来・鷺渕るわ・堤　亜美著

スクールカウンセラーと教師が協働し行う心理教育授業の実施方法を，イラストをふんだんに使い，授業の流れに沿って具体的に示した1冊。　B5 判並製 160 頁 本体 2,500 円

恥と「自己愛トラウマ」
あいまいな加害者が生む病理

岡野憲一郎著

曖昧な加害者により自己愛が侵害された時「自己愛トラウマ」を体験する。今日本で起きている様々な問題を理解する切り口としてこの概念を提唱する。　四六判並製 208 頁 本体 2,000 円

治療者と家族のための
境界性パーソナリティ障害治療ガイド

黒田章史著

BPD 治療の基本は患者の心理社会的機能を高める反復トレーニングを，家族とともに行うことである。「治す」ための知識と技術を纏め上げた1冊。　A5 判並製 232 頁 本体 2,300 円

この本体価格に消費税が加算されます。定価は変わることがあります。